中国近代の思想文化史

坂元ひろ子
Hiroko Sakamoto

Eurus
Notus
Boreas
Zephyrus

岩波新書
1607

はじめに

本書は中国近代の思想文化史と銘打っている。中国の近代史が政治的に激動の時代であったことからも、従来の中国近代思想史は概説的なものも含めて、政治思想史に偏りがちであった。そこで本書ではより文化史的あるいは社会史的な側面に比重をおいている。とはいえ「脱政治化」を志向するというわけではなく、特定の政治権力を背景とした精神のありようを、政治動向・政治家に即してではなく、むしろ思想文化における営為・現れから見ていこうとする。研究の重層化のために直接の追跡対象をかえてみるのだ、といっていいかもしれない。

では中国近代の始まりをどこにおくのか。これはどういう面から見るかによって異なり、定論があるわけではないし、「正しい答」があるわけでもない。ここでは、その議論に入り込むことをひとまずは避けて、以下のような意図からも、便宜的に一九世紀前半から始めたい。

清朝(一六一六~一九一二)では冊封《さくほう》体制によって周辺地域との交易圏を形成しつつ、版図を大々的に拡張し、「治世の盛」を誇った。だが、二百年ほどもたったこの時代の末期にはさすがに制度疲労ともいうべき治世の乱れが見え、あいついで大規模な民衆反乱がおこる。一方で、未曾有の飛躍的経済発展を遂げた西欧からの外圧も強くなり始め、強力な西欧近代の軍事力を駆使した第一次・二次のアヘン戦争で敗北を喫する。その結果、西欧への市場の開放、開港を迫られ、従来の交易圏から、さらに英国をはじめとした自由貿易圏にもまきこまれていく。このことはたとえばベネディクト・アンダーソンも使う、「初期グローバル化」であると考えてよいだろう。

そういう初期グローバル化の時代に遭遇した中国の知識人は、いかに社会および他者の文化と接して思想営為を行なったのか。つまり、『詩経』『書経』『礼記《らいき》』といった長い歴史のなかで受け継がれてきた倫理・文化規範としての儒教経典、文史哲の諸典籍をふまえていかにその時代を解釈し、学問や思想のありかた、また解釈そのものを更新し自己表現していったのか。聖書や儒教経典のような確たる独自の経典をもたなかった日本の場合ともおのずと異なるであろう。本書は、その軌跡を辿る作業である。

長く受け継がれてきた思想文化といっても、成立して以来不変というわけでは決してない。日本でも「古式ゆかしい」と思われがちな文化が明治以降、甚だしくは戦後に「創造された伝統」(エリック・ホブズボウム『創られた伝統』)であることは多い。「伝統」も創造しなおされていると考えておいたほうがよい。中国こそ、その「伝統の創造」によって、近代の思想文化を難渋しながら編み出してきたといえる。

だがそうなると、それ以前の思想的文化的背景をいささかでも理解していなければ、辿っていく作業もかなわない。そこで本書のはじめに、まず前近代の思想史を一瞥しておきたい。読者にはいわば予習を強いることになるが、これは知的な営み、ことに効率主義にはなじまない、それ特有の時間がかかる人文学(ガヤトリ・スピヴァク)を相手にするからには急がば回れ、ご了解いただきたい。

新書一冊で百年からの思想文化史を扱うからには、テーマを限定せざるをえない。本書では初期グローバル化としての中国近代に着目し、清末から中華民国期にかけての思想文化の連鎖、ならびにそれを可能にするメディアに留意することにする。その連鎖に日本もそれなりの役割を果たしたことは指摘されているが、その後の中国が日本の侵略に抗して戦ったうえに内戦を経て、現在の中華人民共和国を建国し、さらに文化大革命を経て、二一世紀にはグローバル化時代の経済大国に変貌するまでの経緯としても興味深いはずである。

岩波新書には中国近現代史のシリーズが刊行されており、主要な歴史の流れはそちらで追っていただくことが可能である。また文学史についてはすでに多くの著作が出ている。本書では文学はむしろ最小限しかとりあげないことをお断りしておきたい。

大きな歴史区分としては、やはり便宜的に「清末」と「中華民国」の二部に分ける。二千年にわたる王朝の終焉期、そして辛亥革命による共和国という政治体制の大きな区分も、各段階

周慕橋「誠求保赤」『点石斎画報』25 号，1884 年．
標題は『礼記』の一節から．

ですべてが一変することはありえない。革命や戦争という激変期であっても、社会生活や思想文化の多くはゆるやかな流れをなすものと考える。

このほかにも作業上の問題はまだある。その一つは、使用できる当時の文献がほとんど男性筆者によるということである。歴史一般が his story でしかないと指摘されて数十年経過するが、科挙制度から女性が除外されていた中国の場合、それはとりわけ顕著であり、この問題の解決は容易でない。そこで、図像資料なども用いて文化史と接合させることで、「単性史」的思想史をいくらかでもジェンダー化することも試みたい。

たとえばここにあげた「赤子は大事に育てよう」と題される図版は、画報メディアに掲載された一八八四、五年の画の一部である。

中国の先駆的な西洋医、上海の体仁医院（別名ギュツラフ病院。セント・ジョンズ（中国名は聖約翰）大学医科の前身である同仁医院に統合された）に、子どもの種痘接種のため集まった女性たちが描かれており、社会衛生史的にも興味深い史料である。中国伝統医学では早くから人痘法が考案され、朝鮮・日本にも伝わったが、一九世紀初めからは東インド会社の医師によって牛痘接種法が持ち込まれ、天然痘流行以降各地に伝えられた。一八七〇年ころからは上海租界に無料接種を施す種痘ステーションも設けられたという。この画を描いたのは女性の風俗画を得意とし、のちに宣伝カレンダーで名をはせた画家で、当時、これほどの数の中国の女性が集まる様子、しかも授乳の姿(乳母だろうが)などはほとんど描かれておらず、文字情報に残されていない女性や子どもの服装、纏足《てんそく》などの風俗をイメージに取り込むことが可能になる。外国史研究ではこれも重要な意味をもつことになるだろう。

こうした史料を用い、いわば手探りでとりくむ中国近代思想文化史の一般書は、これまでにないと自負する。ぜひお付き合いいただきたい。

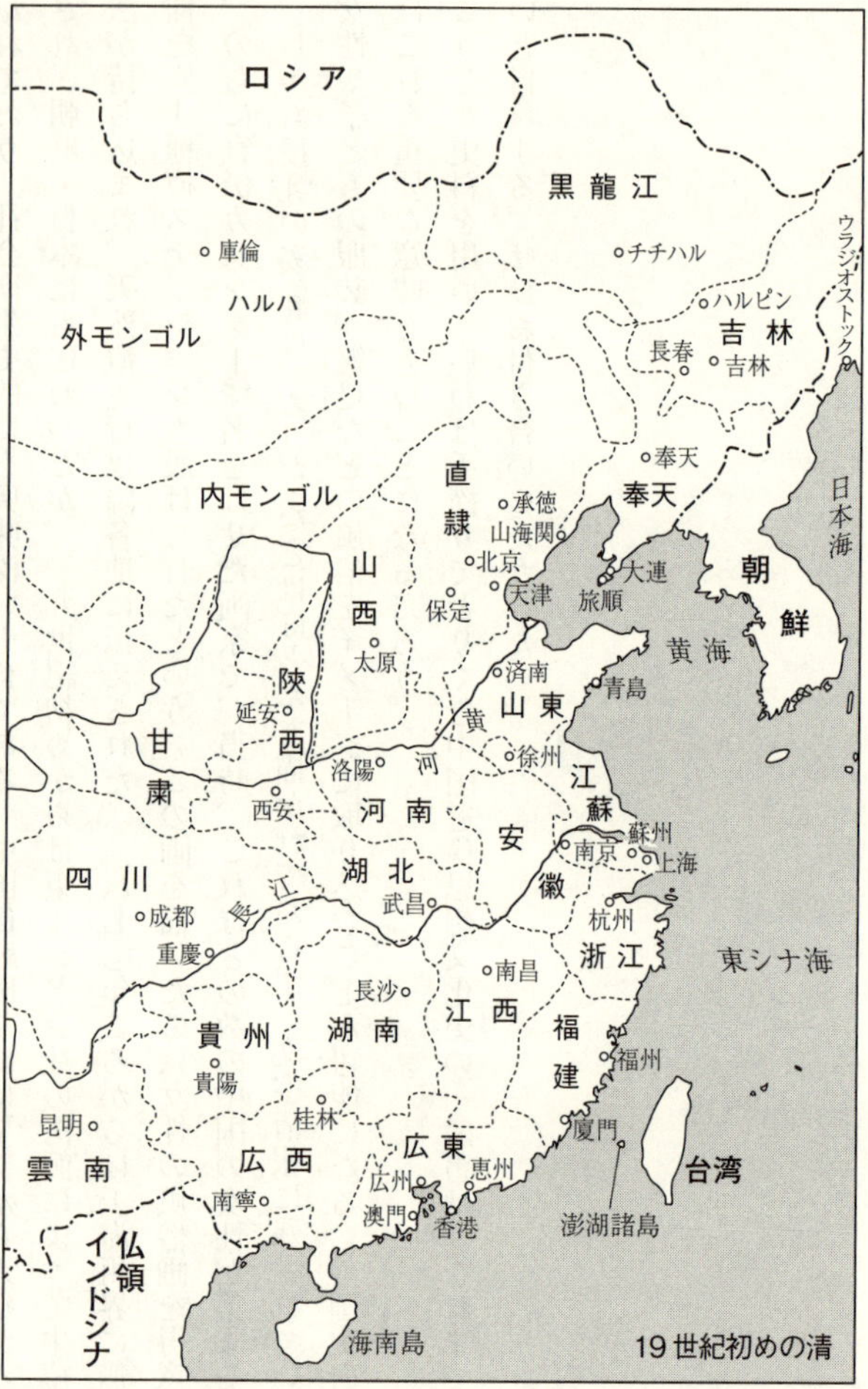
ロシア
黒龍江
庫倫
チチハル
ハルハ
ウラジオストック
ハルピン
外モンゴル
吉林
長春
吉林
奉天
内モンゴル
直隷
承徳
奉天
日本海
山海関
北京
大連
朝
山
天津
旅順
保定
西
鮮
太原
黄海
済南
陝
青島
延安
黄
山東
甘
西
洛陽
河
徐州
江
粛
西安
河南
蘇
安
蘇州
南京
上海
四川
湖北
徽
長江
成都
武昌
杭州
重慶
浙江
東シナ海
南昌
長沙
江西
福
貴州
湖南
福州
貴陽
建
桂林
昆明
厦門
広東
雲南
広西
恵州
台湾
広州
南寧
澳門
香港
澎湖諸島
仏領
インドシナ
海南島
19世紀初めの清

目次

・図版の出典は巻末の一覧に示す。＊は『中国近現代名人図鑑』（巻末参照）より転載
・本文中の［　］は固有名の中国語表記を、〔　〕は筆者補注を示す
・中国各王朝の年代は『世界史年表 第二版』の記載を基本とした

I

清朝末期と初期グローバル化

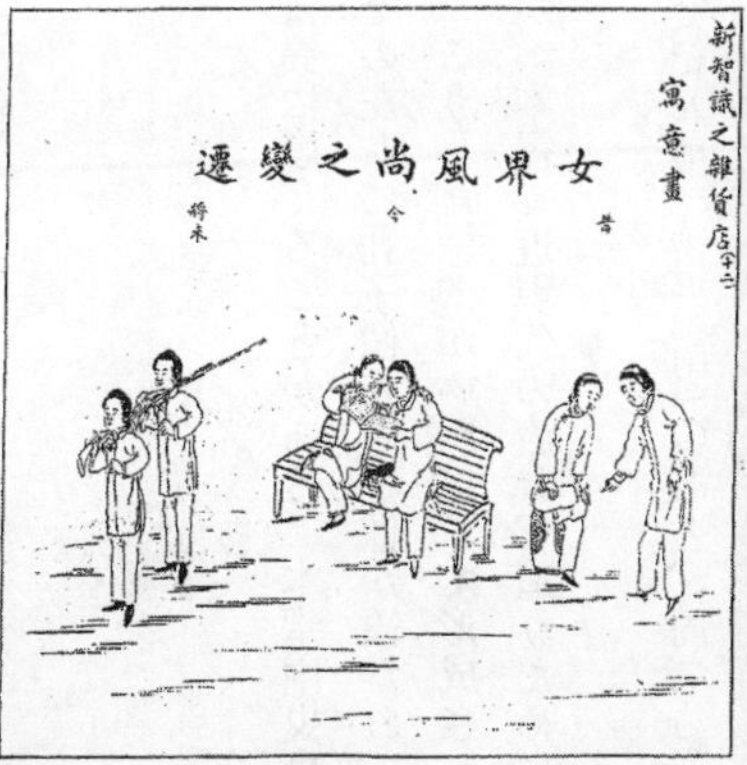

(左)「女界風尚之変遷」(昔・今・将来),『図画日報』12号,1909年.
(右)呉友如「法犯馬江」(フランス,〔福建省の〕馬江を襲撃),『点石斎画報』13号,1884年.

1　前近代思想史の俯瞰

日本の寺を見慣れた目で中国の古寺を見ると、奇異に思えることがある。本堂中央に釈迦像が置かれているのは当然としても、寺によってはその左右に孔子像と老子像が置かれ、三つの像で仏教と儒教・道教の三教合一を明示している。こうした様式がいかにして形成されたのか、とりわけ「伝統の創造」がどのようになされたのか。本書で近現代の流れを追うために概観しておきたい。

至上神的な「上帝」が信仰されていた古代の殷(紀元前一一世紀頃)のあと、周(〜紀元前三世紀)の時代には、「天」および天の命を受けた「天子」という「天人」の観念が生まれ、「天」は人格神化された。春秋時代(紀元前七七〇〜前五世紀)の末からはさらに天が道徳化され、孔子に代表されるような「君主の学」を打ちだす儒家が現れる。戦国時代の有名な諸子百家の時代を経て、秦(紀元前三世紀)の時代には法家が重んじられる。背景としては、戦国末から、その宇宙世界観において、ひとつの根源的な「元気」から生まれた対立的な「陰陽」を介して万物の成立を説く「気一元論」が道家によってたてられていた。こうした「道」による統一志向は始皇帝による国家統一、世襲的封建制から中央集権制への移行と重なる。

漢が秦を倒すと、前漢（紀元前二〇六～紀元後八）の時代を通して、人・天子（失政・徳政）と天（災害変異・瑞象）の相関性を説く「天人相関」論がたてられるとともに、政治・礼制からそれに哲学・道徳をもりこんだ儒教の国教化にいたる。この過程で秩序維持の道具としての法に対して、秩序原理としての礼、それによる教化が強調されていき、君主を頂点とする人間関係とそれを支える倫理が「三綱（君が臣、父が子、夫が妻に対して綱となり導く）五常（倫）」として定式化される。また、『易』『書』『詩』『礼』『楽』『春秋』の六経（実際には『楽』を除く五経）の整理とこれらをテキストとし、それを解釈することで「天地人」を構想し、世事に役立てることを目的とするような「経学」（経書に関する学術）が学の中心となっていく。

前漢では漢代に通行した漢字の字体《フォント》「今文」で記された儒家経書が用いられたが、王莽《おうもう》が漢王室を簒奪してうちたてた新朝（八～二三）時代には、漢より古い字体「古文」（篆《てん》字など）で記された経書の一部が「発見」され、これこそ「秦の始皇帝の焚書坑儒から逃れた原典」であるとして、前漢の「今文経」による「今文（経）学」に対し「古文経」による「古文（経）学」が立てられ、盛んになる。

その後、新朝を倒した後漢（二五～二二〇）は今文学を重んじ、天人相関説に基づく「天譴《てんけん》」（災異を天の譴告とみる）説などの神秘思想にも染められる。経書、ことに列国の公式年代記としての『春秋』は、孔子が筆削したとされた。その『春秋』経の『春秋公羊《くよう》伝』(公羊〔複姓〕氏による解釈)では異同が際だった。微妙な表現に聖人がこめた重大な意味(「微言大義」)を解読することが、とりわけ公羊学の姿勢であり(いわゆる「春秋の筆法」)、『春秋』を史書とみなす『春秋左氏伝』による古文(経)学との解釈のひらきが大きく、時にテキストの真偽と解釈をめぐって激しい正統争いとなった。一方で古文学は「訓詁の学」を標榜し、いわゆる「漢学」の形成に寄与する。

前漢末から後漢にかけては、神仙説をうけた黄老道が広まり、この系統から道教の前身も形成されていく。なにより後漢末には仏教がインドより伝わっている。「共同体の礼」で秩序づける儒教に対し、仏教は「輪廻転生《りんねてんしょう》の苦界を離れた自己の精神」を探求するが、仏教の影響から儒教にも「心の探究」が現れる。西晋(二六五～三一六)・東晋(三一七～四二〇)の時期には、般若心経の「空」のような仏教教義が、老荘や『周易』の「無」概念などと結びつけて解説されもした。これを「格義仏教」という。こうして南北朝時代に仏教が発展すると、五～六世紀には、江南で道教の統合や呪術の体系化も試みられ、儒仏道教間の論争も盛んになった。

南北分裂王朝を統一した隋(五八一～六一八)には道教・仏教ともに公認される。強力な統一国家で貴族政治ながら科挙制度が整えられつつあった唐代(六一八～九〇七)には、道教が仏教の上に位置づけられながらも、中国仏教として理論的な天台・華厳宗、心のありかたを実践的に問う禅、そして死後のユートピア思想、絶対者による救済思想としての浄土なども興る。こうして仏教は「格義仏教」をこえた「安心救済」の教として広まる。同時に儒仏道間の対立も発生するが、外に対して開放的な文化を育んだ唐で「三教一致論」にもむかうことになる。仏教は唐王朝内にとどまらず、吐蕃にも伝来し七〜九世紀にチベット仏教が形成された。

五代十国時代(九〇七〜九七九)を経ると、タングート族の西夏(一〇三八〜一二二七)や、華北の一部を含み、宋(九六〇〜一二七九)を上回る領土を有した契丹の遼(九一六〜一一二五)との対峙で、宋は民族的緊張を強いられた。人材登用のための儒教経典による科挙試験が本格化し、「文」が優位に置かれ「武」と分離、階層化する。唐以降の男性エリート候補たちが科挙によって被った抑圧は、時代のジェンダー意識、さらには文化全般に複雑な影をなげかけ、変容させた。そうしたなか、儒教はその民族主義(華夷の弁別)と厳しい倫常(常に従うべき人倫の道)主義となじまない仏教との対決のみならず、北宋の真宗に保護され道蔵(道教経典)を整備した道教の非秩序的傾向とも対決することになり、人倫の教えとしてたてなおされる。

こうして宋代には、天と人の関係を「理」に由来づけて「万物一体の仁」を強調した程明道《ていめいどう》や、「理」を分析的に追求した程伊川《ていいせん》、また「気」の哲学で「民は吾が胞《はらから》、物は吾が与《ともがら》」(『西銘』)とした張横渠《ちょうおうきょ》らを輩出、やがて朱子が「天賦の性」に基づく修養論として「理(総体)気(個別性)」論、「性即理」説を構築する。これらには仏教理論も援用され、「表は儒教、裏は仏教」

とも評された。

朱子の学が成立し公定されると、朱子による注釈つきテキスト『四書(論語・孟子・大学・中庸)集注《しっちゅう》』が流通し、科挙官僚から地方エリートまでに広まった。これを可能にしたのは一〇世紀の印刷技術革新(木版印刷)である。写本から印刷本(刊本)が商業出版で流通するようになり、一一世紀初頭には経典集『十三経注疏』が刊行された。貴族に限定されていた書籍が広範な人々にとって入手可能となったことは、知のありかたも変えた。刊本の流布は中国国内のみならず、朝鮮、日本、琉球など広く東アジア圏に朱子学を伝え、一方で元朝ではモンゴル諸部族にチベット仏教が浸透した。

南宋時代には、禅宗や天台宗、また朱子学からも影響を受けた「全真教」が、性命を内から鍛錬する修行により三教一致を説く道教として創設され、金朝に公認された。元代末までに道蔵も編纂され、呪術性の濃い道教「正一教」と「全真教」で勢力を二分するまでになった。

明代(一三六八～一六四四)では、朱子学に対し「心即理」を説き「万物一体の仁」を「良知」でとらえ、実際の行為に理を発揮すべきと強調した王陽明によって陽明学がおこる。「満街の人はみな聖人」と言われた通り、官僚や士大夫のみでなく平民も「秩序の担い手」であることを要請されるようになったのである。明末には、陽明学左派の流れを汲む李卓吾のように、「私」「人欲」を肯定する思想家も登場する。『老子』『荘子』に注釈をつけ、道教に親しむ人を仏教に勧誘しようとした高僧たちの登場も三教合一の深まりと言える。

明末〜清初には、王船山が「気」の哲学により「道(形而上)・器(形而下)」の相即を説き、人欲の調和に天理を見出した。その王船山や黄宗羲、顧炎武《こえんぶ》らは陽明学左派こそが無秩序を招来したとして批判し、「経世済民」を目的とする「経世致用」学派として登場する。この時期には、国の興亡と天下を分け、土地問題に関連して「天下の私を合して公となす」(顧炎武)という民本主義的な公共観も標榜されるようになった。商業生産の増大とともに私的土地所有や私有財産の意識が定着し始め、それは一六世紀以降の書籍印刷の盛行とも結びつく。官刻(官による出版)に加えて家刻(自家出版)が激増し、新たに坊刻(出版社出版)が増え始めたのである。

もと東北部にいた女真人が清をたて、満洲と名乗り、明が農民反乱で滅ぶと大陸全体の征服にのりだした。清代の当初は、満洲人への漢人の抵抗、清王朝の辮髪《べんぱつ》強制への反発とその弾圧があり、華夷思想が強く刺激された時代であった(王船山ら)。だが清朝は自らを「中華の王朝」と位置づけたために華夷思想は複雑化し、対外的には非漢文化圏を版図に加え飛躍的に拡大したため、多民族的国家統治が必要となるのである。統治の人材登用にも「旗人」という世襲エリートからだけでなく、科挙による選抜をおこなった。皇帝はチベット仏教に帰依《きえ》しつつも、「礼教」国家として統治制度と秩序理念の構築のために朱子の政治哲学が重んじられることとなる。清初に抵抗し弾圧された漢族文人が体制批判を自制したという背景もあろうが、経学のなかでも制度を考察し、主観を排する実証主義的、あるいは科学的な「考拠学」(古籍を整理、校勘、比較するような考証学)としての「漢学」が再評価された。同時に、朱子学的な禁欲原理を批判し「人欲は天下の欲と通貫」すればこそ「仁」であるとして、人欲を肯定する清中期の戴震《たいしん》のように、人の生の「共欲」の倫理も示されたのである。「漢学」評価のなかで主流とはならなかった「今文経学」を有力宗族の家学としてもりたてようとする江蘇・常州の動きもあり、学の担い手は広がりつつあった。

社会規範はどうなっていただろうか。「男は内を言わず、女は外を言わず」(『礼記』内則)という内外の慣習的生活領域区分があったところに、纏足が宋代頃から上流階層の流行に始まり、明・清時代には社会に広がりをみせる。ファッションとは古来より肉体の変形加工もともなうものだが、その極致ともいえる纏足は、幼児から始めて極端に身体の自由を拘束する。それでも婚姻に有利とされ、ジェンダー規範化していった。清代には男性の辮髪が強制を経て受け入れられたのとは対照的に、当初には漢族の風習として禁止された。纏足はより広範な階層の流行現象となった。商品経済の発達にともない地方によっては家内機織りが盛んになると、農作業には不向きな纏足女性は家庭内作業で生計に貢献した。儒教が陽明学的な平民化を経て受容階層が多様化し、その社会規範が農村において名族没落後の父系同族集団、宗族の形成を通して広がり、社会システムを構築しつつあったのである。

三教それぞれの盛衰をはらみつつ、仏教寺院本堂には仏・道・儒教の三像が置かれるほど合一が進む一方で、一九世紀以降の国力の低下につれ仏・道の教団の独立勢力は衰退していった。

では西洋の学はこの時期全く無縁であったかといえば、そうではない。明代の一六世紀は大航海時代。ポルトガルやスペインが来航し、同世紀後半に中国を訪れたイエズス会のマテオ・リッチ(中国名は利瑪竇《りまとう》)は明の万暦帝の宮廷に入っている。リッチはキリスト教はもとより、天文・地理・物理・水利・農政・暦法学を講じ、のちの高官・徐光啓はカトリック教徒となってそれらを学び、漢文訳を刊行した。リッチ自身は西洋に中国文化を紹介した。一時的な海禁政策期を除いてその後も海外との管理貿易(広東)はつづき、宣教師たちは明清の皇帝に仕え、天文暦法をはじめとする文化を紹介した。これらは明末以降のエリートたちの民族意識を刺激すると同時に、限定的ながらも彼らの知的資源となり、考拠学の理論的精密化にも寄与した。明末清初には西洋学の起源を中国とみなす附会説も出現した。西洋との交易制限や禁教政策を経て一九世紀初めには、学術研鑽所「学海堂」(広州)などの創始者、阮元《げんげん》は「中西の融合」を説くようになっていった。

三教合一の流れのなか、「気」の万物一体論的な世界観をもち、仏教を吸収し内面への関心を強め、社会における欲望と公平性・その秩序を構想した近代中国の思想は、華夷意識、ジェンダー規範、中西融合といった諸相と絡み合っていかに展開をとげたか、以下に見ていこう。

2　西洋文明との遭遇から洋務へ——教育・出版の整備

東アジア文化圏の中心であった清朝は、一七世紀後半から一八世紀の欧州そして米国に広まったシノワズリー（中国趣味）の発信地となった。だが一八世紀末からの四川・湖北・陝西境界での仏教の流れをくむ宗教結社、白蓮教の反乱に手こずりつつその繁栄は下り坂にさしかかり、一九世紀を迎えた。資本主義の飛躍的発展を遂げた西洋の外圧は強まり、第一次・二次のアヘン戦争で市場開放、各地の開港を迫る。外患のみならず、一九世紀後半の三分の一くらいは太平天国という内憂にも見舞われた。地方で組織した軍隊が鎮圧に活躍し、中央—地方関係も再編の動きをみせる一方で、のちの日清戦争での敗北で加速するまでは、ゆっくりと紆余曲折を経ながらではあるが、西洋という他者を認知してゆく。「天子」と「人民」、「内なる中華」と「外なる夷狄」という世界観も、そして清朝を宗主とする冊封体制につながっていた自己完結的なアジア圏という世界も、徐々に揺らぎ開かれていった。

こうして中国の学「中学」に対して、西洋の学「西学」の存在感が次第にせり出してくる。西欧との知的な遭遇は経学を中心とする世界観と学的体系・制度を変容させていくのである。

プロテスタントの活動と出版、西学

開港以前の一九世紀初頭、すでに西学はその影響力を見せ始めていた。アヘン戦争までのあいだは、西学の資源を提供したのは、キリスト教宣教師である。自明の「天下」が「想像の共同体」(ベネディクト・アンダーソン)的な近代国家形成に向かう際に有形無形の役割を果たしたのが活字印刷技術そして新聞雑誌というメディアである。印刷文化には長い歴史をもつ中国も、このとき西欧近代の成果をとりいれたのである。

「新聞」という言葉は中国には早くから存在したが、風聞の意味で使われており、怪談奇談など雑多な文を集めた「新聞」と称する書籍も出版されていた。朝廷の通達『邸報』や民間発行が許可された官庁書類などは、アヘン戦争前は総称して『京報』と呼ばれたが、それがそのままマス・メディアとしての新聞に成長したわけではない。

当時、キリスト教の中国での伝道に積極的だったのは長老派系のロンドン伝道会を筆頭とするプロテスタントで、皇帝や高官を通した「上からの布教」をめざしたイエズス会とは異なり、平民への布教をめざしていた。マカオに到着後、一八一五年には清国内の伝道の困難からマレー半島のマラッカを拠点とし伝道の先鞭をつけた英国人ロバート・モリソンと、後にロンドン伝道会から派遣された補佐役ウィリアム・ミルンは、ともに口語の重視、教育と文書による伝道を方針とした。モリソンは東インド会社の通訳として生活しながら、伝道会の指示で新約聖書の翻訳や最初の華英・英華辞典『華英字典』『英華字典』の編纂に当たった(一八一五~二三年刊)。このとき漢字の読音(もちろん方言音)がローマ字で記録され、後年の読音統一の際に参照された。日本で「哲学」など西洋語の訳語の多くが中国古典から取られ、中国へ再輸出されたことはつとに知られているが、この『英華字典』とその後続版が和刻されることによって、「医学」「新聞」「交際」「内閣」などの訳語もまた日本漢語の大きな資源となったのである。

そうした辞典編纂と並行して、一八一五年ミルンの編集により中国語月刊誌では小冊子ながら最初の『察世俗毎月統記伝』が、木版刷りで創刊された。これは『察世俗』(「世俗を察する」という意味。「チャイニーズ」の音訳でもある)と略称され、八割がたはキリスト教伝道関係の記事とはいえ、「知識と科学」が「道徳の支柱」となりうると考えたミルンは、「世俗」の西洋科学・社会知識も紹介した。印刷部門はロンドン伝道会から印刷職工としてマラッカに派遣されたメドハーストが担当した。もっとも、当時は識字率が低く、民間の販路もなく、多くは南洋華僑、一部は広州の科挙受験生に、無料配付された。

とはいえ『察世俗』は波及的に影響力をもった。印字工に雇われた広東人の梁発はミルンから洗礼を受け、モリソンが一八一八年にマラッカに開設した唯一の欧米の中国通の養成機関「英華書院」で学んで布教書を著し、やがてモリソンから現地人伝道師に任命される。のちに北京理藩院の通訳となる袁徳輝もこの学校の出身で、広州から外国書籍、つまりは西学を北京にもたらし、林則徐の対外政策の助手役をも務めることになった。一八二四年に帰英したモリソンは、収集した大量の漢籍をロンドン大学に寄付して中国語講座を開講、英国の中国学の端を開いた。西学に寄与したというより、中・西の交流の実をあげた、というべきであろう。『察世俗』をモデルとする雑誌も誕生、一八三三年には中国国内での最初の定期刊行物『東西洋考毎月統記伝』(略称『東西洋考』)が広州(三四年からシンガポール)で創刊された。『東西洋考』は海外事情や商業情報、社会ニュースも掲載して脱宗教色を強めた。この後メドハーストが石版印刷(石印)を採用して広州で創刊した『各国消息』(一八三八年)などは、西洋文明を紹介する雑誌の典型となった。

龔自珍・魏源・徐継畲とアヘン戦争

一八世紀初の康熙帝の晩年、広東・福建を始点にアヘン吸引が流行し始めた。販売や輸入の禁止以後もインド産アヘンの流入量は増え、人民の健康のみならずアヘン密輸による銀流出で財政上の大問題となる。道光帝時代になると、北京の経世官僚、黄爵滋《こうしゃくじ》が「アヘン吸引者死刑論」を上奏(一八三八年)、これを契機に林則徐が欽差大臣として広州に派遣されて取締りを強行、英国商人との対立はアヘン戦争の勃発にいたる。

経世を志す詩人、龔自珍《きょうじちん》(号は定庵、浙江杭州の人)は、アヘン吸いは「妖を食するもの」で廃絶すべき、と林則徐に支援の手紙を送った。母方の祖父で高名な学者・段玉裁の教えを受け、史学や辺境の学にも関心を抱いた龔自珍は、官界や社会の腐敗に不満を抱き、貧富の大差は天下の喪失に結びつくとした(「平均篇」)。その批判は科挙の八股文《はっこぶん》に及び、その激しさから「狂士」とも称された。

会試に合格しつつ一方で隠者の生活に憧れる。「京師の気」は衰退する一方、時空の隠者ともいうべき「山中の民」は相互扶助の美風を保つ。夜の静寂に人里を逃れた無名の「山中の民が大音声をあげ、天地は鐘鼓をたたき、神人は波濤を起こして応援する」(「尊隠」)。龔自珍は、時代の変化を鋭い感性でとらえ表現した。

早くから天台を中心とする仏教に傾倒した憂愁詩人・龔自珍の名声は、後年に高まった。梁啓超(後述)は、「光緒年間(一八七五〜一九〇八)のいわゆる新学家は大部分、それぞれ龔氏を崇拝する時期を経た」と記し、その書に接した際には「電流を受けたよう」だったとその衝撃を伝えている(『清代学術概論』)。

龔自珍は江南の常州公羊学(四頁参照)派の開祖・荘存与《そうそんよ》の外甥の学者から公羊学を学んだ。魏源《ぎげん》(字は黙深、湖南邵陽の人)も同様でまた林則徐とも交友があり、アヘンを「中国の精華を耗する」ものと危惧した。経世致用を志した魏源は、晩年こそ浄土仏教に帰依したものの、政治改革に意欲を示し、社会は理想とされる三代の昔よりも、酷政から仁政へ、「不公の大なる」貴族の世襲制から科挙制へと変じた後世が勝る、とみなしていた。これは康有為(後述)らによる公羊学の「三世説」(後述三四頁参照)的な社会進化論の萌芽といえる。

魏源の功績として、同じ湖南出身の江蘇布政使、賀長齢に請われて携わった清代の政策論集『皇朝経世文編』の編纂がある。その後もやはり湖南出身の江蘇巡撫(長官)、陶澍《とうじゅ》の幕僚となり、塩務・水利・漕運(米の輸送)等の内政に手腕を発揮した。

アヘン戦争の敗北で欽差大臣を解任された林則徐は、一八四一年、辺境の地・伊犁《いり》(新疆)に左遷されるにあたり、収集資料を魏源に託した。林則徐は外国情報誌『澳門《マカオ》新聞紙』をまとめた『澳門月報』の編纂を命じ、英国のヒュー・マレー著『世界地理大全』の抄訳をもとに外国歴史・地理書『四洲志』も編纂した。魏源がそれらをもとに『東西洋攷』等も参照しつつ編纂したものこそ、名高い『海国図志』(五〇巻本一八四二年刊・六〇巻本四七年刊・一〇〇巻本五二年刊)である。

その序文は「夷を以て夷を攻めるために作り、夷を以て夷と款《わぎ》するために作り、夷の長技を師として夷を制するために作った」と述べ、「夷の長技」すなわち、西洋の軍備と兵の訓練法を採用して侵略に抵抗するという編纂意図を明示している。この「師夷(西洋に範をとる)の論」は西洋文明の導入正当化にもってこいであり、一八七〇年代以降になって曾国藩や李鴻章らの

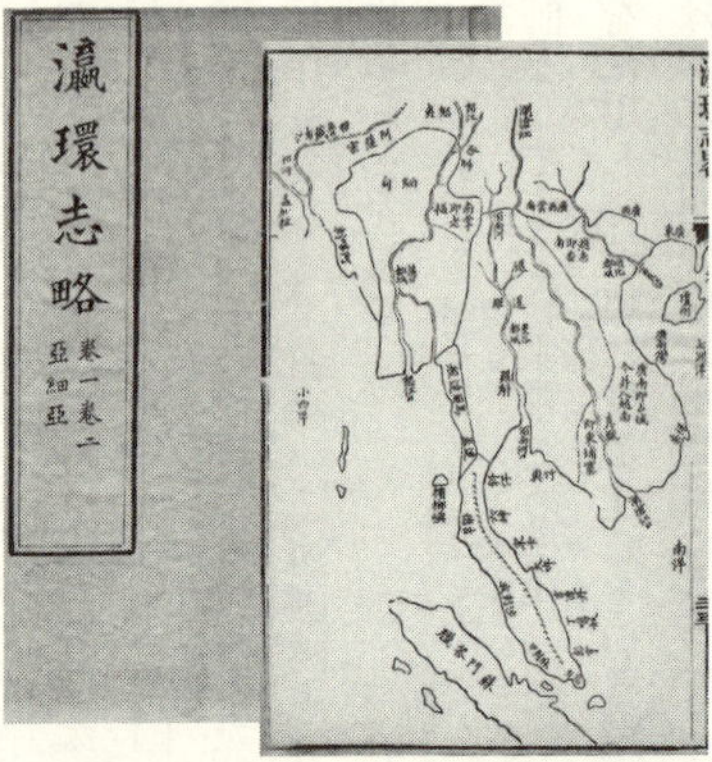

徐継畬『瀛環志略』1848年刊(『清史図典』9)

洋務に通じた大官僚によっても主張された。一八五〇年代には、開国を前にして対外情勢への危機意識において共通するところのあった当時の日本にも伝わり、魏源が人材養成の重要性を指摘した清代軍事史『聖武記』とともに和刻(日本で復刻・印刷)され、島津斉彬ら大名や吉田松陰・佐久間象山ら志士にさかんに読まれた。

だが『海国図志』の情報誌としての価値は、数年あとに出版され、やはり日本で高く評価された徐継畬《じょけいよ》の地理書『瀛環志略《えいかんしりやく》』(一八四八年刊、図)と比べると高いものではなかった。徐継畬自身、博引旁証の『海国図志』を評価しつつ「間違いも少なくない」と指摘する。福建布政使として福州に滞在した徐継畬はその通訳をした米国の宣教師デイビッド・アビール(中国名は雅裨理)らと親しく交わり、アビールが持ち込んだ世界地図を使用した。英仏等の強さの理由を考察しワシントンの偉業を称え、欧州の人種偏見をも受け入れアフリカ人等への差別意識もあらわにしていた。アヘンをめぐる戦闘については、「二百年全盛の国威が七万里も離れた逆夷に苦しめられ」、中国得意の陸戦でも敗れるのは、敵が資力で中国の情勢を知り尽くしたのに対し、「我が方の官兵は承平(太平無事)の日が久しく、戦いを知らない」からである、と長期にわたる盛世に戦いを忘れ、情報戦で劣ったことを敗因とみなした。「華夷」意識をこえ、現実を直視しようとしたといえる。

太平天国の布教と鎮圧

アヘン戦争は戦後に清朝が財政問題から国内のアヘン栽培を公認し、アヘン吸飲者を男女とも急増させることになることからしても一大事ではあった。だが、為政者にとって当面、切実な問題といえば、地続きの内陸の反乱、太平天国であった。広西省の山間部、金田村での蜂起に始まり、やがて華南の秘密結社とも合流、反抗者を糾合する勢力となったばかりか、華北の捻軍など、中国各地での反乱の連鎖をもひきおこした。湖南の魏源は団練(地元の自警団)を組織して平定に尽力し、林則徐も鎮圧に向かったが、その途上で他界した。

太平天国とて、海外と無縁ではない。中国最初の伝道師となった梁発が記した布教パンフレット『勧世良言』(一八三二年)が、思わぬ働きをしたのである。仏教は金儲け、道教は呪術で人心を惑乱し、儒教の「本然の性」の教えは正しいが「霊魂を理解していない」。「神天上帝」がこの世に降ろしたイエスが身代わりとなって贖罪することで人々は赦され、イエスへの信心によって死後も霊魂が救われる——こうした教えを中国の人情風俗に合うよう説いたのである。

天命に安んじ、分を守り、現世の幸福を貪らず、克己して貧困に甘んじて死後の幸福を望むように、というのである。

『勧世良言』は、一八三三年には広州の省試の試験会場前に集まった受験生に配付されており、府試を受験した洪秀全も、恐らくそうした経路で手にした。大病の中で夢、「幻想」を見た洪秀全は六年後に再読してその夢との符合に納得し洗礼を受けることに決めたという。これ以降、洪秀全は孔子崇拝を批判し「拝上帝教」を創設した。布教のため中国思想を用いたキリスト教のテキストが、いわば逆手にとられる形で、中国のユートピア運動の指針へと読み変えられたわけである。

洪秀全は非凡な宗教組織者であった。試験挫折後に大病し高熱にうなされて見た夢では「キリストの弟だ」とのお告げを受け、「異次元の宮殿で人体改造された」(ハンバーグ『洪秀全の幻想』)。紫荊山(広西)ごもり、廟の偶像破壊、地方の風習「降僮」(憑依)を踏まえたと思われる「天父下凡」「天兄下凡」。さらには、イニシエーションとしての暴力的な辮髪切り・纏足解き、独自に考案した各種の禁忌、禁欲的な男女別の集団生活「団営」、そして後に紅軍の模範ともなった厳格な行動規律「五カ条の命令」。これらはすべて「地上の天国」創出へ人々を動員する巧みな演出である。儒教の大同思想的な土地政策と結びつけられた「天朝田畝制度」等、実現の見込みのないユートピア構想よりも、こうした演出が効を奏したようである。

太平天国運動に儒教批判が含まれていたのは事実だが、「女性解放思想の起点」という位置づけには疑問点が多い。たとえば、「女性の科挙」なるものは、王好みの女性選びにすぎず、すぐに廃された。また「纏足の禁止」は過酷な行軍を女性に強いるためでもあったが、蜂起に加わるような客家《はっか》などの少数民族や南方の貧農で肉体労働に従事した女性たちはそもそも纏足をしていなかった。行軍中、占領地の無辜の女性、とりわけ逃げ足の遅い纏足女性への暴行迫害があったことも知られている。

これに対し太平天国の鎮圧に活躍したのは、清末「中興の四大名臣」の一人で儒者としても知られた湖南の曾国藩である。湖南の秘密結社とも合流した太平天国軍に清の正規軍が連戦連敗すると、曾国藩は義勇兵部隊(湘軍・湘勇)を組織、厳格な軍紀で律して戦勝し、高官について李鴻章と首都天京(南京)を陥落させ、太平天国を滅亡にいたらせた。平定後は、洋式の兵器工場の設立などに努め、その幕下からは義勇軍・淮軍を組織した李鴻章や左宗棠《さそうとう》ら多くの人材が輩出、総督や巡撫など義勇軍を指揮した地方大官の権限が強まった。

開港後のメディアと衛生医療

アヘン戦争後の開港以降、新聞や出版の場は香港さらに上海に移る。数百年にわたる対外貿易の拠点で、一八世紀後半から対西洋の唯一の港だった広州も、他の開港地の出現にともない、

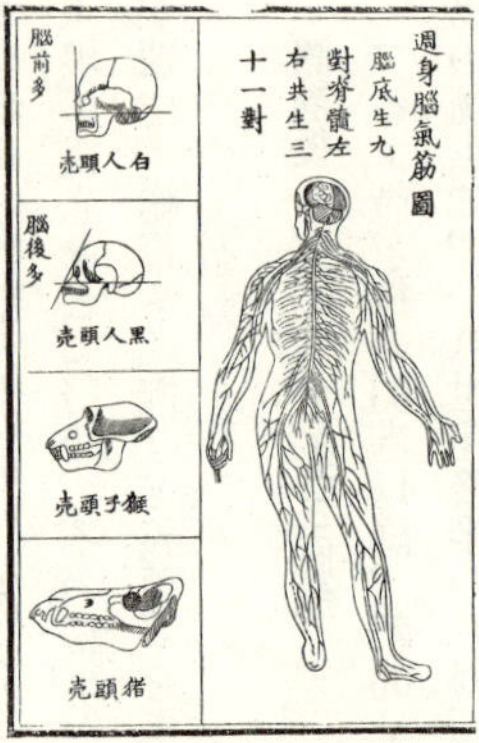

合信『全体新論』の「全身の脳神経図」. 左横は白人・黒人・猿・豚の頭蓋骨図. 最上部におく白人は脳の「前部が多い」, 黒人は「後部が多い」等とランク付けする.

一八五〇〜六〇年代にはより交通の便のよい上海に貿易・経済の中心の座を譲った。メドハーストも上海での伝道を始め、一八四三年には租界地に広大な土地を得て中国最初の近代的な印刷所・出版社、墨海書館を創業した。宗教書以外にも天文・科学書等を多く刊行、当時は牛が輪転機を動かしたことから、老牛に「田畑を耕させず、書田を耕させている」と評判されたという。同じ四四年、ロンドン伝道会が上海に仁済医院を開設、各地にも教会が運営する医院が作られ、五一年には医師ホブソン(中国名は合信)による中国初の医学解剖学書の翻訳『全体新論』(図)もこの墨海書館から刊行された。

公衆衛生はいずれの国でも戦争を契機に進んだが、中国でもアヘン戦争後に租界がおかれた上海で、駐留英兵の性病流行から管理売春と医療対策が講じられるようになっていく。「はじめに」の図版画に見られる種痘接種の繁盛ぶりもそこからきていた。

一八五三年、メドハーストが創刊し、香港などで発行した中国語月刊誌『遐邇貫珍』(遠近地ニュース)の廃刊後、一八五七年にはこれをモデルに西洋知識の紹介に力をいれたワイリー(中国名は偉烈亜力)が編集する『六合叢談』(世界の話)も、墨海書館から創刊された。日本の幕府は五六年に「洋学」の教育・翻訳・外交部として蕃書調所を設立、『遐邇貫珍』『六合叢談』『全体新論』等、中国の情報誌や西学書を次々と翻刻出版していった。日本も当初は中国を介しての西欧情報の入手を必要としていた。

こうした変化にともない、宗教的使命感をもった宣教師たちにかわって貿易商人たちが、新聞雑誌発行を出版業として発展させた。香港でも開港後は新聞が日刊となり、高価な漢字活字を揃える新聞社は副業で出版や印刷業を手がけるようになった。墨海書館に勝って飛躍的に発展を遂げたのは、マカオに開設された米国のプロテスタント長老会系の花華聖経書房(一八四四年)を前身とする美華書館である。六〇年に上海で創業、ここで鉛活字の実用性は格段に高まり一九世紀末の商務印書館の成立まで、最大規模の印刷工場として独占的な地位にあった。後述する英米系中心の出版機構、広学会の出版物も受け持つことになる。

さて上海では、『ノース・チャイナ・ヘラルド』(「北華捷報」。一八五〇年創刊、六四年から『字林西報』)を刊行していた字林洋行から、上海唯一の中国語新聞『上海新報』を六一年に週報として創刊、「商業情報・広告」のほかに「ニュース・言論の頁」を設け、七二年には日刊となった。当初は宣教師のフライヤー(中国名は傅蘭雅)、アレン(中国名は林楽知)らが編集に当たり、太平天国を知る重要な資料ともなった。

洋務と近代教育への始動

西欧との外交が進んだことで、「夷」は「洋」と改められ、貿易関係事務を意味した「夷務」は「洋務」に変わっていった。「洋務」は意味内容的にも拡大され、対外貿易はもとより、西欧近代が要請した外交・軍備、交通・通信・情報システム、その人材養成＝教育制度など、西洋とかかわる全領域の総称になった。

一八六一年、外交部署である総理各国事務衙門《がもん》（略称は総理衙門）が設立されると、恭親王奕《きょうしんのうえき》訢《きん》、李鴻章、曾国藩の三者の奏上により、六二年には付設機関として通訳養成の外国語学校である京師同文館（京師大学堂、北京大学の前身）が開設された。当初の課目は英語・仏語・露語と漢文で、六七年からは算学館も付設、理系・医学とともに国際法・外国史も導入された。同文館ではホイートン著『国際法原理』（改版本）を米宣教師マーチン（中国名は丁韙良）訳『万国公法』として六四年、総理衙門から公刊・配布、中国初の国際法の啓蒙書となった。これをきっかけに「公」法とは、何よりも「世界自由貿易圏の国際法」を意味するようになっていった。

北京についで一八六四年、上海にも上海同文館（広方言館）、ついでこれに倣って広州の広方言館も創設、西学のインフラ整備が始まった。六八年、上海の江南製造局に武器や造船学関係の翻訳所、江南製造局翻訳館が付設され翌年からは上海の外国語学校、上海広方言館が編入されて、文理両系の教育課程ができ、アレンやフライヤーも教員に招かれた。四〇年間に、数学・化学・地質学・天文学・物理学・医学・測量学・蒸気機関学等の一六〇種に及ぶ訳書がここから刊行されている。

その間一八七〇年代前半までは、太平天国以降、反乱対策にあたっていた曾国藩や李鴻章ら地方大官が中心となり、官営近代軍需産業の振興がはかられた。日本が台湾に出兵し占領した七四年の台湾事件の衝撃以降、八四年の清仏戦争期まで、列強の侵略の激化にともない海防が急務とされて軍需工場建設に力が注がれた。その必要からもソフト面において八〇年代、ことにその後半から九〇年代にかけて、李鴻章らの尽力で、科学技術や英仏語を教える軍学校として、福建の船政前後学堂や天津水師学堂、江南水師学堂等が、各地に陸続と開設される。

このような新式学校から留学生も公費派遣されるようになるが、その実現に寄与したのはマカオ生まれでモリソン記念学校に学んだ中国最初の留学体験者の容閎《ようこう》であった。一八四七年、香港から米国に留学、イェール大学を卒業して帰国し『西学東漸記』を著している。だが洋行帰りの処遇は科挙合格と比べるべくもなく、帰国後は香港の対外機関・役所・会社等の通訳となるほかなかった。のちに才能を見出され、上海道の丁日昌と教育計画を立案、七〇年には曾国藩・丁日昌ら高官の連名で留学生派遣が上奏されて、七二年には唯一、留学条約を結んでいた米国への初の国費留学生が派遣された。一方、船政大臣や李鴻章らは福建船政学堂の学生らを英仏へ派遣するよう上奏、数年後にこれが実現して欧州留学生派遣も始まった。一八六七年からの外国への欽命出使大臣派遣も決まったものの駐華外国公使の派遣のみで、中国官僚の海外派遣は七六年末の郭嵩燾《かくすうとう》まで待たなければならない。だがこの人事は周囲や同郷人から「鬼(外国人)に事える」不名誉と憤慨され、西太后が「国家のためにこの艱苦にたえよ」と説得しなければならなかったほどであったという。郭自身は儒教的価値観をもつとはいえ、本国への報告目的の記録ともいうべき『使西紀程』に「街灯が明明《あかあか》とともり、通りは車馬が絶えない」ロンドンの繁栄ぶりを讃え、「重商」による西洋の力を直視しつつあった。

上海の商業新聞

開港後、広州・香港をしのぐ急速な商業の発展により都市化をとげた上海は、新聞・雑誌、出版業界でも優位にたった。製糸などを手がけた英国商人、メイジャー兄弟は『上海新報』のおもに商界での成功に目をつけ、上海で一八七二年に『申江(上海)新報』こと『申報』(図)を友人との合資で創刊、本格的な商業新聞の先駆けとなった。

『申報』は中国人を編集長に据え、「華人の耳目となる」との方針を掲げて成功した。商業関係だけでなく政論をはじめ、より一般的なニュースや記事を掲載、価格も安く、創刊翌年から上海外へ販路を拡げ、広範な中国人読者層向けの紙面作りで成功する。そのため『上海新報』

は急速に力を失い、廃刊に追いこまれる。一方の『申報』はやがて江南では新聞の代名詞といえるまでになる。一八八一年末に天津―上海間の電信線が完成し情報伝達速度が格段にあがると、翌年には電信利用にいち早く名乗りをあげるなど情報競争にも敏感であった。八二年には発行部数六千の全国最大の新聞に成長した。

同時にメイジャーは申報館をもとに本格的な出版業にも乗り出す。一八七六年には点石斎石印書局、八四年には図書集成局を開設し、科挙の参考書や『康熙字典』など一〇万部の大量印刷・販売で成功し、石印本を流行させた。中国で初のアジア地図や縮刷活字版の古典叢書『古今図書集成』の出版などその意義は大きい。

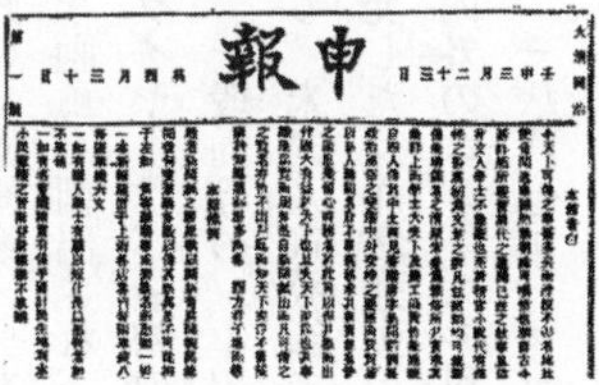
申報

『申報』創刊号(1872年)

さらには、視覚メディアの先駆ともいうべき本格的な「画報」も誕生させた。文字の優位性が強固であった中国だが、清仏戦争には従軍記者も派遣、『申報』付録として時事画報『点石斎画報』(旬刊)を一八八四年、点石斎石印書局から創刊したのである(I扉右図)。戦争というスペクタクルで視覚に訴え、国家意識の高揚にも寄与する清仏戦争報道のアイデアは当たり、大量増刷となった。

『点石斎画報』は、科学知識、民間風俗、時事ニュース、ゴシップなどを題材に選んで怪奇談風「新聞」のテイストも残しつつ、蘇州の年画画家・呉友如ら人気のあった民間風俗画家を起用した。透視画法による精密で写実的な画風も創出され、絵画印刷に適した石印技術が使われたことで、より読者を惹きつけた。フライヤーは、最初の科学技術専門雑誌『格致《かくち》彙《い》編《へん》』も申報館から創刊している。

一般向けの『申報』に対し、宣教師系の新聞として影響力をもったのは、『万国公報』である。米国人宣教師アレンが一八六八年に発刊した『中国教会新報』を『教会新報』と改名、頻発した反洋教運動のあおりで、七四年に『万国公報』と再度改名した。キリスト教関係のほか内外のニュースや科学知識も記事にし、付録の科学雑誌『益智新録』を刊行した。

一八八七年、スコットランド長老会の経済的・出版的援助を受けたウィリアムソン（韋廉臣）の呼びかけで、英・米・カナダを主とする宣教師、領事、商人らにより上海に出版機構「広学会」（同文書会から改名）が組織された。『万国公報』は一時の中断を経て広学会の機関誌となり、中国の知識人に西学の知的資源を提供することになった。

幕僚の活躍と中体西用論

中国での西洋受容は、当初、日本の江戸後期の「和魂漢才」にも通じる「中体西用」の構えであった。「中体西用」の発想は一九世紀後半を通じて広く見られたが、この言葉自体は、沈寿康が一八九五年、『万国公報』に発表した「救時策」の中で「中国と西洋の学問はそれ自体、得失がある。中国人にとっては、中学を「体」とし、西学を「用」とするのがよい」と述べたことから広く使われ始めたという。

「体」と「用」の語そのものは、もともと中国仏教の議論に使われており、事物の「本体・本質」と「その作用・現象」を意味した。宋学では朱子が、「吾が心の全体(完全なる本体)大用(万事に応じる作用)」というように用いていた(『大学章句』)。

清末の「中体西用」はこの「体用」の関係をさらに秩序化して「本末」といいかえ、中学が本、西学は末・末技、とするバリエーションも広く用いられた。西洋受容においても中国の学を本質とする点で非難に値しない、という自己防御的な心理や確認が働いたと思われる。その点では、以下の論者も例外ではない。

馮桂芬と薛福成

開港・太平天国の平定以降、曾国藩、李鴻章、左宗棠らによる自強(自ら富国強兵に励む)・洋務政策の推進は、彼ら大官僚のブレーンである幕僚たちの目ざましい活躍に支えられた。

たとえば科挙の世界で順調なスタートを切った馮桂芬《ふうけいふん》(江蘇呉県の人)は、林則徐に早くから才能を見いだされ、太平天国の蘇州攻撃時に団練(自警団)を組織して蘇州郷紳の実力者となりながら、昇進後には大官と衝突して幕僚となった。一八六〇年前後に執筆した政治改革論『校《こう》邠盧抗議《ひんろ》』で、地方行政に地元実力者の関与を制度化するなどを提言、明末の顧炎武の議論に依拠した農本主義的傾向をみせ、大局的な洋務の構想を披瀝した。

「わが中華が天下万国の魚肉となろうとしている」ことに危惧を抱いた馮桂芬が急務としたのは「馭夷」すなわち国防だが、もはや単なる富国強兵ではなく「君民の隔てのない」国家統合と外交に着目している。「外国からの採用」を今日の学問の急務とし「中国の倫常名教を大本として、諸国の富強の術で補う」とする「本・補」の「中体西用」論といえる。

ただ変法(政治改革)論を含むこの書物が公刊されたのは、馮桂芬の死後(執筆から二〇年後)で、皇帝の目に触れたのは四〇年後(光緒帝時代)の変法期だが、曾国藩は一八六二年の日記に馮桂芬の主張を「名儒の論」と評価、その認識は李鴻章への影響も大きい。

その曾国藩の幕僚で、張裕釗《ちょうゆうしょう》・呉汝綸・黎庶昌とともに「曾門の四弟子」と称せられ、李鴻章の洋務を補佐したのは薛福成《せつふくせい》(江蘇無錫の人)である。『籌洋芻議《ちゅうようすうぎ》』を著述後、湖南按察使、駐英・仏・伊・比(ベルギー)四国欽差大臣を歴任した。

国際環境の変化にともない、中国も「華夷」の二分ではなく「中外連属の天下」という秩序に変化していると認識した薛福成は、「(古来)不変の(聖人の)道」だけでなく、「可変の法」を想定する。法は手直しすることで存続するが、変えずにいると積年の弊害により滅ぶ。西洋の興隆拡張で、万国交流の時代となった今、商工業・交通伝達・法律面で変革が必要であり、それが実現すれば将来、中国は西洋をしのぐやも知れない。当面は西洋の技術や科学の導入で我が「不変」の「聖人の道」を防衛すべきで、「変通」こそ「聖人の法の精意」だと主張する。形式的には「中体西用」論で、キリスト教の墨子起源説という附会説も唱えた。だが薛福成は、「不変」なる「聖人の道」の真意を「変通」とみなすことで「変」にひきつけているのである。交通伝達への着眼にも、実践家の見識の鋭さがある。同時に近代的である分、その海外渡航記では東南アジアの人々に人種差別的な眼差しが向けられている(『出使四国日記』)。

王韜・鄭観応・馬建忠

こうした幕僚タイプとは「脱科挙型」という点で異なる知識人も現れていた。最初の米国留学生で曾国藩と李鴻章のブレーンとなった容閎もその早期の典型であり、科挙に失敗して上海で長年墨海書館に勤務した王韜《おうとう》(江蘇蘇州の人)もそのひとりである。王は一八六一年、蘇州に帰郷して義勇軍を組織するが、太平軍当局者に軍事上の献策をしたとの嫌疑をかけられ、翌年、香港に逃亡、「韜」(隠す)と改名した。儒教経典の英訳を手がけていた英華書院院長レッグを助け、六七年からはレッグに従って渡英し欧州各国を回っている。

王韜は香港に戻ると、一八七四年に大型日報『循環日報』を創刊、自身も政治変革論を執筆し、七五年には「変法自強」論を発表している。「変法」の語を表題におく最初の文献例とされる。その時期に編集した『普法戦紀』（普仏戦争記）は曾国藩・李鴻章らに激賞された。七八年にはこれが日本の陸軍文庫から翻刻出版され、翌年に日本に招聘されて中村正直ら啓蒙思想家と交流した。英・日で高い評価を得た王韜は、八四年に上海に帰還、格致書院の院長に招かれた。妓女と盛んに交流した王韜の著作は、妓女文化研究にも欠かせない史料となっている。

薛福成に見られた法や道の「不変・可変」への二分化は、王韜においても『易』（繫辞伝）以来の概念、「道（形而上）器（形而下）」論として見られる。「道」とは不変の「孔子の道」、すなわち人が先験的にもつ「三綱五倫」である。それに対し西洋は「器」に優れ、これは「見習える」。つまり近代以降の中国知識人に長く抱かれる「精神・エッセンスは中国」「末技・末用は西洋」という「中体西用」論の典型である。

王韜の歴史観は、中国は百年もしないうちに「西洋の法」をフルに使って「西洋を凌駕し」、「数百年の後には、道は必ず大同（無差別ユートピア）となる」と予見する。ここに、日清戦争後に変法維新派が思想的支柱とした進化論をみてとれる。維新派が議論する各国の政治制度の分類「君主・民主・君民共主」も、この王韜に始まる。また科挙の変革による学校教育の確立を説き、「西洋諸国は国が小さくても国民が結集し、心が一致して志が堅固である」と評価し、薛福成より明確に「国民意識の形成」を重視してもいる（『弢園文録外編』）。

鄭観応《ていかんのう》（広東香山県の人）は買弁（外国の貿易業者との仲介商人）を経て、一八七〇年代には外国との合弁による民営企業の経営を手がかりに、商業資本家となった。洋務官僚の李鴻章やその幕僚・盛宣懐らに企業家としての経営手腕を買われ、上海機器織布局をはじめ洋務企業経営を手がけるようになった。列強侵略に対して憤る『救時掲要』(一八七三年)を経て、鄭観応は『盛世危言』(一八九四年)で明末来の民本主義的な変革論を打ち出した。衆智を集め「至公」なる政治を行ない、民心を固め「君民が心を一にし」、力を集中し「公法」による国際関係を保つという主張である。さらに農本主義から脱却し、企業家らしい国際的視野から、「兵戦」の「商戦」への移行、商業育成の必要性を説いた。

鄭観応は、建前としては「中国の学が本、西洋の学は末」としながらも、「今日の計」として科挙廃止・学校設立とともに「格致(科学技術)の振興」を強調する。世界は「狩猟から農耕牧畜、農耕牧畜から格致へと変遷する」のが「天地自然の理」とし、王韜と同じく進化論的な立場であった。王韜と親交があった鄭観応は、陳熾《ちんし》の『庸書』同様、人材養成のための新聞社の設立や、纏足禁止、女子教育(女塾)も主張した。康有為・梁啓超らの変法活動に対しては批判的であったが、その議論は変法論につながるものである。

鄭観応の企業家的、経営専門家的な面を強くした人材として、馬建忠(江蘇鎮江の人)がいる。馬建忠は『文献通考』で有名な元代の学者・馬端臨の末裔といわれ、明代からのクリスチャンという中国では珍しい家の出身である。兄の馬相伯(馬良)が創設した震旦大学の前身、上海の徐匯《じょかい》公学で西洋式教育を受け、フランス留学を経て李鴻章の幕僚となり、外交面でも活躍した。中国に必要な富強の根本は「商業振興」と「民心の獲得」だとして、学校や議会の設立を進言し、海軍や鉄道経営においても人間管理・訓練のソフト面を重視、専門家集団育成を志向した。語学の才能に秀で、晩年は欧文法を参考に中国最初の体系的文法書『馬氏文通』を著し、中国語文法学に大きな影響を与えた。

幕僚知識人は、歴史的に西洋との接触機会があった江南、ことに江蘇と広東の出身者が多く、彼らは総じて「中体西用」論を唱えた。しかし、欧州留学で西学と格闘した厳復(後述)が批判するように、当時の「中体西用」論は、「本質と現象」ではなく、「本質は中国、活用は西洋」というそもそも無理な議論で、「体用」や「道器」の概念は論理の内的関連を欠いていた。中体西用は中国伝統と西欧近代を二項対立化させ、その機能分担においては調和させようとした、西洋文明導入のための併存理論だといえる。こうした調和併存は、深刻な思想的危機もなく、論者たちの「実権なき幕僚」という立場も関係していたであろう。これ以降の東西文化調和論の変奏の起点ともなったのである。

3　変法運動期の伝統の創造

変法と康有為の大同ユートピア・進化論

日清戦争敗北後の危機感から政治変革の声が高まり、一八九八年の光緒帝による維新（戊戌維新）で変法（政治変革）運動はピークを迎えた。この時期には、「中体西用」論のような西洋文明導入のための調和的併存理論から、中国の制度の変革理論への大胆な読みかえがみられるようになる。こうした方法で危機感をもって西欧と向き合った知識人たちがいた。幕僚でもなく就官も待たず組織的な変革実践にふみだそうとし、雑誌・新聞というメディアに自らの声を乗せようとした点も新しい。

なかでも、康有為（広東南海の人、次頁図）はこうした変法運動の主役といってよい。科挙の道につきながらも香港や上海で西洋の学問に触れ、山籠りで道・仏学の研鑽も試み、「上書（朝廷への上奏請願）活動」で名をなしていく。

清仏戦争に危機意識をもった一八八八年、変法自強を訴える最初の上書に失敗した康有為は、帰郷して公羊学（四頁参照）者の廖平《りょうへい》に出会う。廖平の著書から着想を得た康有為は、幕僚たち

康有為*

の変革の論拠である『易』の「変通」に加え、より強力な理論を構想したのである。

広州に万木草堂を開設し、「古文経（三頁参照）は偽経」とする論証集『新学偽経考』を、弟子の梁啓超らとともに完成、刊行した康有為は、経学界の反発を招き、一八九四年に焼却処分に遭う。『春秋董氏学』『孔子改制考』においては、康有為は公羊学における三世説に注目する。前漢の董仲舒《とうちゅうじょ》や後漢の何休らは、魯の史記『春秋公羊伝』の文において孔子がその時代からの遠近を基準に「三世」に分け、書き方を変えたとみなした。その三世は「衰乱」から「升平」、最後に「太平」へと進むという、漢代の繁栄祈願の歴史原理と結びつけられた。康はそこに無私による共同体の調和を説く『礼記』礼運篇の「大同」説を組み込んだ。「撥乱・衰乱」世すなわち差別世界から、「升平」世の「小康」、「太平」世すなわち「大同」ユートピア世界へと、社会は進化すると解釈する。漢代経学の三世説を、西欧型社会進化論のはらむ生存競争・淘汰ではなく、楽観的社会進化論に読みかえ、「孔子改制」説と合体したのである。「孔子改制」説とは、乱世で無冠の「素王」孔子が、世を救い「太平」に導くために「改制」を志し、往事にかこつけて創作した（託古改制）のが「六経」であり、孔子の聖人たる所以は、時勢に応じた改変にこそある、というもので、まさしく「伝統の創造」である。湖南の保守的な儒者、葉徳輝が

「その貌は孔子、その心は夷狄」と康有為を評したのもゆえなしとしない。

だが康有為にとっては国民の団結「合群」こそが「救亡」に不可欠であり、乱世に生まれながら、「大一統」、すなわち天を統べる「仁政」を考えた孔子こそが、国民統合の象徴たりえるのであった。辛亥革命後も一貫した孔子教へのこだわりの理由もそこにある。

一八九五年、日清戦争の敗北を契機に「講和拒否」「遷都」「変法」を訴える康有為は科挙試験に集まった受験生に呼びかけ、上書活動をもくろんだ。大官僚の幕僚として社会変革を進言するのではなく、広範な知識人を巻き込む運動組織者として康有為は登場しようと意識していた。弟子としての礼を終生尽くした梁啓超は、康有為の性格を「万事に主観主義、自信過剰、主張はきわめて強引」と評した。この時代の組織者には、そのような資質が求められたということであろう。

強学会と機関紙

変法期の運動が通常の有識者によるその場かぎりの上書活動と異なっていたのは、それが結社の流れを汲む「学会」の組織と、その機関誌の発行と結びついたからである。康有為は受験生への「変法」のアピールののち、まず北京で役人らに「新法の益を漸次知らせ」、学会結成の通知をするために新聞『万国公報』を創刊して配布した。康有為の弟子の梁啓超と麦孟華《ばくもうか》が記事を書き、印刷・販売などは『京報』に委託したが、創刊一カ月で約三倍、三千部となった。それから間もなく北京に強学会が結成されると、『万国公報』(広学会が同名誌を発行していたので のち『中外紀聞』と改名)が強学会の正式な機関紙とされた。

康有為はその間、江南に赴いて、上海強学会を結成し、張之洞を説得して資金援助を引き出した。こうして、「亡国からの挽回」の策は人材にかかっていること、人材養成は学術に、学術研究は「合群」(団結)にかかっているとして、知識人に結集を呼びかけた。この上海強学会は、図書・新聞等の翻訳・出版、図書館開設などを主要任務としており、康有為が情報収集をいかに重視していたかがわかる。

一八九六年初め、弟子の徐勤と何樹齢を編集長とし上海強学会の機関誌『強学報』を創刊、無料配布した。康有為による序文は、インドやベトナム、朝鮮の惨状とドイツや日本の富国ぶりとを対照させ、「学問をすれば賢く、団結すれば強くなる」と、「自強」のための学を呼びかけた。これが当時の学会の理念である。このころ『日本国志』の著者、黄遵憲《こうじゅんけん》と出会った康有為は日本への関心を強め、翌年に大同訳書局を設立、『日本書目志』も刊行した。

だが、こうした改革派が優勢であったわけではない。康有為がその『強学報』創刊号に清の年号と孔子紀年(卒後二三七三年)とを併記したことが保守派の攻撃を受け、『中外紀聞』も『強学報』も早々に発禁となり、強学会も解散させられてしまう。しかし、こうした新しい活動スタイルを創出した康有為は、一八九七年には桂林で「尊孔・人材育成・救国」をめざす聖学会を、ドイツの膠州湾(山東省)占拠に危機感を募らせた九八年には「保国・保種・保教」を旨とする保国会を、梁啓超の協力で組織した。保国会は北京・上海の本部と各省の支部を置くが、「邪説で民を誑《だま》す」との非難を浴び、やはり短命に終わった。

『時務報』と梁啓超

梁啓超(広東新会の人、次頁図)は中国ジャーナリズムの祖とも称せられる。新聞・雑誌編集で最初に精彩を放ったのは、一八九六年上海で創刊した『時務報』(次頁図)である。初代駐日公使・何如璋に随行し渡日経験もある強学会員、黄遵憲と汪康年で計画し、封鎖された上海強学会の残金をもとに、梁啓超を編集長、汪康年を代表責任者とし、「変法図存」(変法で生き残りをはかる)を旨として創刊。梁啓超は、国を強めるために科挙改変、学校・学会・新聞設立等の変法を唱え、男女の人材育成をその基本とする「変法通議」十数篇等を自ら執筆し『時務報』に掲載した。自然界は絶えざる変化の過程にあり、その自然法則は組織としての生命をもつ社会においても「公理」、つまり法則である、という梁の議論は多くの知識人に愛読され、『時務報』は最高発行部数一万七千に上り、これは当時の雑誌発行部数の最高記録となった。康有為の弟、康広仁もマカオで『知新報』を創刊、各地で新聞・雑誌が誕生する。経

梁啓超*

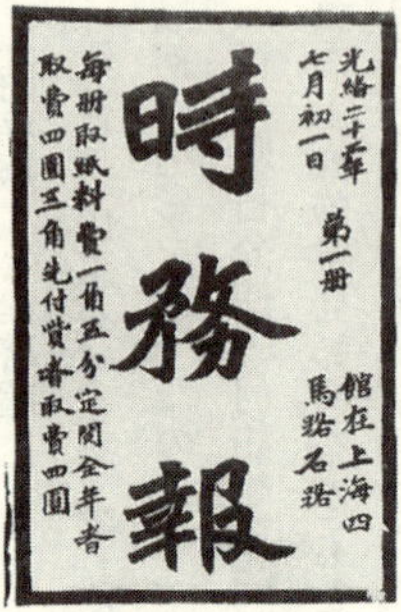

『時務報』創刊号
（1896年）

学を活用し、「群（社会結束）を体、変を用とする」変法の理論的基礎を築いたのは康有為であったが、新聞・雑誌というメディアを用いた変法運動の宣揚に最も貢献したのは、広州の万木草堂以来の門下生、梁啓超であった。

梁啓超の新聞・雑誌の人気は、新知識の紹介、変法の鼓舞という点だけでなく、その文体にあった。明晰、平明、通俗的かつ情熱的な文体で、従来の古漢語文の形式に囚われずに、東西の古典知識をおりまぜた。これが新鮮な躍動感を生み、アピール力ある独特な「時務文体」を創出したのである。その文章の平明さを浅薄とし、「報館（文屋）の文章」（厳復）、「報館八股文」との批判もあったが、何よりもそれは大衆化の条件であり、新聞文体の趨勢であった。当時は重視されていなかった啓蒙という点で、文体への意識と実際の執筆の面から貢献したのである。

譚嗣同の『仁学』と湖南の新政

変法の理論を編み出しメディアの重要性を強く認識した康有為や、新聞文体でそれを実践した梁啓超に強く共鳴した人物に、譚嗣同（図）がいる。譚嗣同は、「エーテル」という「科学的」概念を媒体に、「通」すなわち平等を説いた。

沿海部広東出身の康・梁らとは異なり、譚嗣同は湖南瀏陽の人で、同郷の唐才常らと地方改革運動に関わり、一八九六年に江蘇知府候補として南京へ赴任する。そこの金陵刻経処で楊文会（後述）に仏教を学び、「性・天の大原を究めることなくして、この数千年に現れてきた禍の淵原と、今こそ桎梏を一掃し、網羅を衝決すべきである所以とを描き出すことはできない」（「致汪康年」三）として、主著『仁学』を執筆した。

そのキーワードが以太《イータイ》＝エーテルである。「以太《エーテル》」は当時の中国で光の伝播を説明する物理学用語として紹介されていたが、変革を目指した人々が志気を鼓舞するため盛んに用いていた。譚嗣同はこれを、虚空を充たし、全物質および精神的存在・運動・変化の根源、という独自な概念とした。この「以太」が、「天地万物人我を通じて一身とする」媒介の働きをする。伝統的な「天人合一」観、「気」による万物一体論がその根底にある。

譚嗣同*

その直接的なモデルは、米国のヘンリー・ウッド著『治心免病法』（原書一八九三年、フライヤー漢訳）に求められる。心が身の主であるとし、宗教と科学の両立性を説くこの書の漢訳に際し、フライヤーは中国思想固有の概念を多く用いた。「以太」は各人の

「心力」の媒介となり感覚に働きかける、とする点もフライヤー訳ウッド説と共通する。気功における脳波の同調なども想起されよう。

譚はさらに、この「以太」を儒教秩序の差別的世界を打破する論拠とした。平等への本来的要求を実質とする活動源「心力」を発揮し、利禄・俗学から「三綱五常」までの社会的束縛「網羅」、つまり「不仁」を「衝決」(打破)しなければならないという。かくして「心力」は「網羅の衝決」の主体となり、君民・上下・中外・男女の水平平等を意味する「通」「仁」を実現するのである。

「網羅の衝決」論は、「君主も耳目手足は人並み」なのに、「名」で人民を抑圧している、と王朝支配体制の上下秩序・差別を大胆に批判する。「仁」＝平等を「学」＝科学で支えようとし、「以太」による万物一体論を、人倫における水平平等に読みかえる点が画期的である。

「三綱五常」を否定する社会は、上下秩序の外の朋友関係を理想とし、「公理」としての「会」(コミューン)を追求し、秘密結社「会党」とも連携する。康有為も同様だが、中国の「大同」観がエドワード・ベラミー『顧みれば』(一八八七年、ティモシー・リチャード[李提摩太]漢訳『百年一覚』一八九四年)のユートピアと重ねられている。当時の米国、そして日本でも一種の社会主義とさえみなされた、生産主義的で画一的なユートピア構想である。産業振興をめざす地方有力者としての譚嗣同らの変革の夢といってもよい。

譚嗣同が亡国の危機意識を抱いた当時、欧米の人種論が(多くは日本経由で)伝わり、「白種」に抗する「黄種」という自己認識の構図が鮮明になりつつあった。変法によって「公法」に連なり奮起しなければ、中国の生殺与奪は外国人に操られ、「四億の黄種の民はみな白種の奴隷となり、みな日本におけるアイヌ、米国におけるインディアン、インドやアフリカにおける黒人奴隷と化すだろう」と考えた。こうした社会進化論的な人種論は、梁啓超ら多くの知識人にも共有されていく。

譚嗣同の故郷、守旧といわれた湖南も、一八九五年には陳宝箴《ちんほうしん》が湖南巡撫(長官)となり新政運動が活性化した。九七年には実学講究を目的とする『湘学新報』が創刊され、譚嗣同の盟友の唐才常らが執筆し始める。王先謙ら地元有力者が機器会社を設立し学堂を付設するにあたって尽力した湖南の進士(科挙合格で高級官人候補)熊希齢《ゆうきれい》は、九七年秋に提調(校長)として長沙に湖南時務学堂を創立し譚嗣同や唐才常らが活動する。上海から『時務報』の梁啓超も康有為の門下生をひき連れて赴任し、変法・民権を講じた。これを母体として、ドイツによる膠州湾占拠で亡国の危機感が高まった九八年、譚嗣同・唐才常・熊希齢らは議院開設もめざす南学会を組織した。その機関紙の日刊『湘報』は、纏足廃止キャンペーンなどでも際立ち、湖南各地に多くの分会もでき不纏足会などの学会が結成された。北京・天津・広州・上海等の沿海線上の都市が中心だった変法の動きは、湖南という内陸部の大拠点を得てネットワークを広げ、変法維新の失敗後には革命派人脈と思想のネットワークに変容していく。

とはいえ、この盛況は湖広総督の張之洞を後楯とする分断の動きや、地元学界・政治経済界の有力者で思想的には保守であった葉徳輝や王先謙、その学生でのち反変法論集『翼教叢編』を編んだ蘇輿《そよ》らによる反撃をうけ短命に終わり、中央の戊戌維新に呼ばれた譚嗣同も湖南をあとにした。

厳復と翻訳──『天演論』

変法期の論者は社会進化論を意識していたが、その本格的な紹介に決定的な役割を果たしたのは厳復(図)であった。

厳復(福建福州の人)は福建の船政学堂から、一八七七年に初回英国留学生として渡欧、自然科学や軍事のほか、スペンサーやルソー等の社会思想を学んだ。

帰国後は李鴻章に見込まれ、教育部門の幕僚となったが、科挙試験に失敗し、能力を発揮し得ない不遇を嘆いた。中国の苦しみを「愚と弱と貧」ととらえ、天津の新聞『直報』に「民智・民力・民徳」を基本とする自強変法を説いて注目を浴び、九七年には天津で王修植や夏曾佑らとイギリスの『タイムズ』に範をとり、「各国と並立し」「中国・西洋に通じる」べく『国聞報』を創刊する。

本格的に西学を学んでいた厳復は、日清戦争の頃から進化論を紹介、「ダーウィンのブルドッグ（番犬）」を自称したトマス・ハクスリーの論文を翻訳し『国聞報』で連載を始め、一八九八年には「進化と倫理　プロレゴメナ」（原書刊行、一八九四年）とロマネス講演（生物進化論学者ロマネスの名を冠するオクスフォード大学の公開講座）「進化と倫理」（同、一八九三年）の翻訳版『天演論』（次頁図参照）を出版する。

出版に先だって、「進化と倫理」の訳稿が知られていた。翻訳は逐語訳ではなく、事例を中国のそれにおきかえて記述するような大胆な改変もともなう創造的抄訳で、自身は「達旨」と謳った。さらに、厳復が自ら区分した各篇に、自身の主張を盛り込んだノートを付した。古風な文体の呉汝綸を師と仰ぎ、「近世の俗っぽい文」では精緻な理論は訳せないとする厳復は、翻訳は「信（正確）・達（理解可能）・雅」を重んじるべきとして古典美文調文体を用いた。その難解さは梁啓超も不満とするほどであった。

厳　復*

実のところ、「進化と倫理」は、自然主義から出発したハクスリーがそれを修正し、自由放任主義を主張する長年来の友人のスペンサーらと袂を分かった議論である。そうした著作をテキストに選んでおきながら、厳復が自ら付したコメントのほとんどでスペンサー説をよしとしている。

鄭曼陀「女子，『天演論』を読む」
鄭曼陀は1910-20年代の有名な商業カレンダー画家．『天演論』が長く広く流通したことを示す絵（『老広州』）

ハクスリーが「進化した教授」と皮肉られもした主張転換の背景には、一九世紀後半のヴィクトリア朝における急激な社会変化があった。すでに英国は「世界の工場」となり、参政権も劇的に拡大、後期産業革命のさなかであったが、ロンドンは貧困と社会不安が渦巻き、大規模な暴動やストライキも起こり、フェビアン派や優生学などの急進思想も生まれた。ロンドンの行政官でもあった実践的な学者としてハクスリーは新しい知識と倫理の再検討を余儀なくされたのである。

社会改造を望んだハクスリーは、マルサスが指摘した人口と食糧供給の「自然的不均衡」問題を、宇宙過程（自然界）と倫理過程（人間社会）の二元論的進化観で克服しようとした。自然は無目的で人間的価値とは無縁であり、進化は生物の生存適応をおし進めたが結局は無益な苦悩を生んだ。一方、人間の倫理的感性は自然を超越し、弱者への蹂躙を放任せず保護し、進化法則に抗うべきである。こうして「共感の絆」が強調され、スペンサーらが不干渉と自由放任主義こそ人間の進化を促進するとみなして主張したことへの批判に向かうのである。

だが、中国はその点では全く逆であった。文字通りの外患内憂と進まない政治改革によって民族滅亡の恐怖が高まっていたのである。だから厳復は中国の国家存続のための政治論・社会思想として、スペンサーの「天に任せて治をなす」説、すなわち、自然界の法則を人間社会に適用した進化説を支持するコメントをつけたのである。これにより「物競」(生存競争)と「天択」(自然淘汰)による「天演」(自然界の進化)説が、適者生存という社会の現実とともに紹介された。厳復にも、知識人読者たちにも、「生存競争で国が生き残ること」が一大関心事であり、康有為の古典読みかえによる楽観的な三世進化説は、過酷な競争・淘汰と弱者の退化・滅亡も想定する社会進化論にとって替わられることになる。魯迅らにとっても、厳復の『天演論』は衝撃的であった。

厳復の「天演」への関心は、譚嗣同がエーテルの概念を用いて「性・天の大原を究め」、人間界の「禍」の淵源と桎梏の打破を構想したことに通じる。厳復もまた、「伊脱《エーテル》」の概念を用いた。自由放任に個人の自由や社会発展を期待するか、社会的絆の喪失を避け倫理による「公平」を追求すべきか、時代をこえた大きな問いを提示していたともいえる。

ロマネス講演で、ハクスリーはキリスト教以外の宗教も倫理体系の発展に寄与しているとして東西の哲学をとりあげており、そこで示された西洋近代哲学と仏教(インド思想)との関係にも厳復は興味を示している。呉汝綸は、新しさを尊ぶ西学と古きを尊ぶ中学とを「一つに溶かしうる」のは厳復しかいない、と絶賛したが、厳復もそう自負していたはずである。晩年に文化保守につながるのもこの点であろう。

厳復はアダム・スミス『国富論』〔原富〕、スペンサー『自由論』〔群己権界論〕、モンテスキュー『法の精神』〔法意〕等の多くの翻訳に功績を残した。ミルの『論理学』〔穆勒名学〕の翻訳で中国文化にはない近代論理学も本格的に紹介しており、当時としては近代西洋思想と最も深い遭遇を果たしていたといえる。

だが厳復の人生は不運でさえあった。呉汝綸も厳復の非凡な学才への処遇を「古今における最不公平」と評したほどだが、才を自負する厳復自身、失意は深かったであろう。妻妾の不和にも苦悩し、病気がちで三〇年以上に及ぶアヘンの常習、それが昇進に不利となる悪循環だった。人口爆発と生産力、進歩と人間の選別淘汰、公平と自由という近代の諸問題を、当時の中国の現実を超えてあまりにも早く深く触れたことが、厳復の悲劇であったかもしれない。これら近代の諸難問を知りつつ、歩みの遅い中国の近代化を叱咤しなくてはならなかったのだから。

楊文会と清末居士仏教

「晩清の思想家にはひとつの底流、仏教があった」(『清代学術概論』)と述べたのは梁啓超である。この時期に活躍した変法の志士たちの多くが仏教にひかれたが、当時重要な役割を果たしたのは楊文会（仁山居士、安徽省の人）である。楊文会は家の事情で出家はかなわなかったが、一八六六年、南京に木版印刷所、金陵刻経処を創設し、仏典の収集・研究・刊行にあたった。譚嗣同が『仁学』を著したのもここである。一方で、楊文会は曾国藩ら大官僚に土木技術面で見込まれ、曾の息子、曾紀沢の渡欧に随行、留学中の仏教学者、南條文雄らと知り合い、中国で失われた仏教書を日本から得ることにもなった。

楊文会の仏教は、馬鳴《めみょう》の撰とされる『大乗起信論』に依拠し、唯識法相宗《ゆいしきほっそう》と華厳宗を主として大乗各宗を融合した「馬鳴宗」の建立をめざした。日本の浄土真宗の他力本願を意識して「自力《じりき》・他力《たりき》」双方を重視する。大乗仏教における一切皆仏の無差別平等観は政治平等主義に、心を分析する唯識は新学問というべき心理学や西洋哲学に、華厳の「度人度己」（他人を救い己を救う）の菩薩道は社会変革者の気概に、それぞれ重ねられた。「自力」は、変革主体の形成とともに、外在的超越神をもつキリスト教や西洋哲学に対する仏教の優越を説くため強調された。仏教者として時代の課題を正面から受け止め、仏学の振興と西洋への伝教をめざした楊文会の思想は、民族アイデンティティの模索とも無縁ではない。

楊文会は仏教学校の開設に心血を注ぎ、後継者で弟子の欧陽漸（竟无《きょうむ》）が開設した支那内学院の基礎を築き上げた。譚嗣同のほか、梁啓超・章炳麟《しょうへいりん》（後述）・夏曾佑、さらに太虚や熊十力《ゆうじゅうりき》・梁漱溟《りょうそうめい》らまでが、この南京の近代仏教のネットワークにつながり、中華民国期の知識人たちの思想資源となったのである。

纏足批判の運動——身体の近代化へ

自然界としての「天」が論じられる中で、足の加工＝纏足を批判する「天足」が語られることになる。中国女性が明清時代からの家族・親族中心の生活領域の外、公的領域へとせり出していくためには、それを可能にする「頭脳」と「身体」の社会規範の確立と訓練によるその習慣化、すなわち近代化が必要である。これに加えての難関こそが女性の「足」の解放、つまり外出や運動に不便な纏足を解き、訓練可能な身体を獲得することであった。

纏足の習俗の無い客家中心の太平天国を除けば、纏足批判は女性解放におおむね熱心だったプロテスタント宣教師（その家族を含む、とくに女性）の主導で一八五〇年代のミッション・スクールから始まったが、これは信徒対象であった。『万国公報』誌上では七〇年代から、医師や宣教師らが纏足と女児間引きを批判してきたが、そこには纏足女性を野蛮な「異教徒」「残廃の人」とみなす西洋中心主義の眼差しもあった。信者以外の纏足女性をも対象とする廃止運動としては、一八九五年、英国人リトル夫人らが組織した天足会がある。天足とは、纏足を解いた「天賦の」「天然の」足を意味する。「天」にはもちろん神の意もある。

中国人も、たとえば鄭観応は中国特有の「女性の身体への虐待」として酷評した（『易言』一八八〇年)が、こうした纏足批判が高まり、社会的影響力をもつのはやはり変法運動からである。天足会成立の刺激もあり、戒纏足会や不纏足会が組織され、一八九七年には梁啓超・汪康年・譚嗣同らによって最大規模の「上海不纏足総会」が組織され、各地に分会が作られた。同年に梁啓超が『時務報』に掲載した「変法通議」でも、女子教育の重要性を論じ、纏足を女性の「廃疾」化とみなし、「国の恥」と意識する。

一八九八年の戊戌維新にあたり、光緒帝は康有為らの働きかけで各省の総督・巡撫に婦女纏足禁止を勧める上諭を発布した。このころからは女性の身体を損ね「種を弱める」という優生学的発想につながる纏足批判もみられる。足が「天」で語られるかと思えば、「国家」の資源にからめとられもする。「恥」や種族弱体化の強調は、日清戦争敗北後の列強進出激化という危機的状況も反映していた。

変法維新とその挫折

一八九八年(戊戌)、北京で変法運動の結社、保国会を組織していた康有為は、自著『日本変政考』『大彼得《ピョートル》変政記』を光緒帝に届ける。日本の明治維新などを参考にした改革を勧めたのである。改革を求める高官や日清戦争敗北を機に変法に転じた翁同龢《おうどうわ》のような大臣もおり、やがて「明らかに国是を定める詔」が光緒帝より下され、康は召見されて総理衙門章京となる。

梁啓超、譚嗣同も呼ばれ、新政に参加した。康は、対ロシアでの日本との連合、開明君主による変法、人材育成による保国、といった原則で改革を提案した。

だが大臣の栄禄が統括する北洋軍を盾に、守旧・反新政派の力が上回り、袁世凱の軍事力を使った西太后による政変(戊戌政変)で光緒帝は幽閉され、維新は一〇三日で挫折。直前に察知した康有為や梁啓超は海外に亡命したが、譚嗣同は「流血なくして改革なし」として留まり、康有為の弟、康広仁らと処刑された(「戊戌六君子」)。社会的束縛を打破しようという譚嗣同の「網羅の衝決」の精神はその後も革命派志士たちに語り継がれることになった。

4　清末立憲準備と民族／共和革命

戊戌政変後、義和団事件に端を発する一九〇〇年の八カ国連合軍の北京侵入、清朝の宣戦と手痛い敗北から和議に至るプロセスは、政治改革を求める国内外からの清朝批判を強める。政変で追われた康有為・梁啓超らは保皇立憲(清朝は温存して憲政を採用する)を唱え、北米華僑の支援を得て一八九九年に保皇会(維新会)を結成、マカオの『知新報』館に拠点をおいた。一方、反清革命派も台頭する。だが結社が禁じられていてはいかなる政治運動も困難で、運動の拠点は海外に移った。孫文が清朝打倒の「興中会」をたちあげたのも、少年期を過ごしたホノルルである。亡命者や留学生が多く集まった日本や、欧米各国で経済力をつけた華僑組織が活動拠点あるいは政治資金源となっていく。そうした「遠距離ナショナリズム」(アンダーソン)活動にとって、メディアの活用は重要であった。

梁啓超の歴史・民族・国民観

もとより新聞・雑誌を重視する梁啓超は日本亡命後、一八九八年末に横浜で麦孟華らと『清議報』を創刊する。天下・王朝と国家との区別や、進化論における生存競争と優勝劣敗の法則を強調し、上海の『時務報』以来の「変法通議」も続載、やがて清朝の義和団事件への対応に強い不信を抱くようにもなる。

梁啓超は日本の漢文訓読法を逆転させた『和文漢読法』(羅晋と共著)を駆使し日本で紹介されていた近代西洋思想を吸収、華僑の子弟教育にも尽力した。亡命後すぐ日本を離れた康有為の命を受け、ハワイやオーストラリア等へ資金集めに回り、一九〇一年末には『清議報』を廃刊、翌年『新民叢報』を創刊した。中江兆民『理学沿革史』(フイエー『哲学史』の日本語訳)等を通しルソーへの関心を深め、ブルンチュリの国家有機体説を平田東助・平塚定二郎の訳本等から受容して「公徳」を説き、「結社の自由」を近代の自由として強調して大きな影響力をもった。もはや康有為のような尊孔保教(国家統合のために孔子の教えをたてる)は唱えず、新学問の進歩を強調する。一方でベトナムや朝鮮の「亡国記」を著し、社会進化論の「優勝劣敗の公理」を民に自覚させ、「優勝」の列強からの侵略で「劣敗」の亡国の列に連なってはならないと、民族意識の高揚につとめた。代表作『新民説』などで変法期の民権論を社会進化論的に展開し、「民族帝国主義の時代」の新しい国民モデルを提示した。

君主立憲制と国民形成をめざした梁啓超は、満漢の民族対立の解消のため、婚姻という「合種」で「満漢を平らにする」ことも主張した。梁啓超によれば苗・漢・チベット・モンゴル・

匈奴・満洲族等は広義の漢族同胞、「中華民族」とみなしうる。「白・褐・紅・黒」種に対していうなら「黄種」であり、広くアジア諸国・太平洋諸島人をも含めた黄種が、白種と戦うことが二〇世紀の任務だとする。黄種の七〜八割は中国人であるから、「合種」は中国から進めねばならないとし、白種の進取の気性にならい、中華民族も「国民の性質」を改め「新民」を創出すべきとした。ここには福沢諭吉の国民論が参照されてもいる。

「優勝劣敗の公理としての種戦」は、梁啓超の明確な歴史観である。「新史学」の歴史とは「人種の発達とその競争を叙述」し、自治能力があり他者を斥けうる「歴史を有する」黄種・白種と、他者に斥けられる「歴史なき」人種とに、人類を二分する（ヘーゲルが『歴史哲学』において中国を後者としたことが思い起こされる）。人種差別に関して一九〇三年からの北米旅行で黒人差別や華工虐待・華工制限の歴史に関心を示したこともこの歴史観と無縁ではない。

梁啓超の「中華民族」モデルは、民国期の孫文から二〇世紀の社会学者・費孝通の「多元一体構造」民族論に至るまで通じるものがあるが、その人種分類は浮田和民の『西洋上古史』を踏襲している。人種と進化を軸にした歴史の語り方は、高山樗牛の「黄白」「人種競争」史観（『世界文明史』一八九八年）や内村鑑三の「歴史的人種」説、また講道館柔術の創始者・嘉納治五郎の「種族競争世界論」等まで、当時の日本の知識界を席巻していた。こうした構図が中国知識人の知的資源となったことは疑いがたい。

梁啓超の新国民観は、日本で吸収した新語の駆使、平明な新聞文体の創出、国民文学の重視など、新メディアのリテラシーとともに深化した。史学革命のみならず、詩界革命・文界革命・小説界革命を唱え、政治小説の重要性を指摘、経典にかわる通俗教育の道具として「新小説」を位置づけた。『水滸伝』や『紅楼夢』を模し「盗を誨《おし》えるか淫を誨えるか」だと中国旧小説を批判し、社会変革の道具として「小説は国民の魂」であるべきと訴えた。「国民を新しく生まれ変わらせるには、どうしても小説から始めなくてはならない」(「小説と政治との関係について」『新小説』一九〇二年)とし、ベラミー『顧みれば』(漢訳『百年一覚』)や末広鉄腸『雪中梅』等の影響をうけた『新中国未来記』(一九〇二年)等を自ら実作した。学校開設・実業振興の勧め、迷信・官僚腐敗・帝国主義の批判をテーマとした『官場現形記』(一九〇三年刊)等諷刺より激烈な小説群も生まれ、魯迅は「譴責小説」と名付けた。国民や政治を意識した梁啓超の文体・文学観は高田早苗や徳富蘇峰らの影響を受け、五四文学革命に道筋をつけた。国内のみならず、朝鮮やベトナムにおける近代化の議論でも参照される点で、梁啓超が突出している。

梁啓超は日本の著書・翻訳書を渉猟しながら西洋の政治・思想・歴史学を吸収し、中国近代化のための、いわば知の編集を行なった。のちに知識人集団の核となり、胡適における方法上の西洋化論にも受け継がれたといえよう。

科挙の廃止と教育改革

教育と官僚登用システムとしての科挙への批判は戊戌変法期に盛り上がったが、科挙答案の八股文や詩賦の廃止、京師大学堂の設立を除けば、政変で頓挫していた。ここから改革を動かしたのは、やはり義和団事件以降の清朝批判の強まりである。

一九〇一年、「実学の講求」のため四年後の科挙廃止を命ずる諭旨が出され、清朝は学校設立へと舵をきりはじめる。京師大学堂も翌年、心理学担当教授に日本から服部宇之吉らを招くなど日本モデルの整備をはかった。同大学堂総責任者に推挙された呉汝綸らをはじめ日本の教育視察もたびたび派遣され、一九〇三〜〇四年には、明治の学制を参考にした新学制が始まる。長きにわたった科挙も張之洞や袁世凱の上奏を受け、一九〇五年廃止された。広州・福州・厦門・寧波・上海など通商港や香港ではミッション・スクールですでに先鞭をつけていたが、ここに近代学校教育が正式の幕開けとなった。均一な国語の教育の理念には欠いたもののその意義は大きい。

科挙廃止は留学希望者を増大させ、多くの留学生が日本へ向かった。張之洞の果たした役割も大きく、百万部も発行されたその『勧学篇』(一八九八年)は、距離も近く経済的にも、風俗習慣や言語も近く、西洋に学ぶより、西洋文化を消化した日本に学べば効率がよいと日本留学を勧めた。日本の開国経験や日本文化への関心よりも、日本経由で西洋文化を速習する、というのが狙いであったろう。日本留学生数は一時は八千人以上にのぼり、革命思想の流布という、張之洞の思惑をこえる効果をもたらすことにもなる。

女子教育では、戊戌(一八九八年)政変での頓挫を経て、李鴻章の幕僚から各種企業経営者となった盛宣懐により一八九六年に創設された南洋公学(後年の交通大学)で学んだ呉馨《ごけい》が、良妻賢母教育を中国に広めようとしていた下田歌子の力も借り、上流家庭の女子教育を志向した「務本女塾」を一九〇二年に開設。同女塾は、賢母良妻の養成のため家政学を重んじた。一九〇一年には下田の著書『新撰家政学』の改編漢訳本『新編家政学』が、呉汝綸の序を付して女子教育書として刊行され、下田は当時最も名の知られた日本人に数えられた。

もっとも女子の初等学校教育・師範教育の開始はさらに遅れ、一九〇七年、しかも男子より短い四年制であった。日本では急速に定着した義務教育は、人口が多く、そのほとんどが農民で農繁期に子どもの労働力も必要とする中国においては「強迫教育」と呼ばれ試行されたものの、なかなか定着にはいたらなかったのである。

革命団体の台頭

清朝批判が強まるなか、上海では一九〇〇年、唐才常が張園(現在の南京西路南)で「中国国会」を召集した。そこは富商の私有地ながら上海の公共空間の先駆けであった。厳復・宋恕《そうじょ》・

鄭観応ら改革論者たちも参加、中国の「自立の権」保全を要求したが、唐才常らは光緒帝復辟に固執、章炳麟は憤って辮髪を切り革命を主張した。保皇立憲派の梁啓超による『清議報』への対抗からも、孫文の率いる革命派の興中会(広東系)が、やはり一九〇〇年、香港で『中国日報』を創刊した。興中会・華僑商人や宮崎滔天らとの関係を保つことで、孫文は海外華僑間での文人としての知名度の低さや資金集めの困難から脱却する機会を得つつあり、日本留学生を中心とする各省の同郷会ネットワークも有利に働いた。変法運動に人材を輩出した広東が先駆けたが、ついで浙江系、湖南・湖北系などの革命組織も誕生する。

上海の新教育活動では、南洋公学が、一九〇一年に新設の特別班教員として蔡元培を採用した。進士(高級官人候補)に受かりながらも西学を修めた蔡元培はこのクラスを西学中心とし、演説会をとりいれるなど新しい試みをし、後述の教育界で活躍する黄炎培や李叔同らの学生を教えた。蔡元培は一九〇二年には新しい教科書の編纂刊行をめざす中国教育会を、詩で知られる蔣智由や仏僧の黄宗仰(烏目山僧)らとたちあげた。そのころ日本留学から本国へ戻された呉稚暉らも迎えた中国教育会は、江南各地に支部ができるほどの広がりをみせる。黄宗仰に帰依した仏教信者羅《ら》迦陵《かりょう》の夫、上海で財をなしたユダヤ系財閥ハルドゥーン[哈同]による資金援助も得られた。民国期にはその広大な私宅が章炳麟・蔡元培・孫文らの革命で活躍した知識人のサロンの場ともなる。

蔡元培も教鞭をとるようになった南洋公学では一九〇二年、保守的な教員への学生の反発と学校側の学生処分に端を発して集団退学騒ぎにまでなるが、蔡元培が黄炎培ら数人の学生と大学を去ることで収めた。さらに蔡元培らの中国教育会が支援して、愛国学社を組織し、退学学生も受け入れた。蔡元培・呉稚暉・章炳麟・黄炎培ら教員の講義内容は清朝批判にも及び、日本留学中の学生や帰国留学生もこれに呼応した。愛国学社についで愛国女学も創設された。

拒露運動、『蘇報』事件と革命派——上海・東京

一九〇三年四月、ロシアによる東北地方侵略問題が拒露運動に拡大、上海の中国教育会と愛国学社は北京や武昌の有志と呼応し、東京の留学生らとも連携しつつ、張園での拒露大会に集う。愛国学社の学生たちは拒露義勇隊を組織することになる。

この活動に加わり、パンフレット『革命軍』を著したのが、四川出身の一八歳の青年、鄒容《すうよう》(図)である。鄒容は、留学先の日本からも追われ、愛国学社社員として拒露活動に参加し、革命を希求した。

鄒容は、譚嗣同の『仁学』と社会進化論に強く影響され、革命は逃れられない「進化の法則」「世界の公理」であり、「民賊独夫」(暴君)の皇帝を打倒し「わが始祖、黄帝から伝えられてきた」中国人の中国を回復し、「中華共和国」を実現しよう、と悲壮な調子で訴えた。「わが中国人が自ら喜んで満洲、欧米人の奴隷になっている」、「革命には奴隷の根性をまず取り除かねばならない。さもなければ進化、生存競争はかくのごとし、〔奴隷ではない〕国民がいる国は群がってわが中国の地に権益を得ようとし、わが同胞はといえば今日の奴隷からさらに何重もの奴隷に」、さらに猿、猪等々へとどこまでも「退化」するだろう。「代々の仇、満洲人」「共同の敵、愛新覚羅氏」と死力を尽くして戦い「諸君の主権を犯す外来悪魔を掃討せよ」。一方で、アメリカ独立宣言にならうとはいえ、「全国の男女とわず、みな国民」「国民は男女一律に平等、上下貴賤を分けない」と、男女完全平等を男性側から提起したのはこの時代には珍しい。

パンフレット『革命軍』は章炳麟の序を得て、黄宗仰が支援者の羅迦陵から得た資金で秘密出版され大量に出回った。当時、陳天華の『警世鐘』や唱歌調の『猛回頭』、革命論集『黄帝魂』など、救国、排満革命鼓舞の激烈な文章が好まれた。革命の聖典とされるほどになると、清朝を恐れさせたのはいうまでもない。そればかりか教育改革の必要性に目覚めた満洲旗人エリートたちが、自民族滅亡の危機を切実に感じるようになる。

鄒容*

この『革命軍』をきっかけに、言論弾圧事件がおこる。拒露運動で南京から上海の愛国学社に移った学生、章士釗が『蘇報』の編集長に迎えられる。『蘇報』は上海公共租界内で創刊され、革命に傾きつつあった陳范が買いとって、中国教育会・愛国学社の共同機関紙化した。章士釗新編集長の『蘇報』は、鄒容の『革命軍』を「今日の国民教育の第一の教科書」と讃える紹介文や、章炳麟によるその序を掲載。さらには康有為の「革命は反満、反満は復讐」説を否定し、「排満は強大な種族の排斥」で、「清の主の排斥は王権の排斥」として革命の正当性を訴える章炳麟の「康有為を駁して革命を論じる手紙」の抜粋も掲載した。だがこの過程で中国教育会と愛国学社は分裂し、蔡元培は上海から去った。

愛国学社と『蘇報』の革命活動を危険視した租界当局と清朝政府警察が愛国学社を封鎖し、『蘇報』を発禁にし「大逆不道」の罪で関係者の逮捕に乗り出した。章炳麟が逮捕されると、鄒容は自ら出頭して下獄、ともに翌一九〇四年に刑期三年の判決をうけ、その翌年、鄒容は獄中で変死した。こうした逆境下で『蘇報』を継ぐメディアとして、章士釗・陳独秀・張継・蘇曼珠らが「国民か、奴隷か」と意識覚醒をはかる『国民日日報』を発刊する。蔡元培らも翌年、侵略批判・革命主張の『俄事警聞』(一九〇四年創刊、後年『俄事日報』に改名、「俄」はロシアの意)を発行して抵抗を続けた。またこの弾圧後、『革命軍』はさらに流通し、ついには二十数版、部数で百万を数え、各地の革命団体もむしろ活性化した。

上海と呼応した東京でも一九〇三年、拒露義勇隊が結成され、清と通じた日本政府に解散を命じられて以降、軍国民教育会と改名する。軍事訓練も行ない、民族主義を掲げ、第一に起義、第二に暴動、第三に暗殺を綱領として武闘路線を鮮明にした。

東京での軍国民教育会での相談をもとに、留学生の黄興や陳天華らが帰国して、宋教仁・章士釗らと一九〇三年、湖南系「排満革命」の華興会をたちあげる。同じく上海に戻った陶成章は軍国民教育会暗殺団を組織、それを基礎に一九〇四年一一月、蔡元培らと浙江人中心の光復会を組織する。当初は会長の蔡元培や獄中の章炳麟が中心だったが、一九〇五年以降は陶成章や徐錫麟、日本から帰国した秋瑾《しゅうきん》(後述)らによる各地の蜂起活動に移行した。

増加した中国人留学生の同郷人による各種雑誌発行を通し、東京は革命運動の拠点となったのである。一九〇五年、宮崎滔天の仲介もあり、孫文の働きかけで、中国同盟会が組織された。自由民権の志士からアジア主義の国士に転じていた頭山満が提供する赤坂の私宅で、黄興ら湖南系の華興会、広東系の興中会を中心に、光復会そして湖北系の科学補習所などの革命派が集い、「韃虜〔異民族、満洲人への蔑称〕の駆除、中華の恢復、民国の創立、平均地権」を謳った。機関誌『民報』のほか、各地の支部の機関誌的な新聞雑誌も創刊した。

黄帝神話・黄種と人類館事件

「黄種に対し優勝を誇り圧迫する白種」、という日本で流通した危機意識は、日清戦争を経て変法挫折後に高まる「中国」意識や国民構想とあいまって、梁啓超らが牽引した諸メディアを媒介に定着していった。その「黄種と白種の構図」の浸透に拍車をかけたのが、漢族を「黄帝

黄帝の肖像「中国民族始祖黄帝之像」『江蘇』3期，1903年.

の子孫」と強調する鄒容の『革命軍』ほか革命派メディアの言説であった。日本での学術論議も用いつつ、「黄種」のうちの漢文化圏と重なるアジアを中心とした「中国人種」つまり「漢種」系と、モンゴル・トルコ系の「シベリア人種」の区別を強調し、前者である日本人は「同種」、後者の満洲人は「異種」とする。黄帝紀年さえ唱え、黄帝神話は、排満革命のナショナル・シンボルとして掘り起こされた。革命論集『黄帝魂』には、「黄帝魂」と日本の「大和魂」を重ね合わせる記述さえみられる。

「黄帝紀年」論者だった革命派時代の劉師培は、たとえばこう説く――四億の漢族の始祖は黄帝である。西洋がキリスト紀年、イスラーム圏がムハンマド紀年を採用しているように、中国も、君主の年号や康有為らが「保教」を口実とする孔子紀年ではなくて、排満光復の「保種」を旨とし黄帝生誕年を推定して紀年に採用すべきだというのである（「黄帝紀年論」一九〇三年）。同じく黄帝紀年を敢行した革命派の雑誌『江蘇』（柳亜子ら江蘇系）などは、冒頭に「中国民族始祖黄帝之像」という黄帝の肖像（図）を掲げさえした。

中国同盟会の『民報』も像を掲げ、西暦等と併記して宋教仁の黄帝即位紀年説を採用したが、黄帝のような神話的な人物の生没年は確定できず、共和国成立以降は農暦ともども廃止となっている。

また、日清戦争期から唱えられ日露戦争をきっかけに沸騰した黄禍論は、黄種熱を煽った。黄禍論は、ドイツのヴィルヘルム二世が描かせた寓意画「黄禍の図」で知られる。中国側にも日本の対露戦勝は「白人が黄色人種に侮られた初めての歴史」との見方もでて、「紅人・棕（褐色）人・黒人の滅亡」の運命を前提とした進化論的・黄白人種闘争史観を高揚させた。そのような人種意識を象徴するのが、一九〇三年のいわゆる人類館事件である（図参照）。日清・日露の戦間期という日本が自信を強め始めた頃に大阪で開かれた第五回内国勧業博覧会は、パリ万博で植民地の人たちを「展示」したことにならい、近隣の「異人種」とされた人々を人類館に展示しようとした。

「人類館」（『博覧会　文明化から植民地化へ』）

当初の「余興」から学術人類館へと構想を改め、著名な人類学者の坪井正五郎東京帝国大学教授に監修させ、アカデミックな装いであった。場所も、博覧会の場外とはいえ、その正門前に設置した民間パビリオンに変更した。開催前に同胞・留学生が察知して抗議した清国や朝鮮については、取り消しや撤去となるが、「アイヌ・台湾生蕃・琉球・インド・ジャワ・ベンガル」の人々は構想どおりに「日常生活」を演じさせられた。

こうした「展示」を、おそらく日本帝国の臣民は好奇の目で「見物」して優越感に浸り、「展示」された側は耐えがたい屈辱にまみれたことは想像に難くない。清国の留学生や沖縄の人たちの抗議は当然である。だがその抗議は、台湾や日本先住民族などの「未開野蛮な劣等民族と自分たちを並べる」ことへの抗議であった。より周縁へ、より弱いものへと、植民地主義的なまなざしを再生産する連鎖はかくも逃れ難いものであった。

そうしたまなざしは民族・人種に限らず、ジェンダーや身体・病の問題もからみあう。編者も執筆もほとんど男性の手になるとはいえ、本格的な女性雑誌『女子世界』が一九〇四年に上海で出たが、そこで愛国学社の蔣維喬(竹荘)はこう述べた。「我が国の女子は大部分が廃人、病弱人」、女子は「国民の母、民族の源」、黄種より人口の少ない白種は黄種よりはるかに強いし、「日本はわれらと同種なのに、博覧会においてはわが種を野蛮人類館におく。なんと痛ましい！　そうなるのは知識を競わず、身体も脆弱だから。身体が脆弱なのは国民の母がみな纏足をしているからではないか」(「中国女学不興の害を論ず」一九〇四年)。

人類館で劣種とされたのは、中国人が知力体力の鍛錬を怠り、病弱者だからであり、それは「国民の母」である女性の纏足のせいだ、というのである。

「国民の母」論は一九〇二年あたりからミルやスペンサーの女性論が紹介されたことに影響をうけて欧米志向の論者からでてくるが、文字通り、「国民」を産む「母」としての女性の認知でしかない。一九〇三年、やはり愛国学社の男性エリート作家、金天翮（金一）の女性論『女界鐘』あたりから広まった。

中国本土でのメディアの活性化

戊戌政変後の新聞・雑誌メディアの多くは、亡命を余儀なくされた人々により中国本土を離れて刊行された。だが間もなく、本土でもメディアが活性化、この時期に、清朝滅亡以降も続いた代表的な新聞・雑誌が誕生している。

康や梁らの保皇立憲の影響を受け、『知新報』に変法論を発表していたカトリック信者の満洲旗人・英斂之は、北京を離れたあと雲南から天津に戻り、カトリック系資本家らの経済援助を受け、一九〇二年、租界地で『大公報』を創刊した。「風気を開いて民智を誘う」を信条とし、清朝の悪政批判で注目され、北方での主要なメディアとなった。英斂之は剪辮（辮髪の切断）とともに反纏足を主張し、白話文（口語的書記言語）「戒纏足説」を掲載、反纏足運動の後押しをした。また家を出て天津の女学校で学ぼうとした呂碧城の才能を見出し、編集員に加えている。呂碧城は多くの女権論を同紙に発表、秋瑾とも親交を結んだ。一九〇五年、米国の華工禁止条約に反対する米貨不買運動に対し同紙は支持を表明、李鴻章亡きあと北洋大臣となった袁世凱の圧力にも抗した。

一九〇四年には、のちに国政・外交・軍事・学術・教育・文化面を網羅する本格的な総合雑誌となる『東方雑誌』(九三頁図参照)が上海に登場する。これを可能にしたのは、一八九七年に沈伯曾らクリスチャンの出資を得て夏瑞芳らが創業した商務印書館である。商業書類や字典類の印刷を手がけ、中西学に通じた張元済という人材を得て、日本人らの投資で出版事業を本格化、教科書出版で力をつけた。当初は日本と連合してロシアに対抗し、国内的には立憲君主の立場をとり、社説・ニュースのほかは清朝の諭旨・奏上文の類が中心だった。

『東方雑誌』と同じ一九〇四年、上海で最初の大型日刊紙『時報』が創刊される。梁啓超の『新民叢報』の本土日報版を意図し、梁の関与をうけて保皇会の援助を得た。『新民叢報』の簡潔な時事批評欄「時評」が日刊紙面に移り、歓迎されたという。紙面づくりも、書物のスタイルから離れ、見出しや句読点の工夫、図版の多用など、革命派系のものとくらべてメディアそのものの改革の取り組みがみられた。

『新民叢報』と中国同盟会『民報』の誌上論争

新聞・雑誌メディアが、革命派の台頭で保皇立憲派との革命論戦の舞台となるのは当然であった。亡命後間もなく日本に来た章炳麟や孫文との会談を経て、保皇立憲派の梁啓超にも革命論への接近があった。だが一九〇三年、アメリカ保皇会の招きで一〇カ月の北米旅行に出て、北米の社会風俗と華僑の実態を見聞した梁啓超は、それ以降、急進性から遠ざかった。

一九〇五年に中国同盟会を組織した孫文らは、同十月創刊の中国同盟会機関誌『民報』(図)の主編として胡漢民をおき、発刊にあたっては孫文の排満を中心とする「民族」主義、共和政体を建設する「民権」主義、土地国有・平均地権の「民生」主義、のいわゆる「三民」主義を掲げた。

『民報』には、編集者の汪精衛(兆銘)のほか、宋教仁・劉師培らが執筆した。清国学生取締規則に憤り、中国人の覚醒を求めて大森海岸で自殺した陳天華の遺稿や、朱執信によるマルクス、エンゲルスの学説紹介も掲載された。

『民報』創刊号

一九〇六年、清朝も立憲準備の詔を出した。この情勢下で、北米旅行後に共和制批判を展開した梁啓超は、日本の法学者・筧克彦らの説によりつつ立憲準備のための「開明専制論」を著した。これを掲載した『新民叢報』に対し、『民報』第三号(同年四月)号外では、「『民報』の『新民叢報』への反駁の綱領」を掲げ、宣戦を布告している。第四号以降は汪精衛を中心とする激しい『新民叢報』批判が相次いだ。

国内民族革命に反対していた梁啓超は、今日の中国の民智の低さと制度不備から共和立憲は困難であり、日本で成功した開明的専制こそが適している、と主張する。廃帝による権力闘争の激化、革命による内乱発生、それに乗じた帝国主義の中国瓜分(分割)を案じる。他国に比して貧しい現在に対処すべきは生産の問題であって、配分の問題ではない、と革命派を批判した。愚民観による諦観も帯びているが、性急な武力革命方式を斥け、啓蒙・教育による着実な改革への信念がうかがえる。その点では、「多数優等」の漢族が「少数劣等」民族を統治するのが順当だとし、大多数の人にその義が理解された時にはじめて革命をすべきと考えた陳天華にも通じる。

梁はつとに、中国の君主専制政体は欧州の場合に比して、広大な領域を独裁するだけに統治の網の目が粗く、民衆に「無限の自由」を許容した(「野蛮の自由」)ために持続した(「自由与専制」「国家思想変遷異同論」)とみなし、欧州の場合を「直接の専制」、中国を温和な「無形の専制」と呼び、区別していた。「野蛮の自由」をも欠く遅れた欧州でこそ「文明の自由」が誕生した(「中国専制政治史論」)、と。そこからも、中国には個人の自由より全体の自由、開明専制が必要とみなしたのだった。

これに対し『民報』は、民族革命は他民族排斥ではなく、強権を発動する民族への抵抗であるとし、改良の実現性が低い状況では武力による民族革命でしか社会変革はできず、貧富の差の解消には平均地権と土地国有化しかない、と反論した。

『蘇報』事件の刑期を終えた章炳麟が中国同盟会の手引きで来日、『民報』主編を胡漢民から受け継いだ(第六号、一九〇六年七月～〇八年)。『新民叢報』はそれを機に「停戦」を望んだが、汪精衛・胡漢民は聞き入れず相互批判は続いた。梁啓超が立憲活動に忙殺された一九〇六年後半以降、『新民叢報』はほとんど刊行されず、翌年末に停刊する。中国同盟会には、日本留学後に『蘇報』事件で英国に逃れた呉稚暉(図)が加盟、呉は一九〇七年、クロポトキンの互助論の影響下、アナキズムを掲げて李石曾らとパリで世界社を組織、『新世紀』を刊行して、『民報』と呼応する形で革命を鼓舞した。

章炳麟と親しく、革命を求めて来日し、張継を通して幸徳秋水と接近、アナキズムに傾いた劉師培・何震夫妻らも、人類の平等や女界革命を掲げ、同じ一九〇七年に『天義』を創刊した。だが劉らは、革命後に新政権という権力を樹立するくらいなら、長らく封建制から脱した専制政体のほうがよい、として呉稚暉らとも異なる無政府主義を唱える。

呉稚暉*

ヨーロッパと異なり、中国は秦以降、郡県制で封建制が崩壊し、一君万民、尊貴の皇帝以外は民、とされた。つまり皇帝の専制下でも秩序が弛み放任に等しい時代があったという歴史観がある。章炳麟にも共通する認識だが、代議制を「形を変えた封建」と考え、立憲制では腐敗官僚・土豪・ブローカー等の有力者が合法的に民、民権を抑圧する、と予想してこれに反対している(「代議然非論」)。実は康有為・梁啓超らも、中国が封建制を早くに脱したとみなし、梁の開明専制論もそこに依拠したし、康もフランスとは異なり、革命や共和は中国には向かないと主張していた。秦以降の封建制から郡県制への移行が、ヨーロッパ史との比較から中国の「自由放任の民」の創出と位置づけられたといえるが、この議論はこれ以降も中華民国を通して反復された。

同じ中国同盟会とはいえ、孫文は国学者肌の章炳麟・劉師培らの「国粋」を好まず、かたや劉師培は孫文を「不学之徒」として軽蔑した。章炳麟と陶成章も独断型の孫文とは金銭問題で対立する。また言語における民族主義をめぐって、章炳麟と呉稚暉ら『新世紀』との間で論戦となる。一九〇八年には劉師培・何震夫妻らが新政府反対から革命反対に転じ、清朝の高官・端方に従って革命派離間工作に加担するまでになるのである。

中国同盟会の内部対立が激化するなか、一九〇八年、『民報』は発禁となり二四号で廃刊、一九一〇年には胡漢民の主編で二号のみ復刊されたが、革命鼓舞の役割は終えた。保皇派と革命派の論戦は、その後、香港をはじめ華僑世界での代理論戦ともなっていった。

一方、『蘇報』社主である陳范の娘・陳擷芬《ちんけつふん》は、一八九九年より断続的に『女学』『女学報』

を刊行して女子の自立を説いていたが、『蘇報』事件後も日本で続刊した『女学報』以来、女性による活字メディアが出現していた。日本留学から帰国した秋瑾が上海で創刊した『中国女報』、東京でも女子復仇会の機関誌として何震が編集執筆に携わった『天義』、留日女子留学生の燕斌《えんひん》らによる『中国新女界雑誌』等は、いずれも一九〇七年に女性によって創刊され、その後も女性雑誌発刊が相次いだのである。

革命派の台頭の動きのなかで重視された各種メディアだが、無政府主義の『天義』は例外としても、この時期の女性メディアは欧米を志向し「女国民」を求めた『中国新女界雑誌』も含め、女性の立場よりは国家・民族の言説となっていた。燕斌は、不仁きわまる纏足が女子の全身の「気血」を滞らせ病人にし、「病婦は遺伝で病気の子孫を再生産」し、二億の全女性がそうなると、「その人種の健全は得られない」、「東方の病夫のあだ名」もゆえなしとしない（「女界と国家の関係」）と説いた。「東亜の病夫」とは、もともとオスマントルコの形容に用いられた表現で、これが中国をも指すようになった。この時期、西欧医科学・遺伝学等の導入開始とともに、身体・病気が比喩に多用されるようになる。かくして纏足はナショナルな問題として位置づけられ「病夫」を産む生殖責任者として女性が咎められる。これなら反纏足運動にもはずみがつくというものだが、女性自身による纏足からの解放にはまだ時間を要した。

清朝の立憲準備と出版界の活況

科挙の廃止に追い込まれた清朝は、政治改革も模索せざるを得なくなっていた。一九〇五年には端方ら五大臣を海外憲政視察に派遣、翌年の帰国を待って立憲案を作成し西太后による「予備立憲」すなわち憲政開始準備の上諭が出された。これ以降、国内外に立憲体制の啓蒙・推進諸団体が組織され、翌年には憲政編査館で憲政の調査と研究にあたった。一九〇八年には憲法策定の骨子、「欽定憲法大綱」が清朝によって出され、同年の光緒帝・西太后の相次ぐ死去と溥儀の即位を経て、一九〇九年に各省諮議局(地方議会)、翌一〇年に資政院(中央諮問機関)を発足させ憲政の青写真が作られた。「欽定憲法大綱」は大半を大日本帝国憲法(明治憲法)にならいつつ皇帝の権限はより強め、議院の権限はより弱めた内容で、憲政準備期間のあいだ諮議局代表らから国会開設要求が出されていたが、実現しなかった。

とはいえ、憲政への流れが作られたのは確かである。二度にわたり日本に留学した立憲活動家の楊度《ようたく》(湖南湘潭の人、図)は、黄興や「一省の自立」路線を唱える楊篤生ら湖南の革命派、華興会と関係をもったが、五大臣の憲政視察団は来日の際、東京で楊度や梁啓超に報告書の代作を依頼しており、楊度があらためて立憲を追求する機会となった。一九〇七年初めには、楊度は東京で『中国新報』を創刊した。章炳麟ら革命派が批判した『中国新報』の連載「金鉄主義説」(一九〇七年)では、経済戦争の帝国主義時代には富国強兵と経済の軍国主義(金鉄主義)をとるべきだとする。革命軍を君主にとってかえるのは難しいが、国会を政府にとってかえることは簡単で、「国会開設」こそが政治改革、救国の唯一の手段だとして君主立憲政を主張した。また満漢の関係については、「同国異種」により満漢平等とし、国家の存亡には関係がないとした。

楊度・梁啓超らによって立憲派の一体化も画策されたが失敗。梁啓超は楊度の野心を疑ったようで、一九〇七年、蔣智由とともに馬相伯らの名義で政聞社を組織する。ここからはずれた楊度は、同年中国に帰国して湖南憲政公会の会長となった。翌〇八年に上海に本部を移した政聞社も、楊度らと同様、国会開設運動を行なう。政聞社は党禁にあって解散するが、のちにこの人脈からは張君勱ら憲政や国家の多元化に留意する緩やかな新知識人集団が梁を支柱に出現した。楊度は袁世凱・張之洞の推挙で憲政編査館に出仕した。梁・楊らの流れは清朝では実現しなかったが、中華民国の憲政に影響を与えることになる。

楊　度*

立憲化の運動の根底を支えたのは国民形成の模索であった。その背景には、戊戌政変以降の鉛活字印刷技術の発展と出版界の活性化があり、学堂開設もこれを後押しした。辛亥革命までのわずか十年に出された小説の点数は、それ以前の二五〇年間の出版数をも凌ぐほどであった。また、英文学を中心に翻訳小説が量産され、厳復が師と仰いだ呉汝綸と同じ桐城（安徽）古文派の林紓（林琴南）は『椿姫』などの名訳で評判をとった。平明な新聞文体とは逆に、文雅でリズミカルな古文体の小説が受け、「古文に新植民地を切り開いた」と、白話文学の旗手・胡適も賞賛したほどである（「五十年来の中国の文学」）。かくして一九世紀末まで一桁をこえなかった翻訳小説の数は、二〇世紀に入り一挙に増えた。科挙廃止後間もない一九〇六〜〇八年の三年間がピークで、創作小説の二倍前後を記録した。厳復が提起したように、翻訳をめぐっては意訳か直訳か、古文的「雅」か口語的「俗」か、の議論があり、このことが文学における文体の問題を焦点化した。同一作品内に新旧の文体が混じるほどの過渡期、これらの議論も梁啓超の文体・小説実践同様に、五四運動期の白話運動、新文化運動への布石となった。

孫文——移動型革命政治家

ここで辛亥革命にいたる議論と実践に活躍した人物をとりあげておこう。まずいちはやくホノルルで革命組織「興中会」をたちあげ、やがて辛亥革命の顔ともいうべき存在となった孫文（字は逸仙、広東香山県の人）をあげねばならないだろう。

孫文は多くの華僑を送り出してきた広東の生まれで、少年期をハワイで過ごし、香港や広州の医学校で教育を受けた。クリスチャンという経歴も中国学に造詣の深いタイプの革命家たちとは異質であった。国内に基盤をもたず、武装蜂起は失敗続きで、そのたびに国外亡命し、各国の華僑に支援をとりつけて革命資金を調達し、態勢をととのえては華南革命路線と呼ばれる国内蜂起指令を出した。中国で親しまれている「孫中山」の名はいわばその記念で、日本亡命時代に名乗った「中山樵」にちなむ。この世界を胯にかける移動型の革命家が世に知られるまでには時間を要した。一八九六年、ロンドンで清国公使館に監禁されて時の人となった。国内では、一九〇三年に宮崎滔天の『三十三年之夢』の章士釗による抄漢訳『孫逸仙』などが出版されてようやく知られるようになったほどだという。

孫文の政治論としてまずあげられるのは一九〇六年、『民報』創刊一周年記念会の演説「三大主義と中国民族の前途」である。民族革命（漢人を害する異民族による支配を覆す）・民権革命（君主専制政体の打倒、国民政府の樹立）・民生革命（平均地権）を歴史の発展過程として、中国は三（民）革命の同時実現、さらに将来の五権（モンテスキュー以来の行政・司法・立法に選抜試験・糾察〔監督・弾劾〕を加えた五つの権利）の分立により世界最先端の国となる、というもので、すでにみた『新民叢報』と激烈な論争になった。のちに中国国民党の基本綱領ともなる「三民主義」の構想といえ、政治理想を高く掲げるスローガン化が見事である。

孫文は西洋に通じ、西洋を範にとり、腐敗が進む清朝も中国人の志が定まりさえすれば革命はなんら困難ではない、と社会進化に楽観的であったか、そうあろうとしていた。保皇立憲派支持が優勢だった各国の華僑世界を駆け巡り、たび重なる蜂起失敗にも挫けず、「革命の種子を播く」ことを重視したのである。進化主義的楽観あるいは信念は、革命のパワーの源でもあったが、「先進」諸外国が中国を瓜分するはずがないという帝国主義——とりわけ日本のそれへの楽観視や、列強の野望と取引してさえ革命への援助をとりつけようという執念も、それと無縁ではなかっただろう。

章炳麟における個と民族、「国粋」

その孫文とは対照的な、文人・古典学者肌の革命思想家が、同郷の魯迅に「学問のある革命家」と評された章炳麟(浙江余杭の人、図)である。

『蘇報』事件の刑期を終えて出獄した一九〇六年、来日して中国同盟会の『民報』の編集にあたった章炳麟は、執筆においても仏教哲学を駆使し独自の革命論で際立った。日本で使われ始めた「ナショナリティ」の訳語「国粋」を国学において追求し、排満民族革命を鼓舞したのである。

経学面で今文・公羊学に立ち変法を唱えた康有為とは異なり、古文経学を主とする作風で、儒教の経典は歴史書であり、孔子も「良史」、つまり優れた歴史家だとみなした。素王改制説に立ち孔子の国教化を考える康有為に対し、章炳麟はこれに抵抗した。章炳麟による儒教・歴史解釈は、康有為らの場合より根源的に儒教権威を相対化したのである。章炳麟の思想の根本には「自に依って、他に依らず」との自立志向があり、それは儒教思想の基調にある「天」の観念をさえ、キリスト教的有神論ともども批判した。「国粋」の立場は、「排西」でも「親君」学でもなく、その取捨を重んじた。

「自に依って、他に依らず」という志向に理論的根拠を与えたのは、人の心の根本に阿頼耶《あらや》識《しき》という諸識の「種子」をおく、仏教の唯識学であった。『蘇報』事件後、獄中で親しみ、日本で西洋近代哲学に刺激を受け、亡命中の反英インド人の民族思想にも触発されて、新たな解釈を施した。その独自の唯識学は、我執における主体性としての個、「自」を見定めた。人はもとより自生し、しかも革命主体の創出をめざし、古い人倫から解放された個としての「自」は、わが身ひとりへの執着を超え、「衆生を我とみなし」、「衆生を救済する」革命を志向すると考えた。智慧は闘争の中で生まれ、革命道徳は知識人より農民らが優れている(「革命の道徳」)とし、中国の民智の低さと制度不備から見て「革命はむかない」とする立憲派の愚民観を批判した。

章炳麟(章念馳氏提供)

宇宙観においては、人類の生死・進化はいずれも阿頼耶識、心の迷妄によるもので、善も進めば悪も進み、苦も増せば楽も増すという「倶分《くぶん》進化論」をたてる。これで康有為らが志向した発展史観的進化論を批判し、遡ってヘーゲルの弁証法も最高神「絶対精神」へ向かう目的論的にして楽観的な発展史観の一種とみなした。章炳麟はこれを社会進化論の元祖として批判し、逆にショーペンハウアーを評価する。帝国主義侵略を正当化する「文明―野蛮」、すなわち先進―後進の図式の批判にまで至る(「駁神我憲政説」)。『荘子』の斉物論をそうした批判力をもちうる思想として読みかえもした。対外的な民族問題では反帝国主義を貫き、亡国の危機に面した東アジアの連帯を説く「亜洲和親会」も、亡命インド人やベトナム人、日本の社会主義者・アナキストらと一九〇七年、東京で結成した。

とはいえ章炳麟の強固な「排満」は、時に自らの血統民族主義批判をも上回り、楊度の文化民族主義への批判では「同一血統」の漢族主義的様相すら呈する(「中華民国解」)。漢との関係では周辺の少数民族に対しても自民族中心主義的で、同化主義的な限界性も否定できない。そういう意味では楊度の論もまた文化差別的ともいえる。

文字改革の胎動

中国語の唯一の文字、漢字はその音表記法について歴来、さまざまな方法がとられてきたが、近代言語学的な意味で理想的かつ実用的なものがあったわけではなかった。領土拡大と近代国家統一の方向をとり始めた時、この問題はことに緊要となる。一九世紀後半に強まり、同世紀末には顕著となった「富強のための教育」の観点からも、文字改革の必要性が考えられるようになった。漢字の意味と、その声調を含む発音を修得するには時間がかかる。日本での急速な漢字教育の普及、識字率の高さは、仮名と漢字の組み合わせというその言語様式と義務教育とによる、と注目される。こうして、子音と母音を組み合わせる「切音」方式の簡便化に工夫がなされ、なかでも影響力があり典型的なものとして王照の『官話字母』(一九〇〇年)がある。漢字の字形構成の最小単位(点や縦横の線や左右の「はね」など)を符合として用いた方式で、日本の教育を視察した呉汝綸らに称賛された。発音を復元しようとしたモリソンの『華英字典』の流れもあり、ローマ字やその変形も用いられた。ただ、『華英字典』は編纂地のインフォーマント(被調査者)が使用する方言の発音に依拠しており、方言という問題も検討を要することになる。

文字学・音韻学者でもある章炳麟も、大きな貢献をした。中国最古の字典というべき後漢の『説文解字』を日本留学中の魯迅兄弟らに講義したことでも知られるが、一九〇七年には、日本の画策に張之洞らが会長として名を連ねた「日清韓」の漢字統一会を、ついで翌年には中国語のエスペラント化を主張した呉稚暉ら中国アナキストを、民族主義の立場から批判した章は、表音文字の作成が必要と考えた。漢字の古体である篆文や籀文《ちゅうぶん》の省略形などをもとに、声母と韻母からなる表音文字を製作したのである。中華民国期には、これをもとに後述の「注音字母」が制定された（一一一頁図参照。台湾ではなおも使用する）。

秋瑾と女性革命家像の創造

日本に留学して革命活動に参加した中国女性は少なくなかったが、なかでも知られるのが秋《しゅう》瑾《きん》（原籍は浙江紹興、図）である。秋瑾は父の命により湖南の豪商の息子と結婚し、曾国藩の従弟に嫁いだ近隣の唐群英らとの交流で、国事に関心をもつようになった。

一九〇三年、温和な夫と北京に移ると家庭の平穏に物足りずに洋風男装で出歩き、呉汝綸の姪、呉芝瑛《ごしえい》らと新雑誌・新学に親しんだ。京師大学堂教授として日本から服部宇之吉が迎えられており、呉芝瑛を介してその妻の服部繁子とも知り合う。米国留学を望んでいたが、繁子の一時帰国の際に夫に頼み込ませ同行、一九〇四年には日本に単身留学する。日本語を学び陳擷芬らと共愛会を結成、その後、服部繁子の紹介で下田歌子と会う。下田は当時、家政学としての「女子の衛生」を講じつつあった。革命の志を抑制するという約束で実践女学校（後の実践女子学園）付設師範班に入学。秋瑾は下田の思惑とはあいいれず、学校に不満を抱いた。蔡元培らと光復会を結成していた陶成章や、中国同盟会の成立にもかかわった陳天華らと交友、光復会・同盟会に加入したあげく、清国留学生取締規則に抗議して一九〇六年初めに帰国した。

帰国後は上海に移り資金集めに奔走し、一九〇七年、『中国女報』を刊行する。先行した

『女子世界』の文体が難しく、識字率一〜二割の女性にはよく理解できない。そこで文俗併用、つまり文語と白話(口語的書記言語)の併用の方針を掲げた。そのうえで雑誌は、「わが中国・中国女界の暗闇」「わが中国・中国女界の前途の危険」を深く案じ、「光明」を求めてともに励むための「女性界の総合機関」たらんとした(一期)。さらに「わが二億の女性同胞はいまだに暗闇の十八層地獄に沈んでいて、その一層も這い上がろうとしない。足は小さく縛られ、……一生、男性に頼ることしか知らない。……一生涯の囚人、半生の牛馬である」「本当に牛馬奴隷に甘んじるのではあるまい」と女子同胞たちに、家庭の束縛を逃れ、自立・自活を獲得するよう呼びかけた(二期)。「女権に勉む歌」(二期)に謳われたように、自由となり、天賦の「男女平権」で雪辱し、女手で「江山」(国家)を回復する国家レベルの女傑たろう、さらには弾詞(語り物)作品「精衛石」の署名に用いた「漢俠女児」(漢族の俠女)たろうという気概を示した。

男装の秋瑾*

秋瑾の呼びかけは、女性を奴隷的に束縛する学術として儒教を批判したアナキスト何震による「女子復仇論」とともに、中国で最初の、女性自身による明確な女性解放の叫びである。有力者の父や夫がいることで事をなす、という中国女性に多くみられる例と異なる点も先駆的といえる。だが、革命派の『民報』ですら女性問題をほとんど無視している状況では、この雑誌も長続きしなかった。

秋瑾は光復会の革命活動拠点となった故郷・紹興の大通学堂を徐錫麟から受け継いだ。安徽巡撫恩銘暗殺を目的に官員となった徐錫麟は中国同盟会には参加せず、一九〇七年に秋瑾と一斉蜂起を企てた。安徽安慶で恩銘を殺害した徐錫麟は捕らえられて処刑され、武装蜂起への呼応計画が発覚し、秋瑾は未遂のまま捕らえられ、三三年の生涯を断たれたのである。

秋瑾の墓は呉芝瑛ら女性の友人たちの尽力で建てられた。しかし繰り返し壊され、いくどとなく移されるという憂き目にあった。

立憲準備期から革命前にかけての中央と地方の官の抗争と駆け引きがその背景にあった。蜂起未遂にして冤罪処刑された「弱い女子」という被害者としての秋瑾像が、まずは新聞メディアや文学作品を中心に形成された。友人の呂碧城がいた『大公報』は徐錫麟・秋瑾に対する残虐な処刑が「野蛮」で、ことに証拠も自供もなく未遂での秋瑾の処刑は「野蛮極まる」と批判した。「最初の革命女子」と認識されるのは、武昌起義以降である。かくして女俠・秋瑾の名は死後、より知られるようになる。「木蘭従軍」「娘子軍」等の中国の伝統的文化への読み替えや、フランス革命の女傑ロランへの重ね合わせなど、さまざまな文化資源の動員によって「女傑像」が創造されていった。革命時の女子軍の戦闘参加よりは、死した秋瑾の女傑イメージの喚起力のほうが、広範な社会的影響力となり得たのかもしれない。

革命練習──心身とジェンダー

これまで見たように、秋瑾の女傑・革命女子像は、当時の各種メディア、文学作品という舞台でつくられた。二〇世紀初頭に梁啓超がめざした「国民小説」としての政治小説が、魯迅のいう「譴責小説」群を出現させたことも先述の通りである。これら文学の系列とは別にもうひとつ看過できない新メディアとして画報がある。

一八八〇年代から九〇年代末まで刊行された『点石斎画報』については先述したが、これを踏襲しつつ、より社会啓蒙と諷刺を盛り込み、新しい社会現象に注目した『図画日報』がその典型で、一九〇九〜一〇年に上海の環球社から刊行された(全四〇四号)。

こうした新メディアから読み取ることができる貴重な情報とは、少部数の女性雑誌でなければ──たとえば革命雑誌などでは決して話題にのぼらなかったであろう、女性の生活の様式や新現象である。男性画家の目を通して描かれたものではあったが、視覚媒体であるがゆえに、「絵になる風俗光景」「社会で目につく現象」は多くとりあげられて、人々に衝撃も与えた。

花形は相変わらず妓女だったが、彼女らも含め、視覚メディアに登場する女性たちが社交や知的進化のシンボルとして(次頁図)、さらには「集団訓育の対象としての女学生」「労働争議

読書好きの女子「女界進化」『浅説(日日新聞)画報』282号，1909年．

にたちあがる主体的な女工」といった「近未来のモダンガール」、近代女性のモデルとしての役目を帯びるようになっていくのである。

都会で流行遅れになりつつあった纏足を解き、外出し自由結婚もする——ここには「進化」の主体としてのイメージが託されている面がある。「進化」のいきつく文明の「大同」時代には、女性が男性に同一化する、兵士にさえなることも予感され、そうした予感に男女それぞれの側からの恐怖が喚起されていたことも、画報からうかがい知ることができる(I扉左図)。纏足を解こうとした、あるいは解くように迫られ始めた当時の女性たちが、男性画家による画のなかで、このように「進化」のイメージ装置となりつつあった。このことを「近代化の練習」とみることもできるだろう。

纏足という肉体の問題に向き合うほかなかったのが女性なら、男性——とりわけ変革家・革命家、その多くが日本亡命・留学経験者——の悩みとしては、政治の季節における「神経病」があった。その典型は章炳麟である。出獄して来日するや迎えられた東京留学生歓迎会で、「神経病もちだといわれれば光栄、諸君もいくらか神経病であれ」、と訴えかけた章にとって、思想とは貨物、神経病はそれを積む汽船にたとえられ、神経病がなければ思想は動かないのであった。仏教への接近もこれと無関係ではない。

同時期の宋教仁の場合、「神経衰弱」はより深刻だった。革命運動で家産を使い果たし、湖南に家族を残して政治亡命者として日本に留学したが、日本人女性との恋愛や同郷の同性留学生との関係に苦しみ、「脳病院」に入院・通院した。他にも同病(症状)者は枚挙にいとまない。

芸術家も同様である。家族をおいて単身留学し、話劇などに参加しながら東京美術学校(後の東京芸術大学)を卒業、日本人の愛人とともに辛亥革命の年に「美術救国」の念をいだいて帰国した李叔同も、日本時代から神経衰弱を発症していたという。数年後に出家し弘一法師として知られる。

すでに見たように、これより少し前の清末変法期には、譚嗣同らが宇宙と心身を貫く「科学化された気」、エーテルに注目し、変革のパトスやエネルギーに読み替えられていた。宇宙と人間の心身を結びつける媒体とされたエーテルも意識されなくなり、変革を志す主体として主観化が極度にすすみ、亡命や留学生活のストレスにさらされるや、神経病なり神経衰弱となって噴出したのではないだろうか。それは個のありかたの問題であるように思われる。

清末に「通」「仁」「大同」の概念で探求された世界化、楽観的進化論から世紀末の生存競争型社会進化論にいたる歴史観で考察された民族の定位・序列化・差別化、それらを重ね合わせ

「伝統の創造」を駆使して表現された初期グローバル化の世界——これらすべては無縁ではないだろう。こうした時代に、民族革命・共和革命、立憲制、開明専制、あるいは次にみる虚君立憲制といったさまざまな政治論・社会論が、短期間に凝縮して現れた。熟した議論にはならないまま党派間のみならず多様な人間対立も生んだはずで、大きなストレスとなっても不思議ではない。死後「革命女子」と認知されることになった秋瑾の場合、「男装」や「脱家庭」を希求した、魂の内なるつきあげもあったであろう。神経病や神経衰弱は、近代的な個が自覚されつつ、革命の時代、政治の季節のプレッシャーに持ちこたえ、耐えるための精神装置となっていた、とみなしてよいかもしれない。

武昌起義、辛亥革命と「虚君共和政体」論

本書では便宜上、辛亥革命・中華民国の成立で時代を大きく区分する。とはいえ、一九一一年の武昌蜂起から始まる武力革命・各省の独立宣言から、清朝の崩壊、中華民国の成立への一連の事件で社会が変わった、とはもちろん考えない。ことに思想文化史的には、武力革命のポリティクスから離れ、相当長いスパンでの多岐にわたる準備過程まで射程にいれる必要がある。

中国同盟会は一九〇六年以降、中国各地で秘密結社とくんで何度も武装蜂起を試みた。そのすべてが失敗し、孫文の華南革命路線が破綻したとみた宋教仁は、一九一一年七月末、中国同

盟会中部総会を組織したが、武昌起義が先んじて勃発し指導的な役割を果たすことはなかった。

一〇月一〇日の武昌起義の成功で、翌日には中華民国湖北軍政府が成立、その後に、黄興やその要請を受けた当時希有な女医の張竹君の率いる赤十字医療班、宋教仁らが駆けつけた。非革命系の黎元洪が長官に選ばれ、それ以降、各省であいついだ独立宣言も多くは非同盟会系であった。亡命・留学先から帰国した中国同盟会系はもとより、亡命先に一部は留まるほかなかった保皇立憲系の知識人も、急遽、革命収束と新国家建設という課題を迫られたのである。

同年末までの短期間に、康有為・梁啓超は、「保皇立憲」の主張を英国に範をとる「虚君共和政体」論に切り替え、結束をはかるべく動いた。内紛防止のため、民度にみあった「お飾り」の「無権の君主」をたて、人民公選にかかる国会の多数決で信任された内閣によって政治がおこなわれれば、それを主権在民といってよい、とみなしたのである。康有為らは虚君候補には、文化象徴としての孔子の嫡流子孫(衍聖公)の孔令貽《こうれいい》と、清朝の版図維持のために宣統帝溥儀を考えた。梁啓超もこれを最良と確信し、孫文と確執のあった章炳麟ら光復会系の論者をはじめ、広く革命派の論者に働きかけ、ある程度の合意も得た。

だが朝廷が速やかな国会開設要求に応じず、引き延ばしに汲々とし、戊戌政変による亡命者への不寛容も改めず、民衆の憤りを増幅させて、その可能性を封じてしまった。武昌起義直後、一一月にようやく内閣総理大臣を慶親王から袁世凱に替え、「皇統万世不易」のうえで立憲制を認める「大清帝国憲法重大信条十九条」を出したが、誰の目からも時遅しであった。

南方十七省が独立宣言をすると、清朝が頼りうるのは北洋新軍をにぎる袁世凱であった。内部対立をかかえる革命派からも袁世凱へ期待がかかり、一二月に上海租界で和平会談が始まるが、清朝と革命側のあいだでの、帝位と共和政をめぐる調停も難航する。武昌起義を米国で知り、資金や外交関係で英米仏との交渉を試みた孫文は、同年一二月二五日に帰国する(図)。孫文が中国同盟会総理として宋教仁の内閣制を退けて総統制を決定し、臨時大総統選挙になると、ほとんどの省が孫文に投票し、中華民国が南京で成立することになった。

孫文の帰国『辛亥革命図志』の説明では，米国の新聞に掲載された漫画だという．

II

中華民国と新文化の潮流

(左)朱金楼「山額〔サンガー〕夫人在中国」“かわいそうな栄養不良の母親よ！　避妊薬をあげましょうか？”(『中国漫画』6期，1935年)1922年には歓迎されたが，35年の再訪時は諷刺画となった．
(右)月刊総合誌『青年雑誌(新青年)』創刊号(1915年)

1 「共和国」の成立――混沌から五四新文化運動へ

孫文の南京政府、臨時約法

清朝の立憲への改革は遅すぎ、中華民国のスタートには早すぎたのかもしれない。南京の臨時政府では帰国早々の孫文が臨時大総統に選ばれはしたが、辛亥革命後の帰国とあっては遅きに失した感は否めない。すでに袁世凱を大総統に推す情勢ができつつあった。

ともあれ一九一二年元旦の孫文臨時大総統就任からは、国家の基本が示される。「漢満蒙回蔵」の諸地およびその諸族を一国・一群として「民族の統一」とし、各省が清朝から独立したうえで連合し、中央に政府をおく「領土の統一」、さらに「軍政」「内治」「財政」の統一、世界の「大同」をめざす平和主義を宣言し、太陽暦・民国紀年採用の通達がだされた。一月末には革命派と清朝の諮議局系の立憲派を主とする各省代表からなる臨時参議院が組織され、主要な政策立案が検討され始める。

とはいえ清朝はなお華北・東北部に勢力をもち、列強に承認されており、清帝の退位、清朝の終焉が緊要となる。その交渉に当たり、清室優待条件つきながら成功した袁世凱の優勢はゆ

るが ず、孫文は位を譲る。清帝の退位後に袁世凱が「共和賛成」を表明して二月一五日に臨時大総統として選出され、翌日、共和制へ踏み出した。袁は南下せず、南京の臨時参議院が臨時政府を北京に移すことも決定した。

長い王朝体制が崩壊して、人々の日常の暮らしにはどういう変化が起こったのか。康有為・梁啓超系の『時報』に、その変化を大袈裟に茶化して述べた記事がある。風俗面では、中国式旧礼服から新礼服へ、辮髪から断髪、お下げから結い上げへ、中国式の瓜皮帽から愛国帽へ、纏足から天足へ、陰暦から陽暦へ、跪礼から立礼へ、大型名刺からカードへ、訟師(三百代言)から法律家へ、斬首刑から銃殺刑へ変わった、等々(民国元年三月五日「新陳代謝」)。だがこういう変化も北京・上海・南京のような大都市なら見られたであろうが、大部分を占める農村にいたっては、恐らくさしたる変化はなかったはずである。

北京政府への移行前に、南京の臨時参議院において可決されたのが中華民国臨時約法(以下、臨時約法と略称)で、「憲法と同等のもの」として、主権在民・議会制と責任内閣制・三権分立などを謳い、正式に公布された。「中華民国の人民は種族、階級、宗教の区別なく一律に平等である」としながら、「男女平等」は明文化されなかった。革命後ほどなく、秋瑾とも親しかった唐群英らが南京で女子参政同盟会の結成を決め、さっそく孫文と臨時参議院に対して女子参政要請活動を行なうが受け入れられず、参議院開会時に「乱入事件」をおこしていた。その女子参政同盟会は男女平等、女子義務教育、家庭習慣の改良、奴婢売買・売春強制・纏足・理由なき離婚の禁止、一夫一婦制実行などを綱領とした。イギリスの女性参政権運動とも連絡をとって参政権獲得を目標としたが、まずは家庭の問題が重視された。当時、不纏足を率先して提唱し、自分の娘の教育には積極的だった康有為にしてなお妻妾は都合八人、袁世凱にいたっては十人だったとされる。

中国同盟会は同三月に公開政党への改組を決め、「中華民国を強固にし、民生主義を実行する」ことを旨とし、行政統一と地方自治、「種族同化」、義務教育、男女同権、徴兵制度、税制改正、国際的平等追求、などの近代化を綱領に掲げた。かくして革命派外の旧勢力をとりこみ、国民党が組織された。それ以外にも、章炳麟ら中国同盟会系のうちの反孫文派と張謇《ちょうけん》ら予備立憲派が合流した統一党や共和党、民主党などが一、二年のうちに組織される。民国元年に帰国を果たした梁啓超も立憲活動に入り、翌年、共和党に入党した。

こうした政党形成の事情から、八月発表の「国民党宣言」では、合併した諸政党との調整で、民生主義と男女同権をはずすことにさえなった。国民党結成と団結を最優先とした宋教仁(図)はもとより、孫文にせよ、共和が固まりさえすれば「自ずと男女同権の時がくる」、当面の一致団結がないと「男も他人の奴隷となり、女はなおさら」だと国民党成立大会で述べた。孫文の進化主義的な序列においても、女子は「後回し」論であったことは明白だった。

国民党の宋教仁が依拠した『民立報』では、一に女性の政治能力も知識も低い、二に「男は外、女は内」は男女の特徴であり、三に女性の家庭放棄は家庭ひいては社会秩序を混乱させるという理由で、女子参政権への疑問を社説が掲げさえした。だが革命派への弾圧が強いなか、革命の一年前に創刊された『民立報』の販売に奔走したのは女性たち（女子進行社）であったことからしても、女性たちはもちろん反発した。この社説を支持する立場からは、女子参政権論は「無夫（独身）主義」で中華民族を根絶やしにする、女の虚栄心からくるもの、といった暴論までだされた。これらに対する反論として、現段階の能力差は後天的な教育により、「男は外、女は内」とは単なる慣習であり、外で女性が活躍しようとも家庭は家族で維持すべきである。さらには「無夫主義」と参政は無関係であり、生理構造的に男性より体力的に弱い女性でも精神力・知力では劣らない、「女子参政権は人類進化が必ず経るステップである」。こうした反論が楊季威ら女性たちにとっての共和国事始めとなる。

宋教仁.『東方雑誌』(66頁参照)9巻5号, 1912年.

だが大新聞は概ね彼女たちを冷笑した。創業時代には女権論を掲げた『大公報』でも、国会開催も憲法制定もない中国で、欧米文明国にすらない女子参政権を要求して「野蛮な手段」に訴えるとは恥知らずで、「民国に汚点を残し、外国人に嘲笑われる」、「怪象」

だと報じた。『申報』も彼女たちの「放任の弊」を指弾し、「女子道徳の進化」を求める始末だった。清末には纏足女性が変革者たちから「国恥」とされたが、今度は参政権要求の女性が同様に「汚点」との非難を大メディアで受けたのであった。のちに女性たちが中華民国ではなく、「中華男国」だという悲痛な叫びをあげたのも無理からぬことであった。

袁世凱の北京政府

北京政府の成立後、臨時約法によって一九一三年二月には第一回の国会選挙が行なわれ、参政権は男子についても制約がついたが、女子は排除された。選挙結果は国民党が最多議席を占めるが、内閣総理に選出されるはずの宋教仁は上海で暗殺される。列強からの善後大借款をとりつけた袁世凱は国民党に勝利しようと共和党など三政党を合併して進歩党とし、その中心に戊戌政変ではその排除対象となった梁啓超や熊希齢らをすえ、次々と替わった内閣にも加えた。宋教仁暗殺は袁世凱のたくらみとみた孫文ら国民党系は対袁の第二革命を発動するが失敗する。結局、同年一〇月、国会で袁世凱が初代大総統に選出される。その間、総統の権限を強め、「孔子の道」を修身の根本ともする中華民国憲法草案(天壇憲法草案)が憲法起草委員会によって起草された。

この尊孔の背景には、民国成立前の「虚君共和政体」主張で梁啓超と行動をともにしたものの政党活動を断念し、一三年にようやく帰国する康有為の活動があった。新たな孔教倫理を国民道徳として普及させるべく、亡命中から孔教会の組織を画策していたのである。康は帰国後、その会長となった。また同年には康の弟子の麦鼎華らによって雑誌『不忍』が上海で刊行され、康の代表作『大同書』の最初の甲乙の二部のみ初公表される（一九二七年死去前の公表は二部のみ）。苦界から人民を救って大同太平に導くべく、国界を合し、各国を廃して「公国」からさらに「公政府」を有する世界へと統合し、皆がその「公民」となる、というもので、リアリティはもとよりなく、未来のユートピア構想にとどまる。公産化や家族の解体・社会化等をも含む全書の執筆時期はよりあとだろうが不明で、前述のように康自身からして妻妾大家族を維持したほどで、大同なら家族も解体されるはず式の形式的議論にすぎず、死後の一九三五年に全書が発行される前の当時においては、さしたる意義もなかった。

袁世凱はその憲法制定でも憲法起草委員会が国民党に操られ、「国会専制」となっていると攻撃、一九一三年一一月から翌年にかけて国民党を解散し、国民党員の議員資格を剝奪し、国会を解散する。さらには臨時約法を廃止し、中華民国約法（新約法）を制定、大総統権限を強めた。

同年、孝行者や「節烈貞操」で模範的な婦女の表彰の基準を決める「褒揚条例」も公布された。大総統の任命する参政員による参政院では、清末から改正されつつあった姦通罪への残虐刑の復活など、ジェンダー再編を反映する法案がいくつも出される。かくして、明清時代に家の名誉・利益を得ようとして女性が時に節婦烈女として「自発」的に犠牲になったが、その機能が再現される。三〇歳以前に寡婦となり五〇歳以上まで再婚しなかった女性、暴行にあい抵抗して死亡もしくは自殺した女性、夫の死後、殉死した女性などが表彰されることになり、発行部数が伸びていた雑誌類でもその伝記が顕彰されつつ掲載され、読者に影響を及ぼした。

第一次世界大戦と帝政・復辟

一九一三年の第二革命に失敗して日本に亡命した孫文は、党の「人心の渙散」が問題だとして、一四年七月には「専制政治を一掃する」としながらも、全権を孫文に集中し、孫文への絶対服従を求める中華革命党を東京で結成した。さらに革命進行段階を(一)軍政、(二)訓政(未熟な人民を国民政府が訓練し導く)、(三)憲政(憲法公布で革命完成)の三段階に区分、革命期間は一党独裁と定めた。個人崇拝に反発した黄興らは袂を分かつことになる。

同じく一四年七月、第一次世界大戦が勃発する。日本はドイツが権益をもっていた山東を攻略、一五年一月、中国に対して山東をはじめ、南満洲・東蒙古の権益委譲などにもおよぶ二一カ条の要求をし、五月七日に最後通牒を出すと結局、袁世凱はその大半を五月九日に受諾する。中国国内では通牒・受諾の両日が広く「国恥記念日」と呼ばれたゆえんである。

こうしたなか、袁世凱は皇帝即位の世論工作をはかり、一五年八月には米国人顧問、グッドナウの「共和と君主論」を新聞に発表させた。ついで、清末以来、立憲政治をめざし、革命後は袁世凱の側近となった楊度を中心に、もと中国同盟会系の人物や、もとアナキストの劉師培、さらに政治家袁世凱の実力への期待をすてきれなかった厳復をもまきこんで、北京で籌安会《ちゅうあんかい》(「一国の治安を籌《はか》る」学術団体)が組織された。清は立憲なき君主制で亡びたが、共和では強国・富国をなしえず、中国を救うには立憲が必要で、立憲には君主が必要だ、というのが楊度の考えであった。各界からの全国請願連合会が組織され、「民意による推戴」が演出され、年末には一六年元旦をもって袁世凱が帝位につき、洪憲元年とすることが決定した。

これに対して雲南で独立が宣言され、護国戦争(第三革命)が始まる。楊度とならぶ立憲論者の梁啓超も反革命派という点から袁世凱に急接近していたが、さすがに籌安会の帝制推進の動きをみて反袁に転じ、護国戦争にくみした。康有為も討袁の檄文をしたため、中国自強の戊戌維新では光緒帝と新政が、辛亥立憲では清朝が滅び、今や民国が「帝を称する」袁世凱の手によって亡びた、「わが国民はみな売国賊袁世凱と不倶戴天の敵」であると反発し、帝制で救国・富強を実現できるのならまだしも、中国を滅ぼすのでは問題外だとして、退位を勧告した。

こうして一九一六年元旦に「洪憲皇帝」に即位した袁世凱も三月には退位、中華民国の年号復活を宣言、袁世凱は失意のうち六月に病死する。だが袁世凱の死後も、政局は安定しなかった。非北洋軍閥出身の黎元洪大総統（総統府）と実権を握る段祺《だんき》瑞《ずい》（安徽派）国務総理（国務院）は約法や人事、参戦問題などで対立（府院の争い）、それ以降は一七年に江西の軍人にして孔教会名誉会長の張勲による北京占領、清朝復辟（溥儀の復位）にまで至る。再び、「虚君共和政体」論を説いて回っていた康有為が張勲に招かれ、北京での復辟に参画した。だが段はすぐにこれを鎮圧すると政権に返り咲き、国会解散し、八月に対独参戦も果たした。康有為にとっては最後の表舞台となったが、この間の動きで梁啓超を中心に、一九〇七年の政聞社以来の人脈で憲法研究会（熊希齢ほか、張君勱・張東蓀ら、のちに「研究系」ともよばれるグループ）が結成され（以下、本書では「梁啓超系」と記す）、段に近づき、梁らも入閣する。

　こうしたなか、孫文は北京政府を「仮《ニセ》の共和」として広東で護法のための非常国会を召集、一七年八月に国会非常会議を開催し、中華民国軍政府を組織することとし、北京政府と対立、段内閣も辞職に追い込まれる。かくして中国政治は以降、北洋軍閥の安徽・直隷（馮国璋）・奉天（張作霖）系間で争う北京政府と広東政府、さらに湖南から始まり長江流域を中心に展開した連省自治派とに分裂する状態にはいっていく。

民国初の教育

　このように不安定な政局にあって、思想文化を支える教育制度はどうなっていくのか。南京臨時政府の初代教育総長には、ドイツで心理学や美学を学び、光復会の会長として辛亥革命の勃発で帰国した蔡元培がつく。教育部が立ち上げられ、教育の改革理念を示したものの、袁世凱政権になると、就任わずか半年ほどで蔡元培は退く。それでも教育を政治から独立させようと、「忠君」「尊孔」をすて、「体育」として軍国民主義を、「知育」として実利主義を、「徳育」として美育（情操教育）と自由・平等・博愛の公民道徳を、さらにこの「三育」を統括する世界観の養成を目標として掲げた。科挙廃止後の第二段階の教育改革というべき一九一二年と一三年の新学制では、七歳入学、二四歳卒業とし、蔡元培の女子教育重視が反映され、四年間の初等小学での男女共学も謳われる。そして大きな変化としては、疫病に苦しんでいた時だけに、西洋医学を採用して中国医学は教育系統からはずされ、以後、北京政府時代を通して、中医の医師からの抗議にあいながらも、その方針だけは変わらなかった。

とはいえ、不安定な政権下での教育改革の遂行はやはり困難で、とりわけ長期的なビジョンが必要な初等教育では各省の諸条件も異なるなか、財源確保のための課税を必要としたこともあって難航した。一五年に教育部が各地の教育状況調査と義務教育の期間短縮を含めての段階的実施をめざす準備に入る。この段階で女子小学生の割合は小学生全体の四％強でしかなく、それでも清末一九〇九年の一％未満と比べると、数倍にはなっていた。

大学教育では、清末には北洋大学堂（北洋大学の前身、後の天津大学）・南洋公学（交通大学の前身)・京師大学堂(北京大学の前身)が先駆的にできていたが、基本的には日本に倣いつつ古制をも踏襲し、京師大学堂と各省に大学予科に相当する高等学堂がおかれていた。だがドイツモデルを想定した蔡元培の起草になる民国元年の「大学令」では大学自治・学術自由を建前とし、文系・理系を中心に文・理・法・商・医・農・工の七科をおき、理論が主の「大学」の本科と予科、応用学が主の専門「学院」に分け、各省の高等学堂は廃止する、とした。国立大学は暫定的に北京以外に南京・漢口・四川・広州の五カ所とされたため、各地の高等学堂の多くは各種専門学校に分化し、事実上、地方での高等教育は私立大学のみとなった。

私立大学では、上海でカトリック信者、馬相伯が南洋公学の学生運動後、一九〇三年に最初の私立大学、震旦学院(震旦大学の前身)、ついで復旦公学(復旦大学の前身)を創設していた。大学とは別に、北京では一九一一年四月、義和団事件の対米賠償金の一部の返還金を用いて米国留学予備学校としての清華学堂(清華大学の前身)が開学していた。だが同年、辛亥革命が起こり、清朝が返還金を革命鎮圧の軍費に転用するや、清華学堂は財源を失い、閉鎖を余儀なくされる。民国元年に清華学校として再開され、米国留学のメッカとなるが、一九二五年に清華大学として再出発する。

この清華学堂に当時いあわせた学生に陝西省出身の呉宓《ごひつ》がいた。学堂の解散で上海に逃れて中華民国を迎えた呉宓の日記には、興味深い話がみえる。友人が電車でみかけた辮髪の読書人風の人物が、西洋人からその髪をつかまれてからかわれ、下車するや理髪店に駆け込み、辮髪を切った、という。なかばコロニアルなエピソードで新時代を実感するという複雑な心理を示していた。この呉宓は後述のように米国に留学後、胡適らの新文化を批判することになる。

最初の国立大学となったのは民国元年五月に京師大学堂が改名した北京大学であった。京師大学堂総監督を務めた厳復は、もはや科挙資格で斥けられることもなく念願の初代学長となった。だが、その時、校舎は義和団や八カ国連合軍侵入以来の荒廃から立ち直りきらず、財政の目処がつかない新政府からの予算も期待できない苦境にあった。厳復は大学の新編成と何より喫緊の銀行からの融資獲得に尽力するが、成果をあげることなく、結局、半年余で辞任、章士釗学長・馬相伯代理学長にとって替わられ、北京大学は天津の北洋大学との合併命令とそれへの抵抗など、以後も難局が続いた。

高等教育では、一九一〇、二〇年代は民国政府の組成に学校教育を受けた人材を必要とし、おのずと留学経験者の官僚採用が増えたことからも留学ブームがおこる。清末は日本留学が主であったが、この時期には清華学校を通じての米国留学、そして後述のように、李石曾らによってフランスへの勤労留学の道も開かれ、欧米留学ブームとなっていく。

民国初の新聞界

国民国家の成立にとって、教育と同様に公的領域としての言論界の確立も重要課題となる。辛亥革命時の湖北軍政府による中華民国鄂州約法の制定以降、法的には大清律例・大清報律等による言論制約から放たれ、「人民は自由に言論、著作、刊行ならびに集会、結社ができる」ことになって公論の場は活気を呈する。

その伝達メディアとして清末から出現し、民国で広まったのは「通電」といわれる電報の活用であった。自己の主張を政府機関や省議会、商会、新聞社などに一斉送信し、新聞が毎日その「通電」を掲載した。清末の譚嗣同が「仁の第一義は通である。エーテル、電、心力はみな通のあらわれるかたちである」としたように、清末以降の「電」は「通」と結びつく科学的なイメージを喚起していた。

「通電」は武昌起義・辛亥革命時にも活用されたが、民国に入って、通信社の成立、通信部門の発展とともに、順調にはいかなかった議会や地方分権のためにより広く用いられるようになる。経費がかかって今日のツイッターのようにはいかなくとも、ことに政治工具として重要なメディアとなり、「電戦」ということばも生まれた。

出版界でも、まさしく中華民国成立の日に、国民の養成をめざして、中華書局が上海で旗上げし、中華民国「教科書革命」と銘打つ新聞広告を出す。現在も、北京に本拠を移し、学術出版で知られる。ついで臨時約法が「言論・著作・刊行・集会・結社の自由」を保障すると、多数の新聞・雑誌が創刊される。ことに『民立報』『大共和日報』のような政党関係のものが北京・天津・上海等の大都市で集中的に創刊され、総数では一〇年前の百余種から五百種近く、発行部数は中国史上最高の四二〇〇万部に急増する。とはいえ、袁世凱による臨時約法廃止・国会解散後は治安警察条例・新聞条例・出版法などの制定で規制が強まり、新聞・雑誌は百三十余種にまで急減し、新聞社の買収・閉鎖や記者の殺害・投獄も横行した。袁の死後、規制は緩和されたものの、結局は軍閥との癒着でその代弁機関誌化したものも多かった。そういう意味でジャーナリズムの確立に手こずり、実際、この時期、上海の三大新聞『申報』『新聞報』『時報』を除くと、経営も困難だった。清末に『大公報』を創刊した英斂之は新聞事業への意欲を失い、一九一六年には『大公報』を売却する。北洋軍閥がバックにつきスタイルも一新したが経営不振に陥り、二五年停刊。二六年に新記公司が引き継いでから上海版も出して全国紙化し、四九年まで黄金時代を築く。以降も性格を変えつつ六六年まで続いた（香港版は現在も発行されている）。

プロの新聞記者も出現するが、その一人、黄遠生（字は遠庸）は東京の中央大学法科に留学、新聞界入りを志し、民国元年に張君勱・藍公武と『少年中国週刊』を創刊、上海の『時報』『申報』等の特約記者ともなり、民国初の新聞界三傑と称された。

黄遠生は、たとえば共和記念日に行なわれた袁世凱大総統就任式についても諷刺をきかせた記事を書いている。「二重にめでたい日」の就任式にはフロックコート、夜の外交部のパーティには燕尾服の着用を求められ、「国粋保存の我らの礼服といえば中国式服に短上着、そこで二組の洋式礼服を借りに東奔西走、大借款より困難な」「二重の厄日」だった、と。もっとも政府関係の諷刺記事で人気を博した黄遠生の真の厄日はその後に訪れた。一五年、袁世凱の帝政反対を表明したため危険を避けて逃れた先の米国で暗殺されたのである。

雑誌では、まず通俗的な小説雑誌が流行する。なかでも一九一四年に上海で創刊された『礼拝六』(「土曜日」の意味)は才子佳人の恋愛ものを主として鴛鴦蝴蝶派とも称されたが、一九〇九年、柳亜子ら中国同盟会会員を中心に「北の朝廷に反対する」という政治的意識で作られた文学結社、南社の同人からも作家が加わり、人気を博した。義務教育からしてその実施が難航するなか、識字率の向上に貢献したのは、学校よりむしろそうした小説雑誌だったといわれる。

革命の挫折と覚悟——陳独秀『新青年』、五四期の新聞雑誌

アジア初の共和国、中華民国の船出は困難に満ちたものであった。外からの侵略を招き、国民を弾圧する国家ならば、その「滅亡を呪いはしない」。こう我々は自覚せざるをえない」。共和政治出発からのつまずきに心痛め、一九一四年当時の閉塞への絶望を、のちに中国共産党創

始者のひとりとなる陳独秀(図)は、日本で編集を手伝った章士釗の雑誌『甲寅』で吐露した。つのる外患に加え、帝制の揺り戻しまでおころうという満身創痍の民国にあって、青年はどうすればよいのか。陳独秀が一九一五年に上海で旗上げした月刊総合誌『新青年』(II扉右図。第一巻は『青年雑誌』)創刊号では、旧文明のあり方を否定して、青年たちよ、自主的、進取的、国際的、実利的、科学的であれと、熱く訴えかけた(「敬んで青年に告ぐ」)。のち一九年五四運動の直前には陳独秀はこの理念を簡潔に二つで表した。礼教・旧倫理・旧政治、旧芸術・旧宗教、ならびに国粋・旧文学を批判するデモクラシー先生「徳《de》先生」。そしてサイエンス先生「賽《sai》先生」、と。内実を伴った共和国の建設には思想革命から始めるべきで、政治ではなく文化を、というポリシーをもった。「青年の思想改造、青年の修養の補導を本誌の天職とする。時政を批評するのは本旨ではない」(創刊号「通信」)。「倫理的覚悟こそは我々の最後の覚悟のうちでも最後の覚悟である」(「我々の最後の覚悟」)とまで「覚悟」を強調する。「個人を除いて社会はない」(「人生の真義」)として、個々人の精神・思想の改造を「覚悟」「自覚」するほかなかったのであろう。一方で陳独秀には科学と進化論への強烈な信奉もみられ、他律性への不安も、そうした精神性・倫理性の強調につながったことをうかがわせる。陳独秀の同志となった李大釗も、譚嗣同の考えたエーテルのコスモロジーを、より

陳独秀*

進化論的に「宇宙の無尽の青春」ととらえ、新文化運動の理念として潑剌とした民族、自己のありかたを希求した(「青春」)。

『新青年』は新生をめざした北京大学に陳独秀が移ってからは、ことに知識青年たちに広く影響を与えるようになり、読者の投書欄も活気を呈した。その直接の影響下、北京大学内で哲学の羅家倫、国文の傅斯年《ふしねん》らによって新潮社が結成され、礼教・「士大夫の文学」を旧道徳・旧文学として批判し、批評精神や科学主義に立つ新道徳・新文学を提唱し、一九年には倫理革命、文学革命の推進のため、月刊『新潮』を創刊するようになる。

新文化運動を進めたものに、そうした新聞雑誌およびその「副刊」という文化・文芸専欄、あるいは時に独立して発行される形態をとった新メディアがあった。梁啓超系の『時事新報』(一九一一年創刊)の『学灯』(一九一八年創刊)、反袁世凱を唱え、中華革命党からさらに国民党の機関紙となった上海の『民国日報』(一九一六年創刊)の『覚悟』(一九一九年創刊)、北京『晨報』(一九一八年創刊)の『晨報副鐫』(一九二一年創刊)などいずれも新思想・文化を紹介し、より開かれた公共空間の実験的な場を作りだしつつあった。

文学革命と胡適、五四文学と魯迅兄弟

本書は文学を扱わないとはいえ、新文化運動を語るのに胡適らの文学革命、そして近代文学

としての五四文学を血肉化した魯迅とその弟、周作人らに全く触れないわけにはいかないだろう。

『新青年』は新文化運動の主要な柱の一つとなる文学革命でもその舞台を提供した。清末の梁啓超らの「第一次文学革命」が挫折に終わった（瞿秋白）として、新たな文学革命の第一声は米国留学中の胡適（図）から発せられた。コロンビア大学でジョン・デューイに師事してプラグマティズムを学んでいた胡適は、文学は時代とともに変遷するものと考えた。各時代にはその時代にふさわしい文学があり、『水滸伝』や『紅楼夢』の流れを汲む「白話」小説こそが現実社会を描きうる、今日にふさわしい真実の文学だ、と。この進化論的な文学観によれば、士大夫の「雅」なる文言は古臭く、庶民の「俗」な白話が新しくてよいことになり、「雅」を重んじる中国文人意識も転倒しうる。西欧的近代の標識でもある言文一致的な標準書記文体の創出が、近代国家建設の基礎として意識されている。

胡　適*

それを明確にしたのが、前年の投稿に続いて一九一七年の『新青年』に掲載された「文学改良芻議（私見）」である。胡適にとって、文語体による旧文学はレトリック過剰で創造性に乏しいもので、そこからの解放を求めた。そこで、古人を真似る無内容で陳腐な常套句、典故の使用、対句の重視、俗語俗字の回避等を排する「八不」主義を唱えたのである。死んだ言葉では生きた文学は生み出しえない、文学革命運動にはまず言葉と文体の解放、つまり白話化と自由形式化が必要だ、と白話文学への「進化」の方向を説く。政治性という内容の変革から、文学としての形式の変革へという、清末来の「小説界革命」の流れからしても、プラグマティズムから「文学の道具の革命」の必要性を明確にしえたことの意義は大きい。

銭玄同*

この胡適の「文学改良芻議」に対しては、陳独秀がすぐさま『新青年』の翌月号に「文学革命論」で応答し、文学革命の急先鋒として胡適を讃えた。そこで倫理革命と文学革命を結びつけ、八不主義からさらに、貴族文学に代わる平民文学、古典文学にかわる写実文学、山林文学に代わる社会文学を「文学革命軍の三大主義」として提起したのである。

胡適や陳独秀の文学論がでるや、今文経学を信奉し、北京大学の国文学教授となった銭玄同(図)も呼応した。銭玄同は作法としての『文選』学や擬古的な桐城派文学——林紓や厳復らがなおもその文体を好んだ——に旧文学を代表させ、それを徹底して否定することから、もとはなかった句読点の使用や横書表記の採用、果ては漢字廃止まで主張した。銭玄同や陳独秀らが「全面西洋化」的な主張さえしたのは、現実的にそれが可能だと考えたのではなく、むしろ

「当時は少しでも譲歩すると旧派との妥協を認めてしまい、もう攻撃を堅持することはできなくなる」(周作人「銭玄同」)と観念し、極端な主張となりがちなのであった。

ただ、実際には、「白話」といっても出版語を主にしたものでしかなく、音声を軽んじ、漢字の共通性を強調していて、「目の文学革命」(平田昌司)でしかなかった。これが文学革命たりうるには、一九二〇年代以降の演劇・放送・映画といった音声メディアの急速な出現をもとになしとげられるもう一つの文学革命、「耳と口の」文学革命を待つほかなかった。

とはいえ、一九一八年第四巻第五号から全面的に白話文の使用に踏み切った『新青年』に記念碑的な作品が掲載された意義は大きい。初めは文学革命に無関心だった魯迅が、ともに日本留学時に章炳麟の教えを受けた銭玄同の強い勧めで「狂人日記」を書き、発表したのである。「狂人日記」では、恐らく章炳麟の「神経病」とも通じる「狂人」の目を通し、旧来の中国の現実が礼教の「人が人を食う」世界としてリアルに描かれる。そのリアルさは、「自分も人を食ったかもしれない」と、民衆のひとりである自己に目が向けられることで一層、増す。

魯迅の中編小説の「阿Q正伝」は白話文体による中国現代文学の代表作ともみなされる。主人公の阿Qは底辺層の日雇い農夫である。一種の奴隷根性ともいうべき「精神勝利法」による自己満足で苦しさを紛らしていた阿Qは、憧れさえした辛亥革命に救われずに、逆に犠牲にされる。そういう悲劇を、滑稽なタッチで描く魯迅のまなざしは鋭く、哀しい。

章炳麟の仏教に染められた「依自」(自らに依る)思想を、より西欧的個人主義流に、醒めた自我としていた魯迅の民族主義は、章炳麟の場合のようには国粋に向かわなかった。豊かな古典的素養を有した点では共通し、それを土台としながら、その近代における新生を求めるがゆえに、むしろ暗部を自覚したうえでの自己批判的文化観を獲得することになる。文学創作でも、清末の政治譴責小説を自己譴責型文学へと転換させた。

魯迅の弟の周作人もまた新しい文学を志した。五四期に、汎人類主義的・世界主義的傾向をもつ「人の文学」や「平民文学」を主張し、また、文体の革命から、より困難で重要な思想革命へと、文体と思想の二段革新を強調した。周作人が遺伝的なものとして民族性を認めたうえで、個人主義の立場から「個性の文学」を唱えたことも、文学革命の理念を血肉化しえた証左であった。その後、周作人は文学の社会への効用説を斥け、「文芸は人生のものであって、人生のためのものではない、個人のものであるがため、人類のものでもある」(『自己の園地』一九二二年)と、個人主義を鮮明にし、また文学独自の美を重んじた。

また「平民文学」の流れで「民間文学」にも関心が向けられ、北京大学の劉半農が中心となり、民間歌謡を収集する歌謡運動が一八年に始められ、周作人も編集に加わり、銭玄同らも方言校訂にあたった。二〇年には歌謡研究会も結成、やがて民俗学形成の伏流となる。

文字改革・国語統一の模索

一方、民国の教育の緊要な課題は使用言語であった。清末から漢字の表音が模索されつつあり、一九一三年、教育部はまず呉稚暉を議長として王照ら専門家を集めて読音統一会を開き、表意文字である漢字、六千五百字余の標準読音を決定する。激論の末、表音法としては章炳麟が考案した記音符号を手直しし、四〇の字母として決定した。これを「注音字母」(図)と名づけたが、五年後の一八年になって公布された。かくして読音では清末からの漢字改革の試みが集大成されることになる。

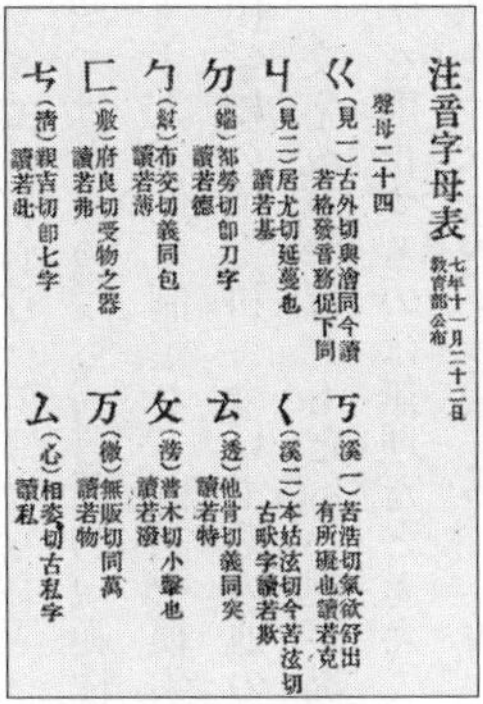
注音字母表　七年十一月二十三日　教育部公布
聲母二十四
ㄍ（見一）古外切與澮同今讀若格發音務促下同
ㄐ（見二）居尤切延蔓也讀若基
ㄉ（端）都勞切卽刀字讀若德
ㄅ（幫）布交切義同包讀若薄
ㄈ（敷）府良切受物之器讀若弗
ㄘ（淸）親吉切卽七字讀若此
ㄎ（溪一）苦浩切氣欲舒出有所礙也讀若克
ㄑ（溪二）本姑泫切今苦泫切古畎字讀若欺
ㄊ（透）他骨切義同突讀若特
ㄆ（滂）普木切小擊也讀若潑
ㄪ（微）無販切同萬讀若物
ㄙ（心）相姿切古私字讀私

注音字母表の一部.
『教育雑誌』11巻3号,
1919年.

教育界でもそうした流れと並行して、一九一六年には普通教育の観点から黎錦熙《れいきんき》らが中華民国国語研究会を組織し、国語統一と言文一致を主張して、音韻・語彙・文法の調査検討にかかる。一九年には一万人近くの会員数を擁した国語研究会のこの運動が『新青年』の文学運動と合流することになった。

北京政府の側でも一九年の五四の直前、教育部に国語推進のための国語統一籌備(準備)会(略称、国語統一会)を設けて、黎錦熙・銭玄同・胡適・周作人・趙元任・蔡元培らを集め、官民合流に向かいつつ、簡体字・ローマ字表音・読音・国語辞典編纂等の検討にかかりだす。ゆるやかな共通語ではありつつも、言語的規範性に乏しく、方言の混淆ともいうべき「官話」から、一国音をまず人工的に制定し、国語を模索する方向に歩みだしたといえる。一九二〇年には教育部も国民学校の国文科、ついでその他の教科での語体文(白話)化を指示し始める。

文字改革では、もともと漢字廃止まで唱えた改革の急先鋒、銭玄同とて、もちろんすぐに漢字を廃止するのは無理だと考えていた。表音文字の作成には時間が必要で、それまでは漢字改革をすべきだと主張した。一九二〇年、『新青年』において、日本に倣い、漢字の画数を減らすべく、すぐさま普通常用字三千ほどを決め、大部分は固有の古字・俗字・草書・同音仮借字等を採用し、新たな作字は最低限にとどめるべきだと提案した。これは五〇年代に始まった現在の中国簡体字の考え方にも近く、実際に銭玄同の簡体字案ともかなり共通していた。

また、一九二三年には黎錦熙が、音表記において漢字ごとではなく単語の分かち書きにすることの重要性を説く。趙元任は音表記と白話文・国語統一運動との相互関連性を強調した。こうしてローマ字音表記に向けて草案を示しながら検討が深められる。同年、銭玄同・黎錦熙らは国語統一会に国語ローマ字委員会の設置を提言、注音字母方式の推進とともに、第二方式としてローマ字表記を検討する委員会の設置が決まる。教育部も「国語」教育強化方針を出したが、政情不安のため、歩みはやはり遅かった。

教育革新と蔡元培、デューイ

新文化運動に欠かせない教育の革新では蔡元培がレールを敷き、時代の変化に見合う教育の改革・整備が重ねられる。その背景には、デューイのプラグマティズム教育思想の導入がある。黄炎培や米国留学でともにデューイに師事した蔣夢麟・陶行知・胡適らが熱心に紹介したし、まして、デューイが時あたかも五四直前に訪中したのである。デューイは中国で二年余りにわたって胡適や陶行知を伴い、精力的に講演活動を行なった。デューイが提唱した個性の重視と実験主義、また「教育即ち生活、学校即ち社会」、書物と講義の学校から作業と工場の学校へという理念、中国の教育問題として付け加えた男女の対等な教育、農業国としての郷村教育の重視は、当時の教育、思想界に少なからず影響を及ぼすことになる。

清末の南洋公学で蔡元培の薫陶を得た黄炎培(図)は、米国視察後の一九一七年、上海に中華職業教育社を創設、翌年には「手脳併用」を唱える中華職業学校の開設にいたる。こうして後述の労働重視の思想とあいまって、民間ベースの職業教育が平民教育運動の流れのひとつとなっていく。

黄炎培*

高等教育にあっては、民国元年、北京大学が大学としての再出発にあたって財政をはじめさまざまな困難に面していたことは先述の通りであった。それが抜本的な大改革で新生するのは、袁世凱の死後、蔡元培が北京大学学長に任命されてからである。一九一七年早々に北京大学に着任した蔡元培は、ロンドン大学に留学をしていた社会・経済学者、陶孟和（陶履恭）らの協力を得て、博く偏らない「兼容併包」方針で優秀な人材を集め、「高官や金持ちになるためのステップ」としての大学から、「思想・学術の自由」を追求する大学へと、大改革に乗り出した。着任九日で陳独秀を文科学長に迎え、同年、北京大学図書館長の章士釗の後任に李大釗を、米国留学から帰国した胡適を中国哲学史の教授として迎えた。その後も、魯迅やのちに毛沢東の岳父ともなる湖南の楊昌済をはじめ、馬叙倫・劉師培・梁漱溟等、古今新旧の各学派の逸材を学歴・年齢を問わず教員に迎え、教授の平均年齢も当初三十歳というほどに一新される。二〇年には女子学生を受け入れ、男女共学も実施した（日本ではこの年、東京帝国大学が聴講生として女子の入学を初めて許可した）。いうまでもなく『新青年』も北京大学の教員学生に主体が移り、新文化運動の中心を形成し、その運動で目覚めた学生らが五四運動の担い手となった。

倫理革命と恋愛神聖

新文化運動はその主要舞台である『新青年』でも「現実政治の批評」ではなく、文化に焦点を絞って国民性の改造、古い伝統の破壊を主張したことに現れたように、精神主義的な道徳・倫理革命をめざしていた。袁世凱による孔子の祀りや帝政の復活、康有為や張勲による孔子教の国教化画策という流れを背景としているだけに、政治的な契機があってのこととはいえ、「三綱五常」、礼教との対決は避けて通れない。その作業なくして、ポスト王朝体制における自由・平等・自立といった国民の新道徳の樹立はありえなかった。

胡適に「隻手で孔家店を打倒した老英雄」と称された呉虞(四川人)の批判は、孔子個人の批判よりも、その後の長年来の専制政治と家族制度を結ぶ根幹であった「孝悌」を弾劾することに力点をおいた。それに対して陳独秀の場合は、個人主義を明確に打ち出し、封建時代に生きた孔子の説く道徳は封建道徳で、現代の競争世界においては不適であるとした(「孔子の道と現代生活」等)。個人の重さが認知され、個人即ち「私」、即ち反「公」、という思考から抜け出そうとしていたといえる。

青年たちは旧道徳を批判しただけでなく、行動様式をも変えたかった。さしあたり、最も切実で深刻な問題は結婚だといってもよく、この問題は急速に焦点化されていく。というのも、革命後も結婚にせよ両人の合意ではなく、家の格や財力に応じて仲人の介在で親が相手を選び、結納を経て、古式による婚礼をする方式が依然として機能した。そればかりか、農村部を中心に、嫁迎えのために高額な支度金を用意できない家では、子守・下女兼将来の嫁として少女を買う童養媳《トンヤンシー》も存続していた。

こうして近代の「恋愛」、実際のところ多くは儒家的倫理がからむ「家」の束縛を嫌っての「恋愛結婚」が模索される。そうしたなか、イプセンの「人形の家」が紹介されるや、「健全な個人主義的人生観」に基づく「イプセン主義」(胡適)よりは、むしろ「家」の束縛に抗する「女性英雄」ノラを描くものとして受容されることになる。なにしろ変法の旗手たちはたいてい妻妾同居をしていたし、新文化運動のリーダー、陳独秀・胡適・魯迅らにしても家のしがらみから逃れられず、結婚問題では妥協し、苦渋を嘗めていた。確かに魯迅が描いたように「ノラは家出してどうなったのか」という問題があって、無理に旧制度を飛び出すと、家の束縛と裏腹の保護をも失って、女性たちはむしろ食いつめるほかなかったかもしれない。それでも「恋愛神聖」を掲げ、家を出て都会に「自由」を求めようとする青年たちも現れ始めていた。

一九一七年には『新青年』も「女性問題欄」を設け、女性に対する抑圧からの解放といったジェンダーがらみの諸問題をとりあげだし、『晨報副鐫』等も同様なコラムをおくようになった。そこで貞操を男女双方に求める与謝野晶子の論やエレン・ケイの母性主義、また「新性道徳」等のテーマが、日本での本間久雄・島村民蔵・厨川白村らの議論の紹介をも介在させながら語られた。多くはイプセン受容と同様、中国の当時の課題、文脈に即した展開をとり、それだけに時に読者も巻き込んでの熱い議論を生み出した。そういう意味ではジェンダー問題が公共空間形成の実験を活性化したといってよい。

「労工神聖」とアナキズム

当時の倫理革命はさらに汎労働主義にもむかっていた。五四運動の前年、一九一八年に北京天安門広場で開催された第一次大戦協商国戦勝祝賀大会において、蔡元培は肉体・精神を問わず自己の労力によって他者を益するものすべてを「労工」と規定した上で、今後の世界は「労工」の世界である、「労工神聖」と高らかに謳いあげた(図参照)。

「心を労する者は人を治め、力を労する者は人に治められる」(『孟子』滕文公上)という考えは、武に対して文を偏重する儒教的な知育の制度、科挙制度のもとで長く培われ、身体ではなく「心を労する」エリートとしての士大夫に賤工思想、肉体労働軽視が根強かったが、それが揺さぶられようとしていたのである。もちろん、清末の武力革命のための「軍国民」教育の呼びかけや、なにより新文化運動期に一九一七年のロシア革命の成功に遭遇していたこととも切り離せない転換ではあった。護国戦争で活躍する軍人の蔡鍔が「軍国民篇」(一九〇二年)で「霊魂は文明を、身体は野蛮を尊しとする」とし、同じく湖

蔡元培の書「労工神聖」『新青年』7巻6号，1920年.

南出身の毛沢東が一七年、「体育の研究」で「肉体を野蛮に」、「精神は文明に」と説いていたように、文字通り「身体を労する」体育への関心も強まったが、この信条がクロポトキン流のアナキズム同様、軍閥政治に民国の理想を踏みにじられた多くの青年の心を魅了し、理念的にはアナキズム的、脱家的な互助思想と平民主義の提唱とも結びついた。

蔡元培も一八年初めに、社会と北京大学の堕落した気風を一新すべく、進徳会というストイックな道徳養成の組織を学内に作っていた。旧来の悪習を改めようと、賭博・妓女買い・蓄妾の三戒や政界への進出と飲酒・肉食の禁止までを課すようなこうした進徳会も実は二〇世紀初頭、アナキストたちによって始められていたのである。

アナキズムは清末でもみたように、まず日本に留学した劉師培・何震・張継らの、中国こそ放任の伝統があって無政府が達成しやすいとみなす『天義』派がいた。国外にも李石曾・呉稚暉らパリ派が存在した。早くにフランス留学をし、一九〇六年、パリでアナキズムの世界社を組織、翌年、『新世紀』を創刊して周仏海訳のクロポトキンの『互助論』等を掲載し、中国豆腐会社を創立、付近に学校を開設して働きながら学ぶ「半工半学」の実験をしていた。

世界文明を吸収するために、欧州のなかでは生活費の安いフランスへの勤労自費留学を推進しようと考えていた李石曾らは一九一五年、第一次世界大戦期のフランスの華人労働者募集に応じた勤労留学生のための組織、留仏［留法（法はフランス）］勤工倹学会をパリで結成する。これが推進団体となり、一九一九〜二〇年に千六、七百名の留学生をフランスに送り出した。なかでも四川とともに湖南の運動が盛んで、湖南から新民学会の蔡和森や向警予らが留学したし、また天津の周恩来らも合流、欧州のマルクス主義思想を中国に通信で伝達する役割をも果たした。こうしたなか、一九二〇年から北京とリヨンに中仏大学も開設された。以降、二〇年代を通してフランスを中心とする欧州留学ブームが続く。

中国国内にあっては、日本留学期からの中国同盟会員で、暗殺主義を経て、民国以降は広州に戻った劉思復の活動がある。一九一二年に対外宣伝活動が中心の晦鳴《かいめい》学舎とアナキストをつなぐ連合の中心団体として心社を組織し、『晦鳴』を創刊（のち『民声』）、アナキズムとともにエスペラントも広めようとした。劉思復は師復と改名し、のちに上海に移した心社の戒約における反家族主義の表示に始まる「姓を名乗らない」主義が「新青年」たちのあいだではやったという。アナキズムは当時の「時代の雰囲気」に合っていた。

師復のあとを継ぎ、一九一七年には北京大学の学生、黄凌霜や区声白《おうせいはく》らクロポトキン学説によるアナキストが北京に実社を結成、『実社自由録』を刊行した。黄凌霜の同学にバクーニン流の虚無主義のアナキスト朱謙之もいて宇宙革命を主張、二〇年には『奮闘』を創刊、この「奮闘」の語もはやりとなる。

その意味で象徴的であったのは、五四の年の革命記念日、双十節に北京学生連合会が実行し、王光祈や李大釗も支援した「神聖麺麭《パン》」運動であろう。クロポトキンの『麺麭の略取』にちなむ麺麭＝パンの中国版として、「労工神聖」と焼き目をつけた饅頭《マントウ》（肉饅頭などの餡が入らないもの、北方の主食）を学生たちが北京市民に配り歩いたという。

こうしてアナキズム的な非集権的小組織による倫理・道徳革命の実践が始まる。一九一八年、李大釗や王光祈が中心となって組織した「科学救国」を標榜する学術的団体、少年中国学会も「奮闘・実践・忍耐・質素」を信条とし、やはり進徳会風の精神主義的傾向をもった。また、同年に毛沢東・蔡和森らも長沙に「学術の革新、品行の錬磨、人心風俗の改良」という道徳主義的な趣旨により、新民学会を組織していた。

さらに社会変革をめざし、「労工神聖」の理念で働きながら学ぶ、共同生活の形態も模索される。新たな互助組織、「半工半読」のユートピア的なコミューンめいた小集団、社団が誕生した。一九一七年、惲代英《うんだいえい》らが組織した互助社がその嚆矢をなし、その典型として、王光祈の提唱によって結成された「一人一人が働いて勉強し、各自が能力を尽くして必要な分をもらう」という理想主義的な組織、工読互助団をあげうる。蔡元培・李大釗・陳独秀らの支持のもとに、一九年末に正式に発足した。のち中国共産党創設にかかわる施存統も参加、入団後は家庭・婚姻・学校から離脱して「小組織」で「都市における新生活」を送り、「小団体の大連合」による「平和な経済革命」をめざした。五四運動で逮捕されて上海に移ることになる陳独秀も、上海工読互助団を結成するなど、多くの都市にこの社団は広がっていった。

工読互助団が都市型だとすると、農村志向の「新村」運動も起こっていた。武者小路実篤ら白樺派の九州日向《ひゅうが》における新しき村の実践に共鳴したもので、周作人が参観に赴き、「労働で身体はきついが、良心の安らぎが得られる」と、『新青年』等で紹介し、「新しき村」北京支部を結成した。惲代英や毛沢東らも共感して農本主義的なユートピアの実験を構想していた。

五四運動――公理と強権

第一次世界大戦でドイツが敗北すると、中国は日本が戦時中にドイツから奪取した山東権益の中国への返還を期待した。一九一八年一月にウィルソン米大統領によって民族自決と植民地問題の公正解決方針を含む平和一四原則が出されており、同年冬には、陳独秀の呼びかけで李大釗さらに張申府(張崧年《すうねん》)・高一涵・周作人らが文化志向の『新青年』を補うように、「公理を主張、強権に反対」を旨とし、タイムリーな「事実の批評」をめざす『毎週評論』を創刊していた。発刊の辞で陳独秀はこの勝利を「公理の強権に対する戦勝」ととらえ、強権による他国や自国の庶民の平等自由の侵害を批判したウィルソンこそ「世界で一番の好人」とまで評した。李大釗にとっても戦勝は「庶民の勝利」、政治的に民主主義の勝利、社会的に資本主義の敗北、上述のような労働主義の勝利であり、ロシア革命の勝利も重ねられていた。五四運動前夜には、ロシア革命から社会主義に関心をいだき、社会問題の「根本解決」として多分に楽観的にとらえだす。「優勝劣敗・弱肉強食の社会進化論」の暗黒は過去となり、「生物の進化が競争によってではなく、互助による」光明の「新紀元」として一九一九年元旦を迎えたのであった。

だが、一九年四月末、大国の利害調整で難航したパリ講和会議で結局、日本が得た山東の権益の容認が決まり、欧州旅行中で会議の様子を知った梁啓超らによりこのニュースが北京に伝えられる。中国人のあいだに「強盗の世界」(李大釗)に対する憤りがわいたのも当然のことであった。よく知られるように、五月四日には領土回復要求をはじめとする愛国学生運動がまず北京で、そして天津・上海へと広がる。同年の一月には『新青年』で陳独秀があげた「デモクラシー先生」と「サイエンス先生」に心躍らせ、『新潮』などでも「個人」を語り、自由を求めた青年たちは、そのうえで愛国デモに繰り出し大活躍することになり、新文化運動の舞台となった新聞雑誌を媒介としてこの運動は急速に広まる。学生たちは学生連合会を組織し、罷課(授業ボイコット)をする一方、街に出て講演団を各地に派遣して演説をして回り、日貨ボイコットなども含め、労働者や商業界にも運動は及んだ。新文化運動そのものも、反帝愛国の全国学生統一団体、学生救国会を中心とした愛国運動のネットワークに乗ることで、まだ都市に限られた範囲ではあったが、急速な広まりを見せた。

やがて上海を中心に大規模な罷課・罷市(商店の閉店スト)・罷工(労働者のスト)の三罷闘争が始まり、罷工参加者は十万人にも達し、全国二十余省百余都市でも国民大会などが開催される。その過程で民族主義は反帝国主義的な色彩をも帯び、内政・外交上の成果をみただけではなく、女学校でも同様に講演団を組織して、各家庭にまで入り込むことになり、女性の国民化や解放という観点からも大きな役割を果たした。

『新青年』は五四の直後、関係者の運動参与と陳独秀の逮捕もあり半年ほど休刊した後、一九一九年一二月付で再開した七巻一号に、「本誌宣言」を掲げた。講和条約の裏切りを意識し、そこでは「侵略性および占有心」という本能をこえて生きる「人類の道徳の進歩」や侵略主義・占有主義の軍閥財閥を除いた世界の各民族との「友愛互助」を強調し、真の民主政治のためにも過去・現在の各派政党との決別をも説く。かつて戦勝を「公理の強権に対する戦勝」と捉えただけに、陳独秀の憤りをみてとれる。「我々は政治万能を鵜呑みにはしないが、政治は一つの重要な公共生活であることを承認する」と、「時政を語らない」宗旨を改めた。

さらには、「女子の人格と権利の尊重」も掲げ、社会生活の進歩の現実による要求だとし、女性自身にも「社会に責任をもつ徹底した覚悟をもつ」よう望んだ。孫文にいたるまで「後回し」にされた問題は新文化運動を通じて問い返され、ようやく平等化に向けた宣言がされたともいえる。その後、宣言執筆者の陳独秀が創設に大きく寄与した中国共産党に、女性解放をめざす女性が多く参加することになったのもこうした経緯と切り離しては考えられないだろう。

五四文学の代表的な新体詩として、一九二一年公刊の郭沫若の『女神』がある。そこでは、世界の万事万物とともに「我」を崇拝し、また偶像を崇拝するとともに破壊するのだ、と訴える。これが五四時期の自由と個性の解放を求める新青年に、強くアピールした。この「時代の精神」を表現した「女神」のイメージは、恐らく一九八九年の学生が始めた民主化運動において天安門広場にその象徴として立てられた「民主の女神」像にまでも通じていたことであろう。

「主義」「研究」論争と新文化批判

さて先にみたような、多くは精神主義、道徳主義また汎労働主義的、平民主義的傾向をもった五四期の運動なり工読互助団等の社団は、結局、失敗してしまう。小規模で組織性や思想の一貫性に乏しく、財政的なつまずき、そして恋愛がらみの人間関係のもつれも原因だったという。このユートピア実験の頓挫に加えて、ロシア革命の成功、山東問題からの救国課題という複合的な要因で、五四新文化運動の分化ともみえる新たな様相を呈する。

そうした分岐の早期の典型を、すでに五四当時、『新青年』でもマルクス主義の紹介をしていた李大釗(図)と胡適のあいだで一九一九年夏から『毎週評論』誌上において展開された「問題と主義」をめぐる論争にみることができる。陳独秀の逮捕後にその編集を引き受けていた胡適がその誌面に自ら「問題の研究をより多く、主義を語るのは少なく」を発表した。

社会変革のためには何より実際に社会の実情を考察する、つまり「問題」の研究が最重要で、学理や主義は考察のための道具である。社会から遊離し、現実に即した地道な改良の努力もせずに、輸入ものの主義を空論しては「根本解決」だと得意がるのは欺瞞的な戯言であり、無恥な政客に利用される危険性もある、と。これは形式的には教条主義批判ながら、主に例示されるのは、社会主義、「公妻主義」・自由恋愛、無政府主義、「根本解決」といった当時の保守派による攻撃対象である。それだけに李大釗に応答させることになる。

李大釗は同誌三五号の「問題と主義再論」において、社会問題の解決には社会の多数者による共同の運動が必要で、そのためには共通の理想や主義による「実験」実証が必要となる、と問題と主義の不可分性を説く。主義の危険性とは空談することであって、主義そのものではないし、悪用されるからといって正論を放棄することもない、と。また、ロシア革命の「ボリシエヴィズムの勝利」も、世界文化における一大変動であるからには研究すべきであり、「過激主義」の危険視やレッテル貼りは因襲でしかない、と反論する。経済構造の変動が全体の変動をおこす以上、経済問題の解決を「根本解決」としてもよいが、時機・情勢に即する準備活動が必要である、と表明する。

李大釗*

この論争はさらに胡適の反論もあり、また両者の進化論や素朴な唯物論のそれぞれの楽観性にも起因したが、胡適が堅持しようとしたのは北洋軍閥の政客らの無内容な「主義」の濫用に対して、主義を宗教のように無批判に金科玉条と奉じ、思考停止に陥ってはならないという新文化の精神ではあった。よってこの時は両者ともさしたる「衝突」だとは認めていない。

顧頡剛*

五四の年の終盤に胡適は改めてこの論争の総括をした。新思潮の根本的な意義とは批判的態度で、その手段は「問題の研究」と「学理の輸入」である。無条件に服従・調和することに反対し、旧来の思想文化を分析・整理して、科学的な方法による精密な考証で本来の姿に戻したうえ、価値回復をすることこそ「国故整理」である。新思潮の目的は「文明の再造」で、文明は「一点一滴《じょじょに》」作られ、進化するし、解放も改造も「一点一滴」なされ、「文明の再造」の努力とは諸問題を解決することだ、と。

この総括は政治とは異なる固有の時間で考えるべきアカデミズムの構築にむけての提起であり、そういう意味では、ベルクソンと唯識仏教との関係をめぐる「理想」観念と「実験」実証についての議論や、東西文化論戦にまでもつながる。さらには、批判的態度と「国故整理」の影響下で、胡適の学生、顧頡剛(図)が銭玄同らと議論するなか、清朝考証学の伝統でも姚際恒《ようさいこう》や崔述らの「辨偽」学と向き合い、その「疑古」理論を発展させ、一九二三年、「累層して造成された中国の古代史」の仮説を提起し、人文学術界を震撼させることにもつながる。この仮説は、周では禹、孔子の時代に尭舜、戦国になって黄帝・神農、秦になって三皇などと、古代史は後になるほど歴史の始祖を古く遡らせ、また人物も偉大化して現在の主張の正当化をはかる創作だという見方であり、「三皇五帝」伝説や孔子による『六経』制作説を科学的方法もとりいれて打破しようと二六年から『古史辨』を刊行する。ここから「疑古」を旗印とする「古史辨」派が形成され、科学的実証的な方法により「中国史学界に新紀元を開いた」(胡適)。

それでも、まさしく五四の政治磁場のただなかにいた胡適の主張は政治運動の構想、つまり漸次的な改良か、唯物史観と階級闘争、革命による社会の根本解決かという問題と無関係ではありえなかった。一九二〇年八月に胡適は『晨報』(北京)に蔣夢麟・李大釗・陶孟和・高一涵らと「自由を争う宣言」を発表、政治参与の覚悟を表明する。時政を語らないつもりだったが、「実際の政治のほうが常に我々を妨害してくる」。「この九年間の仮《ニセ》の共和」のもとで「政治がかくも我々を行き詰まらせる時には、徹底的に覚悟をきめるほかなく、政治がもし人民から発動されなければ決して真の共和は実現しないと認めざるを得ない」と。具体的に、治安警察条例や言論出版の自由を制限する諸法の廃止を求めた。この宣言が、中国の自由主義憲政史上の最初の自由宣言だとも今日では評価される。

実際、胡適は一九二一年には丁文江(在君)らと中国政府の改善と社会の進歩のための「努力会」を組織、翌二二年、高一涵・陶孟和らの協力を得て政治議論を主とする『努力週報』を創刊する。ここにおいて高・陶のほか、蔡元培・王寵恵・李大釗・梁漱溟・陶行知・丁文江・湯爾和(医学)ら一六名によって、「我々の政治主張」を発表、かねてよりの政治・政体「道具主義」観にたち、無政府主義の流行を批判しつつ、有政府、「好政府」を提起する。人民の監督による憲政政治・公開政治・計画的政治をめざすのだ、と。

おそらく国内政治批判において、多くの知識人は概ね、国内統一を重視していた。胡適の場合、この『努力週報』でも、統一のためには内部の反省と自覚がまず必要で、帝国主義者の弁護をするわけではないが、「民主主義革命の成功後に、政治が軌道にのれば、国際帝国主義者の侵略も大かたはおのずと解消する」(「国際的中国」)と主張した。その後も胡適は国内政治の問題が侵略より深刻だとする見方をし、反軍閥・反帝国主義を掲げた共産党の陳独秀との対立を深めることにもなる。

「問題と主義」はかくして「無政府と好政府」という政治上の「主義」論争へと一面ではずれていく。署名者の王寵恵らが同じく一九二二年、北洋軍閥の呉佩孚《ごはいふ》の支持のもと組閣して無党派の「好人政府」とも称されたが、軍閥闘争のさなか間もなく崩壊した。胡適は「現実に即する」をモットーとしたが、彼らもまた「人民の監督」機能に過大な期待をかけ、対外的にも帝国主義に立ち向かわず、内外での現実から遊離した「政治」を考えていたのかもしれない。

国共両党の誕生とコミンテルン

早くも五四運動直前の一九一八年に、李大釗は「私のマルクス主義観」を『新青年』に発表するが、これには北京『晨報』の東京特派員も務め、吉野作造と交流した陳溥賢らの紹介を通して、物質的にだけでなく魂の改造をも重んじた河上肇、また「人道倫理上の進歩」を招致する経済を考えた福田徳三ら、広い意味での当時の日本の社会主義文化からの影響が知られている。中国共産党の創立にあたっては、李大釗・陳独秀らと日本人との交流、コミンテルン（第三インターナショナル）との関係も含めて複雑な経緯をたどった（石川禎浩『中国共産党成立史』）。

陳独秀は五四運動時のビラ配りで逮捕されて北京大学の職を辞したが、九月の出獄後、一九二〇年二月に上海に移り、『新青年』同人で日本留学をする施存統（図）らと共産主義関係の活動に力を注ぐ。当時の上海には彼ら以外にも、『星期評論』主編の戴季陶、国民党系副刊『覚悟』主編の邵力子らが社会主義文献や理論を紹介し、梁啓超系ながら『時事新報』副刊『学灯』などでも後述の張東蓀が穏健なギルド社会主義を唱えだし、労働運動界の関係者も多くいた。そこへアジアへの働きかけ方

施存統*

針を強めたコミンテルンの指示でヴォイチンスキーがロシア共産党から中国に派遣されて来て、北京で李大釗と接触後、上海で陳独秀ら社会主義・無政府主義の関係者と交わる。ヴォイチンスキーは出版機関をこの上海に設置し、これに関与する陳独秀を中心とし、ともに留学中、日本の社会主義研究と関係をもった李漢俊や施存統ら『新青年』同人らにより、共産党設立母体のグループが形成される。

そういうなか「ロシア研究」欄ができた『新青年』八巻一号(一九二〇年九月)の変容ぶりが注目される。同号の「談政治」で、陳独秀も「深山人跡未踏の所に逃れないかぎり、どのみち政治のほうからやって来る」と、同誌発刊当初の「政治を語らない」主張の変更を表明する。さらには、弱者と正義を圧迫する「強権」は憎むべきだとしても、逆に「それで弱者と正義を救い、強者や無道者を排除するのなら、強権は憎むべきものとは思えない」と、「強権」も内容次第だとし、最後の結論では、「革命の手段で労働階級(すなわち生産階級)の国家を建設し、対内対外のすべての略奪を禁止する政治法律を創造するのが現社会に第一に求められているものであることを承認する」。こうして陳独秀のボリシェヴィキへの方向性が表明され、『新青年』は共産主義グループの機関誌化したことで同人たちと分裂し、翌年、事実上の廃刊となる。

この陳独秀が教育改革のために広州に赴くと、アナキスト師復のゆかりの地であるだけに、その影響下で『工余』等を創刊していたエスペランチスト、アナキストの区声白が陳独秀のアナキズムや工団主義批判の講演活動に刺激を受けて反論し、論争に発展した。

陳独秀は老荘思想からくる「中国式の無政府主義」による民衆の懶惰や放縦を問題視し、それへの対抗として、開明専制的な「厳格な干渉」が必要だと考え、アナキズムにおける無抵抗・個人主義をも含めて批判した。意外にも、インターナショナルな地平でのアナキズムより、むしろ「中国式」を問題にしている。確かに「労工神聖」を掲げる一九二〇年の『新青年』メーデー記念号の予告には、「我ら「游惰神聖」の民族に警告の一声」だとしており、その「游惰」な民族性を階級の問題より深刻に受け止めていたのかもしれない。

一方、強権に反対するアナキスト区声白らはやみくもな抑圧を警戒するところから、国家・中央統一機関や法律の強制にはよらずに自由契約と「公意」で各地方の団体の連合をめざすべきだと主張し、それを不可能と考える陳独秀と議論において決裂する。北京の朱謙之も陳独秀は「新式の段祺瑞、未来の専制魔王」だと反発したのであった。こうした議論を経ながら、上海を拠点とした共産党結党に向けた動きがあり、ヴォイチンスキーの帰国後、一九二一年六月の新任コミンテルン代表マーリンらを迎え、同七月には同志が上海に結集し、上海の李達、北京の張国燾《ちょうこくとう》、長沙の毛沢東ら十名余ながら中国共産党第一回大会開催に漕ぎ着けた。翌年には、最初の公刊中央機関紙として陳独秀・蔡和森・彭述之《ほうじゅつし》らを中心に『嚮導《きょうどう》』が創刊された。

湖南新民学会で、五四運動の年、「民衆の中へ」〔到民間去〕と呼びかけつつ、五四期にはコミユーンなども含めた「民衆の連合」を唱えていた毛沢東も、一九二〇年には上海の陳独秀と連絡をとるようになり、フランスで「勤工倹学」の困難を知った会友の蔡和森からも中国はプロレタリア独裁を選ぶべきだと提起を受ける。こうしてクロポトキンを崇拝して強権者に対する「無血革命」を説いていたこの湖南のグループも、それを実行不可能だとして、階級独裁論者に変わったのである。

共産党成立に先立ち、国民党解散後に孫文により東京で再編されていた中華革命党は、ロシア革命・五四運動を経て拠点を上海に移し、一九一九年一〇月に中国国民党と改称するに至っていた。その規約では「共和を強固にし、三民主義を実行する」ことを旨とした。

そのころ孫文は『心理建設』(孫文学説)を『建国方略』三部作の一つ(他に『実業計画』、中国の民は団結できない「散沙」とみるところから説く『民権初歩』)としてまず発表する。そこでは人類の進化を、第一に先知先覚者による創造・発明、第二に後知後覚者による宣伝、第三に不知不覚者による実行、ととらえる。辛亥革命以来の建設が進まないのは後知後覚者が『書経』以来の「知るは易く行うは難し」の迷妄にとらわれ、実行を重んじて理想を軽んじ、真っ当な宣伝ができないので不知不覚者も尽力のしようがないからである。そこで後知後覚者の覚醒をもくろむのが孫文の「行うは易く知るは難し」説である。「軍政、訓政、憲政」説とも重なる発想で、エリート主義的な進化論の枠組みは孫文の思想の基礎というべきだが、新文化運動期の思想とは距離があった。

だがついで孫文は一九二一年には『実業計画』を発表、そうした人類進化の主要な原動力は競争ではなく協力であることを悟ったと表明する。競争こそ浪費的で経済破壊に導くものであり、獣性の残滓ともいうべき闘争本能を人類は早急に除去すべきだ、と。そこで中国人民が所有し、国際資本が資金を提供し、相互利益を生む一大トラストの編成を提案する。中国において資本主義が社会主義を創出することにより、二つの人類進化の経済的力量が未来の文明において相互協調的に機能するようになる、と。このベラミー（前述、『顧みれば』）のユートピア風なその構想はともあれ、社会主義やクロポトキン流の互助による進化論への共感がみられ、その点では新文化との重なりがあった。

こうして資本主義から社会主義への楽観的進化論を抱いた孫文とヴォイチンスキーが、陳独秀に勧められて会ったのはその頃であった。以降、国共両党はともにロシア革命やコミンテルンの息がかかった「兄弟」政党として、イデオロギー的に不一致ながら複雑な関係を紡ぎだすことになる。一九二二年に上海で陳独秀・李大釗らのはたらきかけで文化の中心地、いわば国共両党系の大学として、上海大学（東南高等師範を改組）が誕生し、于《う》右任《ゆうじん》や陳望道、邵力子、鄧中夏、瞿秋白、施存統らが集まり、五・三〇運動の拠点ともなり、「五四運動に北京大学あり、大革命期に上大〔上海大学〕あり」と称される。

女性解放・産児制限・優生思想

五四運動時期以降、雑誌メディアにおいて、辛亥革命前とはうってかわって、女性や家庭生活に関わる恋愛・結婚・教育・就職等の問題をとりあげだす。一九二〇年前後から女性雑誌や副刊（二〇六頁参照）の創刊があいつぎ、やや先行していた日本のものにならって、『婦女雑誌』（一九一五～三一年、商務印書館）をはじめ、『婦女旬刊』『新女性』等が競うように出された。長く続いたのはいわゆる実用家庭雑誌、良妻賢母向きに始められた『婦女雑誌』で、五四期以降、章錫琛の編集担当時の改革を経て、一九二五年には、愛情を主として旧道徳にしばられない性生活を論じた「新性道徳」特集を組む。章錫琛が示した新性道徳論では、婚外性交・離婚の自由、その上でのいわゆる「不貞行為」の承認、男女双方の性欲充足の承認を掲げ、自由・平等を満たすのが道徳的で、両性合意によらない結婚や妻の隷属こそが不道徳だとする、当時としてはラディカルなものであった。それだけに男子の多妻主義をかえって鼓舞するものと攻撃され、章錫琛は『新女性』を創刊して独立することになる。『新女性』は魯迅の弟、周建人ら婦女問題研究会のメンバーが主となり、女性問題、性の問題までふみこむ理論をも扱った。

これらにより、家庭変革を起点として旧家庭を批判し、当時の欧米モデルの恋愛結婚、働く夫と専業主婦と子どもの小家庭はもちろん、社会主義モデルからの共働きの夫婦、家事・育児の共同化・社会化など、近代家庭の各種タイプも紹介される。なかには、たとえば代議制を中産階級の産物として批判し、よって女性参政権運動をも批判したうえで、「個人主義と快楽主義」の新家庭への批判に及ぶラディカルな議論もある。フランスに留学した女性、向警予(図)の場合がそうである。

湖南の長沙で五四運動に歴史の勢いの力をみとっていた無名で若き毛沢東の眼光は、胡適を感心させただけあって、鋭かった。女子は同じ人間で「なぜ参政が許されないのか」、自由な外出もできないのか、「無知なる男子、無頼なる男子」こそが、女子をつかまえて「長期の売淫」をさせる「恋愛神聖を破壊する悪魔だ!」。「貞操」を女子にのみ限定し、至るところに「烈女祠」があるというのに、童貞を顕彰する「貞童廟」は一体どこにあるのか、と(「民衆の大連合」一九一九年七月)。

向警予*

だが毛沢東の例もそうだが、女性雑誌といっても、実際には編者・書き手ともごく少数の留学経験者を除いて、相変わらずほとんどが男性であった。恋愛だけでなく離婚の自由も議論する「自由離婚号」まで出した『民国日報』の副刊『婦女評論』(一九二一年創刊)にせよ、むしろ男性の新旧女性像を女性にも提示する雑誌といってよかった。

女性雑誌では恋愛・結婚、さらにナショナルな経済問題とも交差する人口問題や産児制限問題から、身体・衛生や生殖面にまで及ぶ医学の問題もとりあげられるようになる。フェミニズムを含むそうした諸問題と深く関わりながら受容されたのが、進化論の申し子として英国に始まり、欧米や日本の各地に短期間のうちに広まっていた優生思想で、中国にも欧米そして日本経由で導入される。早くも一九世紀末に社会進化論を紹介した厳復らによって、西洋世界からの圧迫で人種的退化を危惧するところから、優生学への賛同があった。すでに見たように、厳復が翻訳したハクスリーの原作「進化と倫理」は実はスペンサーらの楽観的な社会進化論に基づく、当時の優生学的な政策の提唱に対する憂慮をも執筆動機としていたが、列強の力におびえた地域では異なる脈絡で受容されたのだった。

優生学は五四当時の新思想の主要な思想資源の一つともなった。というのも、新青年たちの批判の的となった、一夫多妻・早婚・後継ぎ第一主義・大家族主義・「多男子」願望といったものこそ家父長制の支えであり、とりわけ多産を求め、女性を生殖機械としてみなす抑圧の元凶であると同時に、マルサス説で案じられた食糧生産を上回る人口増加を招く原因だともみなされた。恋愛神聖の提唱・女子の人格尊重から求められた産児制限ではあったが、生殖の「量」ではなく「質」を問うことになり、「優良な者を増やし劣種の繁殖を抑制する」手段としての優生学に帰結することにもなった。「優生学的な婚姻こそが恋愛結婚」(周建人「恋愛結婚と将来の人種問題」『婦女雑誌』八巻二号)で、優生学的「恋愛」結婚による数より質の少子=核家族こそを新時代のモデル、「模範家庭」とみなす方向さえ都会の青年知識人の間では示される。

このようななか、米国から世界を回ったマーガレット・サンガーが一九二二年、日中を訪問した。日本では官憲の干渉にあうが、北京大学での講演会は対照的であった。蔡元培学長が主宰し、胡適が通訳し、性心理・愛情問題講座を開設してのちに風俗調査に基づく『性史』刊行でスキャンダラスな「時の人」となった教員、張競生も陪席する。当時、女子学生受入れから三年未満の大学で、二千人からの聴衆に、「産児制限とその方法」として性交と避妊法までが女性講師の口から説かれたのであるから、そのインパクトの大きさを想像しうる。

サンガー夫人の優生学的な産児制限主張は女性解放をもたらすものとして、知識界にブームをまきおこす。『婦女雑誌』(図)、『婦女評論』等女性メディアはもちろん特集を組み、『東方雑誌』もその肖像写真を掲載するほどであった。そのメディア界におけるサンガー夫人効果とでもいうべきものは、一九一九〜二〇年に訪中したデューイ、バートランド・ラッセルのブームにひけをとらないものがあった。

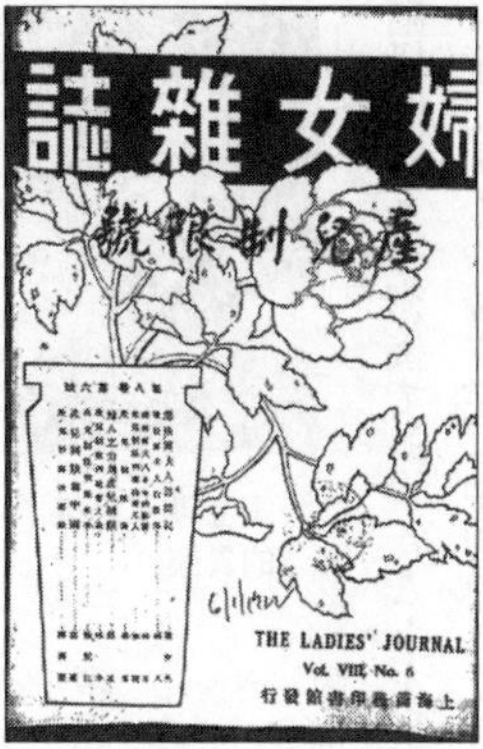

『婦女雑誌』産児制限号，1922年.

サンガー夫人は『婦女雑誌』八巻六号でのインタビューで、中国が西洋の轍を踏まないようにと忠告を与えた。つまり、一国の強弱がその肩にかかる知識人が産児制限にとびつくのでは困る、「今日の計としては、ただちに貧民・病人の子だくさんを禁止してその出産率を減らすべき」で、産児制限は「女性にとってはことに重要で、これは参政権を争うよりずっと重要だ」と。これは欧米では産児制限が階級問題とも密接であったことを反映していた。

王立明(『最後的貴族』)

産児制限や優生学は中国でただちに政策化されたわけではない。それでも、産児制限については、世界キリスト教禁酒同盟に共感して米国留学では生物学を修めた女性、王立明(図)らが関心を寄せていた。同盟中国支部として、一九二〇年には女性の福利向上の観点からの禁酒禁アヘンとともに産児制限を広める組織、中華婦女節制会を王は打ち立て、北京のあと上海を訪問したサンガー夫人を迎えていた(Ⅱ扉左図参照)。

中国の場合、経典からもうかがえる男系相続の強い規範とそれへの願望に対する、最初の切実な自己批判である側面が強いとはいえる。女性重視の動機で家の改革を考え、そのための「科学」として、心身に障害をもつ人たちの排除にもつながる優生学的な産児制限が、いわば戦略的に支持されていた。当時の世界のフェミニズムに共通する点でもあり、五四新文化知識人による女性解放の議論にも影をおとしていたといってよい。上述の『婦女雑誌』「新性道徳」

特集で章錫琛が示した新性道徳論でも、優秀な子を残し、劣弱の子を残さないという優生学的配慮を求めていたのである。

東西文化・科玄論争

五四退潮期には以上のような新文化内部の対立のみならず、より広く新旧文化をめぐる対立・論争を引き起こしていた。それは東西文化をめぐる論争として、実は創刊間もない『新青年』の論者と商務印書館『東方雑誌』の杜亜泉との間ですでに火蓋がきられていた。「中体西用」論が清末には登場したことはみてきた通りである。中華民国の成立以降、ことに新文化運動期には陳独秀や胡適らを中心とした東洋と西洋、旧と新という二項対立化から、西洋優位説が際立つことになった。だが前例のない規模での異文化の流入、西欧化を体験するなかで、文化的なナショナル・アイデンティティの希求がおこってきたのも不思議ではない。まして「西洋の没落」をも印象づけた第一次世界大戦の結果からしても、なおさらそうであろう。

陳独秀の欧化主義的な西洋文明優位説は、新文化運動のアジテーターによる多分に意識的かつ焦燥にかられた極論として提起されたものであった。そうした刺激もあり、欧化主義的な論に対して杜亜泉らから反論がでる。

清末創刊の『東方雑誌』が「世論の顧問」と呼ばれるほどの総合学術雑誌へと変貌したのは

科学分野の編集・翻訳担当として招かれ、やがて編集長となった杜亜泉の力が大きかった。雑誌の立場は立憲制・伝統文化擁護だが、五四文化運動が高まると、社会科学の論文や新思潮の紹介が増える。二〇年に杜亜泉の編集長時代も終焉し、マルクス主義やロシア革命の紹介記事や魯迅らの作品が掲載され、多様化する。三〇年代以降は民族危機の高まりに伴って時政論が増え、学術性は薄まっていく。その間も転変はあったが、編集者の多くは党派性をおしださず、長く四八年に至るまでの民国期の論壇を形成した。

東西文化論戦に自身も加わった杜亜泉の眼光は鋭い。東西文明の違いは「性質の違いであって程度の差ではない」、中国固有の文明は西洋のそれの「行き詰まりを補いうる」ものであると指摘する。西洋文明は競争的、好戦的社会に由来して冒険・進取を好み、人為の力で自然とも抗争し、心身を酷使して生活の豊かさを得る。対照的に中国社会は民が窮乏して自然界がもたらす苦しみとの格闘にあけくれ、外への発展を求めようもないが、心身は安らかである。西洋のように運動を好むと血気さかんだが充血症を患い、中国のように平穏を好むと衰弱しやすく貧血症を患う、と。

もと理系で元素アルゴンを表す「氬」と幾何学の「線」の旁を別号に用いた杜亜泉らしいこの「充血症」と「貧血症」のメタファーは、都市文明と郷村文明の差においてもその後、多用される。社会状態を病気にたとえること自体、西洋近代的な現象であった。

杜亜泉は今は東西文明の統合・調和期だと主張する。たとえば「生存競争」学説は中国であっという間に広がり、西洋でもトルストイをはじめ東方学術に関心を向け出した、と（「静の文明と動の文明」一九一六年）。本来異次元であるはずの東西・新旧を重ね合わせて、西洋は動・進歩的、それに対して東洋は静・停滞的という欧化論者に根強い先進・後進の二項対立的な差別論への批判をも含む。

さらに杜亜泉は第一次世界大戦後に、中国固有の文明をそのまま未来の世界に応用できないとしても、「西洋現代文明の誤りを証明」する導き手にはなりうるとして、「新旧思想の折衷」（一九一九年）を説くことになる。同様に同年の『東方雑誌』において、章士釗も、新時代は一時代で截然と分かれるものではない、社会は常に進化のうちにあるのであり、「調和こそ社会進化至精の義である」という調和論を説いた。

東西文化論には、ほかにも、段祺瑞内閣の総辞職以降、政界より退き文化活動に入っていた梁啓超系の参与もあった。そのひとり、先述の張東蓀（図）は『時事新報』副刊『学灯』などの編集も手がけつつ、一九年に『解放与《と》改造』（二〇年、『改造』梁啓超主編と改名）を創刊する。西洋の科学の輸入が必要で、そのためにも科学の祖たる西洋哲学が重要だとしてベルクソンの『創造的進化』（一九一九年）等を

張東蓀（戴晴『在如来仏掌中』）

翻訳（漢訳『創化論』）、ラッセルの新実在論なども紹介した。

その張東蓀が提起したのが「第三種文明」（一九一九年）論で、人類の文明を第一種の宗教、第二種の「自由と競争」すなわち個人主義と国家主義、第三種の「互助と協同」すなわち社会主義と世界主義の各文明とに分類し、自覚の度合いから発展論的にとらえた。第一次世界大戦で第二種文明のほころびが露呈したからには、クロポトキンや社会進化論的な社会変革論者ベンジャミン・キッド、マルクスたちによって種がまかれた第三種文明への大改造にむけて準備をすべき時がきた。ただ中国の今日は第一種と第二種の境にまだあるが、いずれは第三種に向かうので、そのための文化修養を積むべきであろう、と進化論的、楽観的な見通しをたてる。

一九世紀末に近代の問題に遭遇していた西欧と向き合いつつ中国近代を開くことにつとに困惑していたのが厳復であった。杜亜泉・張東蓀らの場合にも、全欧州規模の大きさの国が急速に推進を迫られている近代化がはらむ問題性がもはや明らかとなるなか、もう一つの近代、社会主義の台頭をも意識しつつ、いずれにせよその近代の道をやはり疾走せざるをえない、その葛藤をある種の調和論として表出していたといえよう。

こうした議論における物質文明への懐疑としての近代の問題がやがて大いに注目される。そのきっかけは五四をはさんだ一九一八〜二〇年に張君勱らと欧州旅行をした梁啓超の紀行文ともいうべき『欧游心影録』（一九二〇年）の出版である。梁啓超は変法期には憧憬していた欧州の大戦後の荒廃ぶりを目の当たりにし、ベルクソンらと面会、また一連の革命を経たロシア＝ソヴィエト政権の樹立を知る。物質文明や科学万能の夢また機械的唯物論も破産したと報告するとともに、中国文化に対してはむしろ楽観視するようになり、中庸政治と東西文化の総合・調和を訴えたのである。多様化にもむかったアイデンティティ希求の姿の一端を示しつつ、その東西調和論的志向を、「進化」の果てにおく「大同」と表現したところに梁らしさを示した。清末から民国にかけて近代思想を牽引した梁啓超が五四新文化運動後の文化潮流に、物質文明批判を伴う中国精神文化の重視、のちの新儒学とも異なる文化保守という方向づけをしたことの影響力はやはり大きかった。

このタイミングで、梁啓超系の組織する学術団体の講学社がラッセルを招聘する。ラッセルは張申府が『新青年』等で紹介、一年前に訪中していたデューイにも当時の「世界三大哲学者」に数えられていた。ラッセル自身は第一次世界大戦で「西洋文明の失敗」を自覚、当時の反戦活動でケンブリッジ大学の教壇を追われ、二年間の獄中生活を体験後、一九二〇年にあこがれの革命の国、ソヴィエトへ旅行、ボリシェヴィキ政権下の「残虐・貧困・嫌疑・迫害」という思いがけない現実に幻滅し、同年秋、のちの夫人ドーラ・ブラックを伴っての訪中となった。中国の青年たちは彼に対して、招聘者の思惑に反する期待をもよせた。たとえばあるクロポトキン信奉者は「世界最高の社会学の泰斗」に「中国学生の思想の慢性病」を治療し、革命には反対の「デューイ博士の保守的な理論」を是正するように熱望するという歓迎のメッセージを送った。

趙元任という傑出した言語学者の通訳を得て、ラッセルは北京大学などで講演会や研究会を重ね、本人は「そこの雰囲気は、大きな覚醒の希望をもたせてくれる起電体ともいうべきものであった」と賛嘆した。だが、実際にはラッセルの数理哲学が理解されがたかったのはやむをえないこととしても、中国は他の古代文明が滅びたなかで唯一生き残り、改革を求めていると称え、帝政復活や旧式教育だけでなく全面西洋化も全面ロシア化も批判し、ことに労農独裁に反対し、改革にはギルド社会主義を勧めたとあっては、保守革新派ともに不満とした。陳独秀・胡適らは当然、反発したし、ラッセル紹介者の張東蓀ですら中国の現状に無知な「戯言」だと失望を露わにした。当時の時代状況を象徴するような、かみ合わない文化遭遇例といえる。

同じ頃、西洋・中国・インド(仏教)の各文化を比較した最初の専門書として梁漱溟(図)の『東西文化及びその哲学』(一九二一年)が刊行され、これも反響を呼ぶ。章炳麟の影響で梁漱溟は仏教を信仰し、いわゆる学歴には乏しいものの、蔡元培北京大学学長によって、二四歳でインド哲学担当講師に抜擢されながら、間もなく仏教を放棄する。この書で仏教放棄の決意とともに西洋文化に対するインド文化を語りつつ、「生命」と「自然」を重視する陽明学泰州派への傾斜をも示す。とはいえ、孔子の「認定(分別)をしない」点の強調からいっても、それはむしろ、道家的「自然」の重視を媒介にした仏教の空観、無分別説への共鳴で、仏教の消化でもあった。ただそれが東西文化をこえるところに革命ロシアを見出した陳独秀らに対し、西洋近代に対峙するインドを見出し、その間に中国を位置づけようとする試みともなった。梁漱溟は新文化運動のメッカ北京大学で、李大釗とは親しかったものの、新文化の攻勢に耐えながら東方文化を評価しようとしたのであった。

こうした動きは文化界に広がりをみせる。ともに胡適とは留学仲間の梅光迪《ばいこうてき》、胡先驌《こせんしゅく》（四〇年代には三民主義文学を提唱）や呉宓らおもにアメリカ帰りの教授が、北京の胡適らに対抗するように、南京に集い、東南大学（前身は南京高等師範）で一九二二年に学術雑誌『学衡』を創刊し、文学進化論や新旧基準に疑問を呈した。梅光迪・呉宓らは、ルソー的近代ロマン主義を批判して新人文主義を唱え、イプセンを時代遅れとするハーバード大学のアーヴィング・バビットに学んでおり、胡適の俗流文化進化論も時代遅れだとみた。「国粋を明らかにして新知を融合する」という折衷的な観点から、白話・文語は並存可能とし、「雅」の観点から白話文や新文学に反対した。プラグマティズムのデューイによった胡適ら新文化派に対して、新人文主義のバビットによった梅光迪ら『学衡』文化保守派という、もうひとつの五四文化が存在したともいえる。

梁漱溟*

攻撃された胡適は、だが李大釗らとの論争を経て、国故整理を唱えて文学革命から離れており、五四文学創作の中心となっていた茅盾（沈雁冰）・周作人・葉聖陶らは文学研究会を一九二一年に組織し、『小説月報』を創刊していた。ここには商務印書館がバックにつき、それと対抗関係にあり、自我を強調して非功利主義的、ロマン的な「創造」的文学を唱えた郭沫若らの創造社には泰東書局がつく。さらに『民国日報』副刊『覚悟』も加わったこれら新文化陣営に対して、『学衡』には中華書局がつき、はりあった。文学運動にも資本がからんだ。

さらには、一九二二年、宗教面からミッショナリー教育に反対する学生運動がおこり、北京大学で非宗教大同盟が結成され、李大釗・蔡元培・陳独秀らは「非宗教者宣言」をだし、かたやこの宣言に義和団運動的な排外性や強圧性を看て取った銭玄同や周作人らが個人の信教の自由の観点から批判、「信教の自由の主張者宣言」を出してここでも新文化運動内の分岐がおこる。

このときには個人重視の新文学を築いた周作人と社会派の魯迅は公私ともに対立していく（図）。

こうした反新文化の登場は、マルクス主義が台頭した一方で、学術の西欧近代化、そして近代学術を吸収したうえでの伝統文化の再創造、再評価の動きとみなしうる。いずれも西欧近代と向き合った当時の中国知識人による文化論のかたちをとったナショナリズムの現れともいえる。アジアで最初にノーベル文学賞を獲得したインドのタゴールがラッセルのあと、一九二四年に中日両国を訪れ、「西欧文明に毒された」日本を批判しつつ「自己を堅固に保持する」中国を称えて中国では一方で広く歓迎され、他方、新文化論者を当惑させたのも、そうした時代性からであった。

さらに一九二三年からの「玄学(哲学)と科学」論争も東西文化論争の延長線上にあった。ドイツで哲学者オイケンに学んだ張君勱が、科学・物質文明では人生観問題は解決できないと主張した講演に対して、張君勱らと親しい地質学者の丁文江が胡適流の科学主義でもって応酬した。科学に対する機械的、物質的、形而下的な見方にむしろ問題があり、科学の誤解だというのが丁の主張であった。

この論争で哲学の側に張東蓀もたったが、新文化運動の流れを汲む科学派が優勢で、数年にしてこの「激戦」も雲散霧消し、この論戦の双方を陳独秀が唯物論の立場から批判した。だがその火種はさまざまに変奏して諸論争となって出現することになる。

汪子美「文壇風景」. のちの魯迅兄弟の分岐の諷刺画. プロレタリア塔を一段上る魯迅(左)とプチブル橋を渡る周作人(右)(『時代漫画』26, 1936年)

国共合作、国民革命

文化上にみられた論争は国共両政党の成立、そのありかたとも無縁ではなかった。孫文は一九二三年、前年の広州での連省自治を追求する陳炯明《ちんけいめい》の反乱に敗れたのち、軍事支援を期待してソヴィエト全権代表ヨッフェとの「連合宣言」でソ連との提携方針を表明する。かくして中国国民党は党制度としても、ロシア共産党にならって「民主主義的集権制度」をとりいれ、二四年には政治思想をもつソ連の赤軍のような党軍の建設を認めて広州東郊、黄埔《こうほ》に陸軍軍官学校(黄埔軍校)を開設し、士官の養成を始めた。学校長には蔣介石が就いたが、銃器・資金・教員の多くをソ連側が負ったという。

当時、コミンテルンは中国が「半植民地」下にあり、民族解放運動こそ第一の任務と考え、共産党員も国民党の民族革命活動に参加、支援すべきだと考えた。そこで全党員の国民党加入による国共合作方針の指示を出す。「党外合作」を求めた陳独秀ら共産党員の反対はあったが、二四年、国民党第一回全国代表大会から合作が始まる。国民党の重大決議の権限は国民党政府顧問のボロディンが握るが、共産党員も国民党国内党員として公職に就くことで勢力を伸ばす。自由連邦制による統一体「中華連邦共和国」樹立を目指した二二年の中国共産党第二回全国代表大会をある程度は反映しつつ、この中国国民党の大会宣言(名義は孫文)では民族の解放要求とともに、「中国内の各民族の自決権」をも承認した。

法律・刑事・教育・社会上の男女平等原則もこの時に確認され、広州におかれた国民党中央や上海・北京等には婦女部を設置、何香凝中央婦女部長ら日本留学組が活躍することになる。共産党員の向警予も合作後は自らのブルジョア的議会主義批判からの女性参政権反対論をとりさげ、幅広い反軍閥・反帝国主義国民運動への女性の取り込みを主張する婦女決議を提起、上海国民党婦女部に入り込む。

国共合作の一方、同二四年の秋、中央政界の主流、直隷派と奉天・安徽派等の反直隷派のあいだで第二次奉直戦争が勃発、直隷軍の馮玉祥の反乱が形勢を決すると、退位後も紫禁城に居住した溥儀を放逐した。北伐を決めていた孫文も全国の社会団体代表による国民会議開催にむけて北上する。この国民会議からまたもや女性団体がはずされたことから、向警予ら上海国民党婦女部がただちに孫文とかけあう一方で、全国女界国民会議の結成を呼びかける。王立明らの中華婦女節制会等とともに上海女界国民会議促成会を成立させ、天津でも鄧穎超《とうえいちょう》らによって成立大会が開かれた。

この北上途上、孫文は日本にも足を伸ばし、犬養毅らに期待した支援のとりつけには失敗したが神戸で歓迎を受け、「欧州の覇道の文化」に対して仁義・道徳を根底におく「アジアの王道文化」を説く「大アジア主義」講演をおこない、年末に北京入りする。だが一九二五年三月、

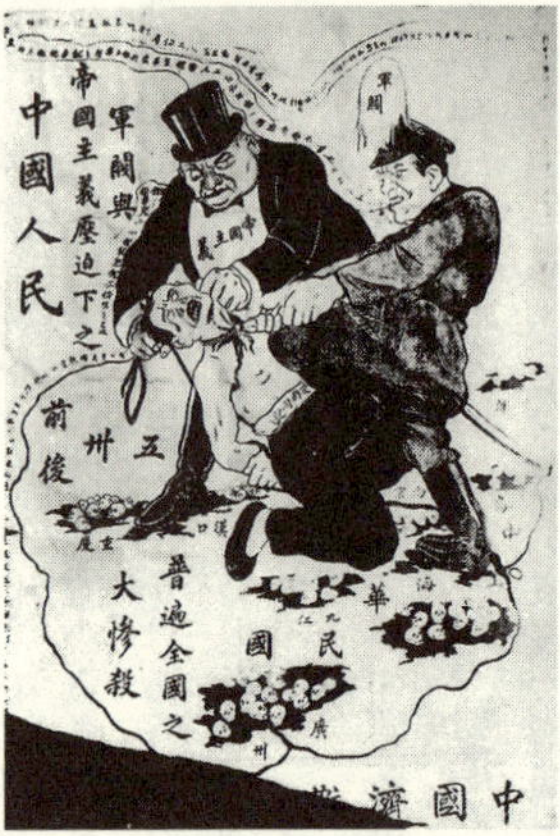

五・三〇運動期の諷刺画
(『中国共産党 70 年図集』)

国民会議促成会全国代表大会のさなか、死去した。「中国の自由平等」を求めたが「革命なお未だ成功せず」で知られる中国国民党同志あての遺言では、アヘン戦争後以来の「不平等条約撤廃」の実現がことに求められていた。そしてソ連指導者にも遺書が残され、ソ連共産党はその孫文の記念とあわせて革命人材の養成を考え、モスクワに孫文の名にちなむ中山大学を開設する。これを契機に合作中の中国の国共両党を中心にソ連留学ブームがおこり、邵力子・王明・張聞天・鄧小平・葉青・蔣経国らが多くは政治的関心からモスクワで学び、帰国後は王明・張聞天ら留ソ派が中共中央の幹部となっていく。

一方、一九二五年、上海における日系在華紡での労働争議が発端となり、女工ネットワークも形成されて大規模な反帝国主義運動となった五・三〇運動(図)のさなか、孫文亡き後の広東の国民党政権は大元帥府から国民政府(汪精衛主席)に改められた。広東の統一を果たした国民政府は、内閣がめまぐるしく入れ替わって大総統も国会もなく政権の体をなさないような北京政府を見据え、二六年七月に広州から北伐を開始、快進撃する。ボロディンや中共指導部の時期尚早論を抑え、国民革命軍総司令の蔣介石は中国に不自由不平等を強いる帝国主義、その道具となった軍閥・土匪と戦うことこそ孫文の三民主義の要だと檄をとばす。

北伐軍の進路、広東・広西・湖南・湖北・江西などで農民運動がたちまち激化する。北伐以前から広東では農民活動家も育ち、湖南・湖北などで農民協会が組織され、二六年から二七年中ごろには全国で二百からの農民協会が成立する。中共はここにきて現実の農民問題に直面し、二六年一一月に農民問題専門の委員会も設け、中央局員の瞿秋白も「中国革命の中枢は農民革命である」と断言する。そのころ毛沢東は湖南で、「友か敵」を見定める階級分析を行ない、農民協会による「土豪劣紳」に対する闘争のエネルギーに「暴動としての革命」を感得し、宗法思想・制度を「政権・族権・神権・夫権」の四権力であると(「湖南農民運動視察報告」一九二七年)認定する。

このようななか、北伐軍が武漢を占領後、国民党は武漢に遷都を決め、一九二七年に武漢国民政府が成立し、漢口、ついで九江(江西省)の租界も実力で接収していた。

さらに北伐が始まった広東には国際的な反帝国主義の運動もおこる。二六年七月、広州に、「全世界の被圧迫弱小民族とプロレタリアートを連合して」、「国際資本主義を覆す世界革命」をめざす被圧迫民族連合会が朝鮮・ベトナム・インド・中国の代表によって成立した。二七年には武漢にインド人を中心に東方被圧迫民族連合会も成立した。国民革命において出現した貴重な試みであったといえよう。

教育改革から平民・郷村教育運動へ

北京政府期には袁世凱らによる読経(儒教経典教育)の復活、孔子尊重などの時期を経るが、袁の死後には初期の規定に復され、全国教育会連合会による検討を経て第三次教育改革ともいうべき壬戌(一九二二年)学制が作られる。この新学制では、六三三四年制をはじめ、デューイの影響が濃厚な米国の学制における理念も取り入れられた。社会の進化の需要への適合、平民教育の精神、個性の発展、生活教育等が唱えられたのである。男女共学・男女教育平等権も確立へ方向づけられる。ただ義務教育については民国以降も遅々として進まず、民国初年からは倍増したとはいえ、二二年段階の小学生数は六六〇万余にすぎず、男女比率も不均衡であった。実のところ二〇年から八年がかりの四年制義務教育の普及計画もなかなか効を奏さなかった。

教育改革の方向づけそのものには、民間の教育組織が寄与していた。一九一九年には黄炎培が始めた職業教育社や南京の教育機関や北京大学関係者の協力により新教育のための共同組織ができる。一九二一年、蔡元培らを理事とし、デューイのもとで学んだ陶行知ら米国留学帰国者らが中心となって、諸団体を連合して中華教育改進社を北京で組織、中国最大の教育団体となる。コロンビア大学の教育学者、ポール・モンローの招聘なども通して、新学制制定にはこの組織の陶行知らが積極的に参与したのである。賠償金返還による米国留学ブームの帰結ともいえる。

一九二三年、『学衡』グループも集った南京の東南大学に陶行知は教授として招聘されるが、農村と都市の格差を重くみて翌年の中華教育改進社の年会を契機とし、「非識字者をなくして新民を作る」べく、クリスチャンの晏陽初、熊希齢の妻でその事業の伴侶、朱其《しゅき》慧《けい》らと中華平民教育促進会（略称、平教会）を北京で結成する。晏陽初は米国留学時からのＹＭＣＡ活動で、第一次世界大戦末期のフランスの戦場で働く中国人労働者キャンプに世話役・通訳として赴き、初めて中国の「平民」クーリーと遭遇したといい、識字教育もてがけていた。そこで晏陽初を平教会の幹事とし、全国に分会をおいて平民学校を開いた。晏陽初と朱経農が編んだ白話文の教科書『平民千字課』やスライドでの識字教育を主とし、北京・上海だけでなく、湖南・山東・浙江等の各地で推定三百万人以上の女子・兵士を含む人々に識字教育を行なったという。やがて上海でも黄炎培の中華職業学校の流れが当地での平教会に合流する。陶行知は大学教授の職を捨て、改進社の仕事に専念し、軍隊から監獄、娼妓の更生施設に至るまで赴いてヴ＝ナロードを文字通り実践した。

だが一九二五年、晏陽初らはハワイにおけるＹＭＣＡの国際連帯運動に参加してその平民教育運動が高く評価され、ハワイ華僑から義援金を贈られて以来、外国の資金援助も得て大規模な平民教育運動展開をめざす。一方、同年には列強の中国教育文化事業への関与が問題視されつつあり、五・三〇運動の経験もあり、改進社は列強の文化侵出を警戒して本国文化を重視しだしていた。おそらくそれと関係して陶行知と晏陽初は対立し、平教会は改進社から出て、二六年には河北の定県に実験区を設け、留学帰国者の知識人たちの参加も得て、抗日戦争で重慶に移るまでは平和教育と郷村建設に向かう。

陶行知は一九二六年以降、郷村教育に転換、二七年、南京郊外の暁荘に「試験郷村師範」を自らの労働で建設して開いた。デューイの理論を裏返した「社会即ち学校、生活即ち教育」を信条とし、「教学合一」を発展させた「教学做〔行動〕合一」の教育実習を主にして、農夫の腕前と科学的頭脳と社会改造の精神を兼ね備えた郷村教師の養成をめざす学校であった。素朴な「野人生活」による生命力の回復を図り、「民衆の中へ」から「友に会う」に方向を転換し、農村に入り込み、農民の共感と理解を得ようとした。ここに五四期の汎労働主義は中国の大地に根づこうとしていた。

この暁荘学校は超階級的、超イデオロギー的性格もあって、蔡元培をはじめ全国の教育関係者に注目された。だが三〇年、反三民主義だという理由で国民政府に許容されなくなり、閉鎖された。陶行知は追われる身となり、一時は日本に亡命する。

ポスト五四新文化の新たな対立

こうして五四期以降、「労工神聖」とあいまって、知的不平等をなくそうとする平民教育が求められ、やがて、郷村教育に向いていった流れがあった。それと関連しながらも、多くが挫折していたユートピア的社団の流れをくむ精神の実験がなおも見られた。李叔同らによる中国最初の近代芸術教育実践でも有名な杭州の師範学堂を中心とした浙江や、アナキスト匡互生《きょうごせい》ら湖南での教育活動が合流して一九二五年、上海にアナキスト系の立達学園を出現させる。社会の幸福のための互助ならびに犠牲精神と科学的頭脳を養おうとし、作家の葉聖陶や美学者の朱光潜、画家の豊子愷らが集い、茅盾らも参加する立達学会も形成された。この立達学会系人脈の協力も得て、一九二六年に前述の『新女性』を創刊、新女性社をたちあげた章錫琛らは、婦女問題研究叢書を発行、上海で開明書店の創業にふみきり、教科書や辞書でも知られるようになる。

だが一方では、革命家から論理学者、東西調和論者を経て一九二四年に段祺瑞政府で司法総長兼教育総長となった章士釗が文語文教育や読経教育を推進し、章が創刊し、停刊前は新文化運動の舞台になっていた『甲寅』もその復刊(一九二五年)後は反新文化キャンペーンをはる。『甲寅』派や前述の『学衡』派らの新文化運動批判に対して、国民党の『民国日報』や共産党の『嚮導』は反キャンペーンで応戦したし、胡適・郁達夫・魯迅ら学者や作家もこうした文化保守主義的風潮を批判した。胡適や徐志摩らは一九二三年、北京でタゴールの詩集『新月集』にちなむ新文化系の新月社を結成、一方、翌年には魯迅・周作人兄弟を中心に、林語堂・廃名・劉半農らも参加する語絲社が結成され、『語絲』を発刊、社会批評に富んだ小品群を発表する。同年に胡適や陳源、徐志摩らが創刊した『現代評論』は反大衆運動的側面ももち、語絲社と対立する。国共合作後の大学の闘争などを背景に、魯迅は『現代評論』派を西洋志向で妥協的だと嫌い、陳源らを批判する雑感を執拗に書き続けた。

一九二六年には、革命の先駆としての文学、革命文学を郭沫若が唱え、作家にヴ＝ナロードを呼びかける。郭沫若らの創造社は一九二四年には行き詰まり、五・三〇事件から活動を再開していたが、ここにいわゆる「左旋回」がおこる。こうした情勢下で文学者もまた否が応でも政治に巻き込まれる。

同時に文化ナショナリズムも強まり、五・三〇運動時、清末来の上海の著名なミッション系セント・ジョンズ大学では学内衝突により中国系教員・学生が集団退学し、光華大学（のちの華東師範大学）の新設にむかった。一方、キリスト教会側は次第に「中華国民の教会」、現地化・中国化の方向に舵をきる。

医学界でも、中華教育改進社による一九二五年の中国医学教育の復活要求もあり、中国医学関係者による復活保全要求運動が高まりをみせる。そういうなか、三代にわたり中国医学を治め、このころには政界から遠ざかって国学を講じるようになる「国学の泰斗」章炳麟に、中国医学廃止反対の表明要請がなされる。だが、章炳麟は自らの病気治療の体験から、「五行説」のような迷信のために解剖という「実験」を怠ったとして中国医学を批判し、西洋医が苦手とするような雑病だけには中国医薬のほうが効くとして、検証を経たうえでの中国医薬の処方は学んでよいとした。実のところ、清末の碩学として著名な章の師、兪樾もつとに「廃医論」を著し、その「医道」を批判しながらも「薬は全廃すべきではない」としていた。国学の陳寅恪や農村問題を講じることで西洋化を批判する梁漱溟らにいたるまで、中国医学にだけは反対をし、すでに知識界で中医復活は期待できない趨勢にあった。

優生学論争

五四期にフェミニズムとかかわる産児制限や人口問題とあいまって浸透しだした優生思想については すでにみた。先駆的な女医で趙元任清華大学教授夫人にして清末仏教で知られた楊文会の孫、楊歩偉は胡適や蔣夢麟と相談のうえ、一九二五年、北京に計画出産のためのクリニックを開設する。その後、三〇年代には産児制限による母体保護を主旨とする北平婦嬰保健会が組織され、晏陽初や女性の視点から中国文化を理解し、紹介していた協和病院の宣教師アイダ・プルーイットらとも連携、上海などにも広がり、産児制限運動は民間で根付いていく。

この運動にも関わったのが、清華学校から米国に留学して最先端の生物・遺伝・優生学を学んだ潘光旦(のちに清華大学教授)であった。この潘光旦とおもに生物学を学んだ周建人との優生学をめぐる論争が、復古思潮とも関係するかたちで行なわれた。

当時、米国で優生学研究の中枢となったのはニューヨークにチャールズ・ダヴェンポートがカーネギーら財閥の資金援助で開いた進化の実験的研究施設や優生記録局で、潘光旦もアメリカ留学中にここで訓練を受けた。そこで「人類の品性の遺伝と文化淘汰の長短所を研究してより優れた繁殖方法を求め、人類の進歩をはかろうと」、一九二五年、「中国の優生問題」を『東方雑誌』に発表した。

極端な欧化も国粋も斥ける潘光旦の主要な観点は、さしずめ進化論的性悪論の様相を呈し、「環境の改造」より「種族の生存競争」を重視する立場にもつながる。潘によれば、人間は進化の過程内にあるものの生来、優劣の区別があり、文明化以来、「天択」=自然淘汰だけでなく、「化択」=文化的もしくは社会的淘汰がはたらくようになり、文化が進めば進むほど「天択」は減少する。すると適者生存とはならずに、種族滅亡にもいたりかねない。生物学的にいえば、種族の存続が第一、個人の自由や幸福は二の次であるべきである。

さらに医学と衛生知識の普及も「天択」力を減少させるので、選択的婚姻・出産でバランスをとるべきで、過度なロマンティシズム・晩婚・独身主義・遺伝知識の欠如・女性の育児軽視を招く経済的自立は種族不祥の兆しである。産児制限も中流以上の者に偏ってはならない。

かくして西欧的個人主義は反優生学的となり、中国の農村では「化択」より「天択」が機能しており、家長が釣り合いを基準に結婚を決めるので、恋愛による配偶者の個人選択より優生学的である。一夫多妻にしろ、実際には血統が一般人より優れた皇家や富貴の家に限られ、優生学的に好ましくすらある。同様に孟子の「不孝に三つあるが、後継ぎがいないのが最もひどい」や「女子は無才が徳」という伝統も、晩婚・少子を諌める点では優生学にかなう、と。

さらには遺伝重視の立場から、人類均等を前提とする個人主義・社会主義・デモクラシーを、環境改良による社会の永久進化が可能だと楽観する環境論として斥ける。明らかに五四以来の平民主義・女性解放志向への批判を意識した潘光旦の優生論であるだけに、同じく『東方雑誌』に掲載した周建人の批判は、主要にはその保守性に矛先を向けたものであった。

種族保存の本能がある以上、環境が優良でありさえすれば、絶滅はしない、という環境重視で周建人は潘光旦に対峙する。要は民族の質の優秀さで、やみくもな人口増加は不良者の繁殖をも鼓舞し、反優生学的である。人間は「健全な異性」にひかれるので、個人選択のほうが優生学的だ、と。

そこで周建人が重視するのは、「遺伝学の知識の普及と優生学の理想の注入で青年の恋愛選択において優生学の理想を養わせ、人種改良の重要性を知らしめる」こと、なかでも「社会が優良者の繁殖と発展を優遇するようになること」（「読中国之優生問題」）で、その点で「優生学と社会主義とは手を携えることができる」とみなす。

つきつめると、「数から質へ」を根本とする優生思想である点は同じで、ただ周建人は旧来の結婚制度や階級性を批判しようとした。それに対する潘光旦の主要な反論は、周建人が遺伝という生物的原因を無視している点を突くものであった。社会進化論に根ざす優生学は人口問題・民族問題とかかわるだけに、さまざまな議論のうちに浸透していき、ことに抗日期の民族復興論において、潘光旦の主張も続く。

2　南京国民政府期の文化建設

国共合作の崩壊、南京統一政府の成立

武漢国民政府は一九二七年の成立時、英租界の実力接収に及ぶほど労農運動・民衆運動が盛り上がり、それを背景として国民党左派と共産党が優勢にあった。同年三月、上海での共産党のゼネスト・武装蜂起後に北伐軍が上海入りすると上海特別市臨時政府が樹立される。共産党系の労働者組織（上海総工会）と進駐してきた国民革命軍との対立が高まり戒厳令がしかれていたなか、四月一二日に蔣介石の命で市内の労働者糾察隊の強制武装解除がなされ、大衝突となり、デモ隊への発砲、共産党系組織の解散、さらに反共大弾圧がおこった（上海クーデター）。五月には上海大学も封鎖され、広州でも反共粛清がなされた。

武漢国民党中央が蔣介石を除名するや、四月一八日には蔣は胡漢民を主席として南京国民政府を樹立し、ここに北京・武漢・南京の三政権鼎立の様相を呈する。北京を支配した奉天系の張作霖は同月、李大釗ら中共党員を逮捕、処刑した。武漢政府は帰国して間もない汪精衛に期待をかけるが、武漢での困窮と労農運動の多発等による混乱は収拾しがたく、他方、コミンテ

ルンは無謀な指示をだしながら約束した資金援助で期待に応えなかった。こうして七月には国民党中央会議で共産党員の職務停止を決定し、第一次国共合作は終焉する。やがて武漢政府は南京政府に吸収され、翌二八年四月、北伐が再開される。この時、日本の田中義一内閣は第二次山東出兵を敢行する。北京から撤退した張作霖が六月、日本の関東軍に爆殺され、南京の国民革命軍が北京に入城、北京政府は倒され、国民党の党旗「青天白日旗」が掲げられて、南京の国民政府により再統一がなされる。この時、首都南京に対して北京は政府直轄の北平特別市と呼称が変更され（本書では便宜上、北京を使用）、同年一二月末には張作霖を継ぐ奉天系の張学良も国民政府に帰順した。この過程で統一戦線による国民革命も終焉を迎えた。

こうして成立した統一政府としての南京国民政府はまず懸案の不平等条約撤廃にむけ外交交渉に入り、二九年末までに日本を除く主要各国と関税条約改定をなしとげ（日本は三〇年六月）、関税自主権を回復して統一政府の財政基盤を得るとともに、国際的にも中国の代表政府として認知される。

行政院・立法院・司法院・考試院・監察院からなるこの国民政府はまた国民党の政府でもあり、二八年、孫文の広州政府のもとで二四年に発布された「国民政府建国大綱」にそって国民党は軍政期の終了とともに訓政期の開始を表明し、改めて国民党を訓政の主体とする「訓政綱領」（胡漢民）を制定する。国民が未成熟な段階にあって、幼児が乳母に保護されるごとく、憲政実現のために「党をもって国を治める」一党独裁時期を設けるというもので、いかなる憲政実現をするのかは定かでなかった。

実際、三民主義の民衆への普及のためにも「党の統一」が重視される。蔣介石の独裁に批判的な汪精衛派は『革命評論』や『前進』を創刊し、南京政府の独裁批判において反響を呼ぶが発禁にされ、同年、上海で国民党改組同志会を結成して「綱領」の再制定と国民党の改組を標榜する。初期共産党員で共産党を脱党した施存統(二四年から復亮と改名するが、本書では存統に統一)もこの改組同志会に加わり、革命の国民党は「不革命の党」に変質したと嘆じた。やはり反蔣介石で動いた黄埔軍校系の鄧演達は、国民大会を最高権力機関とする「平民革命」も構想していた。だがいずれも蔣介石の力には及ばず、鄧演達は捕らえられて人知れず処刑された。

ただ、家庭や女性の問題に関心の深い胡漢民初代立法院院長のもと、民法の親族・継承両編の編纂がされ(公布は三〇・三一年)、祖先祭祀と財産の継承を男系に限った中国家族制度は原理においては崩された。婚姻でも、婚約を当事者の自主性にゆだね、最低年齢を定めて幼いうちに親に婚約させられないようにするなど、女性運動の要求はかなり認められる。

国民の身体と纏足の解放

国民革命が進行するなか、女性は「国民の母」から「女国民」として民族・国家の言説において認知され始めていた。教育の機会もいくらか得て、法的な女性の地位の向上もあり、公共空間に足を踏み入れだした。その時には、単なる言説においてのみならず、実際に女性の身体の国民化と生殖という問題が切実となりつつあった。優生学をめぐる男性たちの論争もそうした面に符合していた。

女性の身体の近代化として最も大きな問題は足で、それゆえに「進化」の指標ともされてきたことは清末からみてとれた。明清時代において纏足をしない「大足」の女性は「村女蛮婦」と見下され、纏足が文化的洗練度の高さを意味した。だからこそ近代には天足が、今度は進んだ文化として都会からひろまり、農村部に纏足は温存されるという逆転現象がおこっていた。「少しの動作もままならない、まるで牢屋の囚人。満身これ病とならば、育児にも役立たず、ために種族は日ごと弱まる。東方の病人ときたらそれはひどい、道理で中国は振るわない、それも纏足が大原因さ」(天津特別市婦女放足会「放足歌」)。

文人からもてはやされ、重労働を免れる「良き結婚」のための最大の武器、女性美・洗練度の象徴どころか、「わが中華千百年来の国粋」(辜《こ》鴻銘《こうめい》)とさえされた纏足の末路は惨めであった。清末・民国に生まれあわせた女性の多くは纏足をするためにまず苦しみ、次に身体障害をもつがゆえに種族を弱める元凶、国辱の象徴とさえみなされた。

南方より纏足の多かった北方でも、北伐後、各省で纏足禁止の大キャンペーンがはられていく（図参照）。男性の革命動員には、家庭での男性の既得権を大いに損なうような女性運動は不都合だとして、女性の要求は纏足禁止を重点化するのが無難であった。一九二八年には国民政府により、再度、纏足禁止条例が出され、全国各地に専門官が点検のために派遣された。県の点検隊によっては、成績をあげるために暴力化し、「纏足狩り」化していく。女性にしてみれば骨折変形にまでいたった纏足は無理にほどいても歩行困難となるばかりなのに、放足を強制され、非難され屈辱を受けた。結果的にはもとに戻らず、別の変形をきたす足を、女性たちは「落伍の足」と感じ、男性たちは容赦なく、「得体の知れない奇怪な形で見るに耐えない」と酷評した。

「陝西部陽の勧放足劇」饑餓児童を組織した劇団が演じた．30年代にも纏足がさかんな当地では，放足運動に寄与したという（『風物流変見滄桑』）

男性も民国で辮髪の切りおとし問題に直面したとはいえ、留学や軍隊・学堂で清末から始まっていたことではあり、面子問題はあっても、場合によっては断髪のうえ付け毛でごまかすこともありえたほどで、それは二度、三度と、肉体的にも精神的にもあじわう苦痛において女性の足とは比較にならなかったであろう。

「女性の身体的解放の主要な手段」であるはずだった脱纏足、放足・天足こそは、学校教育とともに、女性を「国民の母」として認知し、「国民の身体」形成に不可欠なイニシエーションであり、試練であった。それは身体性のゆえに、国語形成のための「口と耳」の馴化と同じく、時間がかかり、幼児の纏足のほぼ完全な停止も、抗日戦・内戦を経た一九五〇年代だともいわれる。そして男性の身体についても後述の新生活運動などであらためて訓育が求められていく。

国民党の「三民主義」

〈戴季陶〉 国民政府期で重視されたのは、カリスマ性ゆえに党を束ねた孫文の主張に由来し、国民党の政治学説となった三民主義の全国民的なイデオロギー化であった。だが国民党も一枚岩ではなく、一九二五年の孫文の死去以降、その三民主義の解釈が改めて問われていた。そのなかで、日本留学後にジャーナリストとして活躍、孫文の側近となり、五四運動期にはマルクス主義を奉じていた戴季陶(図)は孫文の死後、反共に転じ、党の統合のために孫文が残した理念を主義として体系化しようとした。同年の『孫文主義の哲学的基礎』等において、戴季陶は孫文の思想をもっぱら中国の伝統思想に位置づけ、自らを孫文思想の継承者とみなした。

戴季陶の「純正三民主義」説ではこう解釈された。三民主義は孔子の思想系統からきており、源泉は「天下を公となす」(『礼記』)で、自民族ばかりか全世界の被抑圧民族の解放をめざすが、求めるべき「大同」はマルクス主義の共産ではなく、唯心論にたって各階級の思想を融合することからくる新社会主義だとして、「赤化ロシアの共産主義の浅薄さ」との峻別を強調した。こうして孫文の「忠孝・仁愛・信義・和平」を民族の自信の基礎とする「仁愛」文化として位置づける一方で、集団は人類の生存のための組織で、生存のために生じるある種の独占欲こそがその凝集力だと説く。孫文が晩年に志向し始めた互助の精神は顧みていない。

〈蔣介石〉 権力を握った蔣介石は、戴季陶と日本人女性のあいだに生まれた息子を養子としたといわれ(蔣緯国)、戴とはもとより強い絆があった。蔣介石はこの戴季陶の三民主義説を支持しつつ、さらに一九三二年には「革命哲学」の基礎としての「力行哲学」をうちだした。孫文の「知は難く、行は易し」説は王陽明の「知行合一」説と実は本質において異ならず、古来より「行」のみがすべてを創造するのであり、「知難行易」の認識こそ唯一の人生哲学であるとする。そこに影をおとしていたのは、留学時に知った、義俠心を重んじ、生死も軽んじ、忠君愛国を説く日本の「武士道精神」である。梁啓超らをも惹きつけたこの精神が日本を強国にし、中国を侵略するまでにしたのだ、と。

戴季陶*

蔣介石と戴季陶との違いも、蔣介石が孫文思想に王陽明の思想を見出していることで、日本の武士道精神も「孔子の道」を復興した王陽明の「良知を致す」からとっていて、孫文が「集大成」したとみなす。孫文の「軍人精神教育」などを引くことからみても、人心鼓舞、奮起号令の意味合いが強かった。そしてそれは民国期の文人から軍人化された男性性モデルの構築にも寄与したといえよう。

〈陳立夫〉 蔣介石の「力行哲学」がでると、もうひとりの強い絆をもつ陳立夫がその理論化を考える。陳立夫は蔣介石が日本留学時に兄弟の契りを結んだ陳其美の親類で、陳其美が袁世凱派に暗殺された際、遺体を蔣介石が引き取って以来、蔣と陳家は強い結びつきをもつ。米国留学帰国後は蔣介石の秘書となったのを皮切りに、とりわけ二七年の政変前後から兄の陳果夫ともども蔣の周辺で補佐した。ことに国民党中央組織部を中心に形成され、世にCC系と称された党内有力グループをバックに文化・情報面で長く政治力を誇った。

その陳立夫は孫文が重視した「民生史観」の哲学的基礎を補完しようと三三年に『唯生論』を発表する。万物は精神と物質を含む「元子」から構成されるという一元論で、「宇宙全体を一生命の巨大な流れで、万物はみな生命をもつとみなす」、「生の哲学」だという。

陳立夫はややのちに、「元子」はかつて孫文が進化論の説明に生物原始の「知がある」細胞として用いた「生元」説と一致する、と説いた。この「唯生論」が陽明学や武士道精神に基づく蔣介石の「力行哲学」のために、孫文思想ともつなぐべく考案されたことは確かであろう。

党と政府が一体化する「党国《パーティ・ステート》」を理念とする蔣介石は、国民党のもとで文化建設を行なうためにも教育を革命化・民衆化し、学生を訓練して新国民に育成するべく、一九二七年より「党化教育」を唱えていた。さすがに異論もあり、翌年からは「三民主義教育」に変更する。そこで三民主義は「党」と同義とされ、党義が必修化された。

こうしたなか、一九二九年の国民党第三回代表大会では教育方針に「男女教育機会平等」を掲げはしたが、女子には「母性の特質の保持」や「良好な家庭生活と社会生活の建設」が強調された。男女分校化にも向かい、国家建設の観点からも何香凝ら女性政治家の批判を浴びた。

それでも教育現場で使われた教科書からは、やはり民国の精神というものがうかがえる。先述の開明書店が三〇年代前半に出した葉聖陶著・豊子愷挿絵の『開明国語課本』小学初級学生用は、一流の文筆家と漫画芸術家との合作になる創作教科書だけに好評で、ロングセラーとなった(図)。内容的にも、「私たちの学校」では「先生生徒がみな一緒に手も頭も使って仕事をし、勉強をし、遊ぶ」と、五四の「労工神聖」の精神が刻印されている。黄河文明以来の歴史を認識し、世界の一員、近代中国人としての教

葉聖陶著・豊子愷挿絵『開明国語課本』小学初級学生用下冊，第1課「中華」.

養をめざす姿勢が貫かれ、同時期の日本では天照大神等の神話色や軍事色が強かったのとは対照的である。

分裂状態から統一の国民政府になって、新文化運動期を中心に育まれた教育理念においては挫折があったが、政治経済が以前より安定するなか、民国の教育研究制度の確立、学校の就学率・質の向上という基礎作りで進展をみることになる。

一九二九年には「大学組織法」がだされ、胡適がつとに建言していたように国立大学・省立大学・私立大学等に再編され、北京での清華大学の国立大学化をはじめ、各地方でも統合改組によって国立大学ができ、大学相当の学校も日中戦争の激化までの国民政府期間中に五〇％近く増えて一〇八カ所となり、学生数も七〇％近く増えて約四万二千人となった。科挙以来、高等教育では文系が偏重されてきたとして、文系の新規設立抑制と理系の学校や学部の増設がはかられた。

こうした教育制度再編はアカデミズムの制度化とともに進展し、知の制度の組み替えをともなう。知の制度・文化の歴史が長く、アジア圏に大きな影響をもたらしてきた中国ながら、一九世紀以降の初期グローバル化の過程を経て、民国においては近代西欧式に準じた学術の整頓、アカデミズムを構築する必要に迫られていた。上述の高等教育での文系偏重から理系増設へという流れもそれに即したものであった。馬相伯は早くも袁世凱時代にアカデミー・フランセーズ方式にならった構想を建言していたが、政情不安定のため具体化されなかった。

新文化運動以降、国や民族のなりたちにもかかわる歴史学における胡適らの批判的、科学的な「国故整理」の提唱にアカデミズム樹立の方向性が示されていた。「古を疑う」ことから経・史・小学などの中国学が西欧的学問ジャンルに再編される。清末から民国期にかけて甲骨文や敦煌文書が発見されて学術資源が増し、一九二〇年代中頃からは欧米留学生も次々と帰国して、統一政府のもとで財源も得られ、アカデミズムの制度化への条件がそろいつつあった。

欧米からも著名な哲学者らを招聘して協力を仰ぎ、李石曾・蔡元培らの構想に基いて、理工系、地質・地理、人類学・考古学、社会科学、農林、医学等の部門をもち、大学からは独立した研究機関として中央研究院が二八年、南京に成立し、上海などにも研究所が作られた。歴史語言研究所では陳寅恪・陳垣・傅斯年・顧頡剛ら「国師」級の歴史学者が活躍する。

またフィールドワークをも伴う民族学・民俗学・人類学が創設される。古来、華夷思想から、少数民族の多くは「夷狄」として、けもの偏をつけた文字で民族名が表記されていたが、各地の民族衝突事件等をも背景として、そうした民族名の差別性の告発もされるようになる。二〇年代後半から三〇年代にかけては、たとえば苗族の青年知識人の主導による「苗族復興運動」など、少数民族の独自性を主張する運動展開もみられるようになる。だが知識界の大勢としては、中華民族の形成には種族偏見の克服が必要で、そのためには「蛮族」の開化、実質的には漢族への同化を、という声が強かった。都会生活への反発から、故郷の苗族を美化して描いた同時期の漢族の作家、沈従文のすぐれて誠実な作品にも、裏返しの同化意識を見出しうる。

日本の侵略の影が濃くなる時代にあって、あらためて中国の少数民族問題、辺境問題への関心が喚起され、「中華民族」概念の形成にも影響を与えることになる。社会学・経済学・法制学・政治学といった社会科学系の学問分野ができ、社会調査や統計が活用されるようになった意義も大きい。こうした制度化は実は西欧学術の中国化でもあった。

アカデミズムの確立は、宗教界の近代化にも刺激を与えていた。民国初年、袁世凱による寺廟管理条例で寺廟が社会公益事業化されようとし、仏教界では中華仏教総会を設立して寺廟保護対策をたてた。南京の楊文会にも学んだ太虚は一九一八年、上海で章炳麟らと覚社を創立、二〇年に仏教学術・言論誌『海潮音』を創刊する(今なお台湾で刊行)。迷信の払拭、寺僧の生活規範や制度の時代に即した改革、僧による寺の財産の公有制化などの主張をするが実現は困難であった。さらに人材養成のために武昌仏学院等を創設、南京の欧陽漸の支那内学院とともに中国仏教ネットワークを形成、各国にも外遊して二四年に世界仏教連合会を開催した。

そこへ一九二七年に迷信打倒を名目に馮玉祥によって河南一帯の少林寺等から三〇万もの僧が追放され、還俗を迫られ、北伐成功後に再び寺廟管理条例がでて、各省の軍閥や地方官吏が寺廟を強制没収しようとはかる。そこで、太虚や円瑛らが仏教界の組織化を訴え、南京国民政府の蒋介石との交渉を経て中華仏教総会を中国仏教会へと改組した。だが太虚はさらにパリでの人間仏教・科学的仏教・世界仏教を目指す世界仏学苑の設立を構想する。こうした革新性が賛否両論を招き、現代化に反発する円瑛らとの確執の激化もあり、中国仏教会は団結がはかれず、抗日戦を迎えるにあたって国民党による「整理」介入を許すことになった。

国語にむけて

統一政府下での教育やアカデミズム再編に際して、言語問題の解決が迫られる。数年間、放置されていた注音字母法案が一九一八年にようやく公布されたが、軍閥の混戦でまたもや普及にいたらなかった。一九二八年、南京国民政府のもとで国語統一のための準備委員会がつくられ、各省市県での注音字母推進法を発布、最短時間で全国の識字者に注音字母を利用させ、非識字者にも注音字母から識字をさせるための措置を講じた。学校教員と行政機関員は一定期間内の習得を義務づけられ、注音字母表を大量に印刷して配布し、繁華街には壁にペンキで大書された(次頁図)。ちょうどこの何十年かの間にコンピューター入力や電子メール習得が求められてきたことを想起させるが、百年近く前にも同様の苦労があった。

すでにみてきたように、銭玄同や黎錦熙らにより、音表記ではローマ字表記を第二方式とし、漢字も簡略化することが提言されていたが、この時の国語統一準備委員会は、「国語ラテン化

（ローマ字）つづり法」を考案する。音の表記にローマ字の使用も認めるということでしかなかったが、それでも文言派の反発があり、公認は容易ではなかった。

その文言派をより刺激したのが中国文の「ラテン化新文字」であった。三〇年から後述の左翼作家連盟において留ソ派（ソ連留学組）の瞿秋白が茅盾らと議論した文芸大衆化の課題から、五四の文学革命における「半文半白」（文語まじりの白話）書記文体を不十分だとし、労働大衆が使う「俗語」による文学革命を唱える。そこから瞿秋白はさらに中国文のローマ字化をも研究、提唱することになる。ソ連で

1928年，天安門西城壁に刷り込まれた「国語統一・言文一致」と注音字母表（『風物流変見滄桑』）

考案され、ソ連国内で三一年に公布されたもので、言語階級論が投影されていた。

そこで三四年に上海で大衆語論争が起こるが、それに先行して、政府刊行物ではむしろ白話文に反対して文語復活運動を展開しており、これへの反発も白話を擁護する上海の陳望道や葉聖陶らを中心に出ていた。こうして五四批判が新旧双方からでる。

一方、漢字の簡略化に関しては、三五年には上海で「手頭字」（日常使用の略字）運動がおき、蔡元培・陶行知・陳望道・巴金ら広く文化教育界の著名人や雑誌による使用の共同提起がされ

た。こうしたなか、銭玄同作の簡体字案から文字数を三百余にまで抑えたうえで教育部に批准され、簡体字表が発表される。ところがこれも土壇場で知った戴季陶の猛反対に遭い、施行にいたらなかった。

国音統一の方向では、南北二大方言を折衷して人工的な発音をつくる構想から転じて、趙元任らの主張で、中等教育を受けた北京人の発音を標準とする方向を歩むことになる。三二年にようやく『国音常用字彙』が公刊され、基準が定まった。それでも学校教育への導入は難航し、イントネーションの問題等もあり、中華民国での普及はやはり容易ではなかった。

中共の彷徨と中華ソヴィエト

南京国民政府は上海クーデターにつづく国共合作の崩壊で成立したのであり、共産党は大打撃をうける。当時、スターリンやブハーリンが中心になったコミンテルンでは、武漢国民党の反動化を懸念したトロツキーに対し、スターリンは逆に左派とみなし、武漢政府を通しての土地革命まで中共に要求し、それが合作崩壊につながっていた。だがコミンテルンの指示による中共の各地での武装蜂起の敗北も含め、責任はその批判者でもあった陳独秀の「右傾日和見主義路線」に帰され、同一九二七年、陳独秀は総書記からおろされた。

中共の自立が必要だと考えていた陳独秀は以来、トロツキーと中国革命をめぐって烈しい論

「この虫歯は抜いてしまった」『半角漫画』(7巻3号, 1929年)中国共産党の創設者, 陳独秀は党除名に.

争を展開していたスターリンを日和見主義的官僚主義だと批判し、大衆の平和要求も軽視すべきでないとしたトロツキーの観点を評価する。当時にあって「労働者の祖国ソ連」擁護を中共が掲げることにも反対するようになり、それは中共中央の政治路線への反対を意味し、一九二九年にこの中共の主要な創始者ともいうべき理論家、陳独秀は正式に除名されてしまう(図)。そういう党を「スターリンの蓄音機」として見限った陳独秀は、ともに除名された彭述之らと上海で無産者社を結成、一九三〇年から『無産者』を刊行した。

陳独秀後の党中央要職には瞿秋白、李立三を経て王明、さらにその腹心たちと、いずれも留ソ派が就き、あいつぐ武装蜂起を敢行、すべて失敗する。一九二七年の南昌蜂起が失敗し、ついで毛沢東らも湖南や江西での秋収蜂起に失敗すると、敗残部隊をひきつれ、根拠地を求めて山岳地帯、井崗山に入る。在地のアウトロー的勢力をも吸収し、地主の土地を没収して貧しい農民に分け与える土地革命を試み、そこへ朱徳が率いた南昌蜂起の残兵および最後に失敗した広州蜂起の残兵の一部も合流した。

その後、生き延びた一部の共産党勢力が革命根拠地を築き、曲折を経ながらも三〇年末には湖南省省都長沙を占領、ごく短命に終わるが湖南省ソヴィエト政府の樹立を宣言して国民党に衝撃を与える。蔣介石はこの時から三三年にかけて、江西省で五回にわたる包囲討伐(「囲剿」)を開始するが、てこずる。二九年には毛沢東らも井崗山から江西省南部に根拠地を移しており、三一年に第三回の包囲討伐を撃破後、瑞金(江西省)を首都とし、中央政権機構としての中華ソヴィエト共和国の樹立を宣言した。臨時政府の主席に毛沢東、軍事委員会主席に朱徳が就任、総計人口約一千万を統治することになる。

中華ソヴィエト共和国の憲法大綱には婚姻の自由はもとより、「女性解放の徹底した実行の保障」が謳われた。だが、二八年のモスクワでの全国代表大会で従来の女性運動における「小ブルジョア的偏向」が指摘され、「女権主義」「キリスト教」運動、国民党政権における法律改正なども階級闘争の否定とみなされる。女性独自の問題をとりあげるにしても、男女一致が求められ、女性単独の団体の組織を階級の無視として禁じ、女性自主の方向はむしろ抑制された。

訓政批判と『新月』人権派

国民統一政府の成立にあたっては共産党勢力が排除されていたが、新文化運動の洗礼をうけた自由主義的な知識人においても国民党独裁に通じる訓政体制には反発があった。北伐が北京に迫って以降、南下した文化人のうち、新月社の徐志摩が一九二八年に上海に新月書店を開設して胡適や上海の光華大学の羅隆基(図)らと月刊『新月』を始め、聞一多や潘光旦、文学観ではバビットの影響を受けた自由

羅隆基(『最後的貴族』)

主義者の梁実秋ら、清華大学出身の留米組がその中心に集う。当初、純文芸誌を標榜していた『新月』は、二九年、「現今の中国では政治を語る必要がある」と方針を変更する。そのきっかけは、国民政府による「人権保障法令」の公布であった。

これを名実乖離だとして、まず胡適が、政府等による「反動分子」「反革命」「共産党嫌疑」といったレッテル貼りによる人権侵害の横行をみるにつけ、憲法の制定がなにより必要で、「約法によって政府の権限を規定」して「人民の権利自由に法律による保障」をすべきだと強く求め(「人権と約法」)、さらに、現「党治」は「軍人治党」であり、憲法なき訓政は専制でしかないとまで断じた。ついで、英国留学時、英労働党左派ラスキに学んだ羅隆基もやはり「人権の破産」を責め、人権の意義の根拠を功利(公益)性に求め、功利主義的観点から法律による人権保障を要求した。こうした真っ向からの批判は蒋介石をより怒らせ、国民党からの封じ込めに遭う。

反蔣介石の汪精衛はこうした、欧米留学経験者が主流の人権派に対しても、米仏モデルでしかないとして、左派のソ連モデルともども批判した。汪精衛の人権派への反発は国共のイデオロギーよりは、実効を求めながらも中国の現実を起点としてはいない、という点にあり、それはそれで根の深いものがあった。

というのも、訓政批判当時、胡適は「われわれはどの道を歩むのか」(一九三〇年)において、中国が打倒すべき「五鬼」は「貧窮・疾病・愚昧・貪汚(汚職)・擾乱」であって、帝国主義・軍閥・封建勢力・資本主義およびブルジョアジーではないとして、帝国主義もこの「五鬼」がない国には侵入しない、敵は外にではなく内にある、と説いた。これはあくまで「革命」から「反動」へ転じた国民党への痛烈な批判としてだされたのであったが、共産党の「反帝」路線への批判の表明にも通じていた。

この胡適説を、北京大学のもと同僚で「好政府」での同志、郷村建設運動を始めだした梁漱溟が辛辣に批判する。中国の問題は国際資本、帝国主義の侵略にあり、「不平等条約の桎梏・束縛からの解放」でしか解決できない。疾病・愚昧は貧窮に、貪汚は擾乱にかかわり、「貧窮は直接、帝国主義の経済侵略から、擾乱は間接に帝国主義による軍閥の操縦からくるもので、よって帝国主義こそ問題の所在」であるとした。胡適は二〇年代には社会主義にもソ連にも関心をよせながら、先にみたように、「問題と主義」論争当時も反帝国主義はいいたてるまでもないとしていた。この時の梁漱溟の反帝思想は、翌年の満洲事変を予感していたのかと思わせるほどで、それ以降に比べても激しいものがあった。

満洲事変と「安内攘外」

一九三一年九月、日本軍によって東北部に中国では「九・一八」と呼ばれる満洲事変が起こされた。翌年にはリットン調査団が入り、日本の「合法的な自衛の措置とは認められない」との報告がでる。それを日本側は察知しながらも報告書公表前、長春において溥儀による、傀儡の「満洲国」(中国では「偽満洲国」)建国宣言に至らせる。「王道楽土」「五族(漢・満・蒙・朝・日)協和」というまさしく偽りのユートピアの約束であり、三二年一月には第一次上海事変、そして三七年盧溝橋事件[七七事変]から第二次上海事変を経て矢継ぎ早に本格化する侵華戦争、日中戦争の始まりでもある。やがて第一次世界大戦後の資本主義発展とあいまってもたらされた統一国民政府下での「黄金の十年」(一九二七~三七年)の安定・繁栄を、さまざまに脅かしていくことになる。

かたや蔣介石は反蔣派の活性化による党内分裂のなかで、満洲事変の数日後、日本に対しては「まずは公理をもって強権に、和平をもって野蛮に対し、痛みと憤りを忍び、しばらく逆境に耐える態度によって、国際公理の判断を待つべき」だとして、軍事的不抵抗策を宣言した。

「公理をもって強権に対する」とは、五四期の『新青年』での叫びであった。「一党独裁をやめて全国から人材を集め、国防政府を組織すべき」と考えた王造時や羅隆基らは抗議の声をあげるが、政府はむしろ日本との交渉に入る。中国の兵力は日本に劣ると考えた胡適も国民党に対して交渉を建言していた。一九三一年末からは、日本の侵略、それに対する「安内攘外(国内を安定させてから外敵を撃退する)」路線に対し、かつて活躍した知識人、章炳麟や熊希齢、黄炎培らをはじめ広範な人々が国難救済会などを結成して抗議の声をあげる。一方で政府は反蔣の汪精衛の広州国民政府との合作政権を成立させた。

だが三二年一月の第一次上海事変で今度こそ抵抗を、そのためには独裁廃止と民主の実行をという期待が高まり、実際、国民政府により三二年四月に洛陽で国難会議も開かれるが、期待は裏切られる。そこへ上海では金融・商業界を中心に内戦廃止同盟も結成され、その他の都市にも波及する。やがて国家統一のための共産党討伐の名目で強行された国民党政権による暴力的弾圧、人権蹂躙に反対し、蔡元培、共産党とも関係をもった宋慶齢、楊杏仏ら国民党左派や王造時ら自由主義者が少なくとも表向きは中心となって、一九三二年末には中国民権保障同盟も短期間ながら結成される。

一九二五年に上海で創刊された中華職業教育社の『生活週刊』は翌二六年、鄒韜奮が主編となり、学生・青年層を主たる読者として不偏不党、公正独立、読者大衆の「良き友」という立場をうちたて、人気を博していた。この『生活週刊』も満洲事変批判、抗日宣伝に努める。

天津ではベルギーの宣教師が創業し、一九三〇、四〇年代には華北で自由主義的な新聞として知られていた『益世報』も危機感を募らせ、国民党の一党独裁批判、多党制・憲政の立場を明確にする。過去の政治改革が失敗したのは軍人の武力に頼ったからだとして法治を唱え、三二年から主任論説委員に羅隆基を据える。羅隆基は満洲事変以降、経験主義の立場から、民主と憲政こそが民族の独立を可能にするとみなし、のちの四〇年代の立憲運動への道を開くとともに、対日不抵抗策を批判するようになる。

だが国民政府は共産党への包囲討伐戦を続け、三三年秋から一年以上にわたる第五次の包囲討伐戦を百万もの兵を投じて遂行する。同年に中国民権保障同盟の指導者の楊杏仏は暗殺され、鄒韜奮も身に危険が及んだので、米国に逃れ、『生活週刊』も発禁となる。こうして中国の内戦状態が続くなか、国際連盟内で孤立した日本は連盟を脱退してまで侵略を続行するという事態に立ち至る。

民族復興論と『独立評論』

満洲事変以降、知識人たちはそうした予想をこえる推移に困惑しつつ、主要メディアのほかに新たな雑誌もたちあげて救亡ナショナリズムとしての「民族復興」を喚起し、その一方で、危機を乗り切るための政治・政体のありかたを議論する。

この時期の「民族復興」論に影響があったのは、ナポレオン占領下のベルリンでのフィヒテの講演『ドイツ国民に告ぐ』(一八〇八年)で、つとに梁啓超が紹介し、ついでその弟子の張君勱がドイツ留学後、ドイツ復興に導いた「愛国の哲学家」としてフィヒテを本格的に紹介していた。梁啓超系の張君勱と張東蓀らは満洲事変前後に中国国家社会党を結成、『再生』を北京で刊行していたが、梁実秋・王造時らもかかわったこの『再生』に、三二年七月より『ドイツ国民に告ぐ』の張君勱による抄訳が連載され評判となった。ヘーゲル学者の賀麟もフィヒテの民族主義を礼賛する。

上海で国民党政府系の『復興月刊』が創刊され、『東方雑誌』や国民党政府支持から抗日に傾きだした天津『大公報』等の主要メディアを舞台に民族復興が論じられる。だがもっとも注目された雑誌は、三二年五月創刊の『独立評論』である。羅隆基同様に上海で『新月』に集ったのち北京に戻った胡適と蔣廷黻・丁文江・傅斯年・翁文灝・陳衡哲らおおむね自由主義派が主宰、雑誌名に反映されたように「独立」した経営によって「公共の刊行物」をめざした。

民族は生物の有機体と異なり、新陳代謝により常に復興の可能性があるとの主張が『独立評論』に掲載されると、梁漱溟は近百年来の中華民族の不振は「世界の大交通」つまりグローバル化の新環境に適応できない文化における失敗だと説く。こうした文化不振説に対しては、潘光旦が持ち前の優生学の立場から、満洲事変後の民族復興議論は文化要素に偏りすぎていて、「生物の遺伝」「地理環境」の問題を軽視しているが、三者を合わせてみることで復興の道が開ける、と主張した。民族学者の呉沢霖も人口圧力への対処を提起している。

張君勱（*Democracy and Socialism in Republican China*）

フィヒテを紹介した張君勱（図）は、国家の盛衰は民族主義いかんであり、中華民族が近年、欧米列強や日本に遅れをとるのはいつまでも「天下」観念にとらわれ、民族主義が希薄であるからで、満洲事変はその転換の契機としうる、と説く。さらには「情・智・意（思）」面から国民の民族意識を涵養することが重要だと指摘し、また、「民族の自信力」を高めるには自国の歴史文化を尊重すべきで、たかだか近百年の遅れをもって祖先・伝統を全面的に批判、はては否定することへの反対を表明した。

張君勱が西洋から学ぶのは大事でも、自主性が必要だという前提のうえで儒教文化の価値を高く評価したことに胡適は異論を唱えた。民族の自信力は賛美の上ではなく、反省という基礎の上にのみ築かれるのであり、文化の貧困を認識し、根拠なき自信を捨て、祖先・伝統の罪深さの所在をよく振り返るべきだ、と。胡適も伝統文化の全面否定による「全面西洋化」論であるわけではなかった。

この問題では議論がさらに続き、後述のように、民族復興と「中国本位の文化」問題をめぐる議論に接続していくことになる。

これと並行して議論されていた政体問題では、日本の侵略を前に、多くの知識人は結束して抵抗し、蔣介石同様に国際世論に訴えるべきで、そのためには国民政府が民主化を進め、汚職腐敗を一掃すべきだと、多かれ少なかれ考えられていたといってよい。ただ日本軍の力の見立てや国共の動きによって、そうした考えは個人差があるとはいえ揺れ動く。一九三二年の第一次上海事変後の一時期、訓政批判、民主・憲政要求が強くでるが、日本軍が国際関係も顧みず侵略を続け、華北にまで及ぶと、民主よりも強権による統一結束が求められる。力がないのにやみくもに抵抗を唱えて全滅するよりは、早めに日本と妥協をしてでも、領土の一部を確保し、いずれ力をためて挽回すべきだ、という悲観論もでる。そうした分岐はほとんど自由な選択などありえない戦時情勢に迫られて提示されたもので、情勢による変化を無視して、民主・自由と独裁、抵抗と妥協という思想あるいは理論の対立・展開としてはとらえがたい。

第一次上海事変後、『再生』で王造時らはまず「訓政の中止、憲政の実行」という政治闘争方式で各党派を仲裁し、平和方式で改良しようと主張した。ただ、平和方式が通用しない場合には武力革命・新政権樹立に反対する理由はない、と。同じく『再生』の創刊号で中国国家社会党の張君勱・張東蓀・胡石青の三人の署名により、「修正民主政治」「国家社会主義」「計画的教育」を主張、独裁政治・思想統制に反対するとともに、経済的には国際経済競争力を高めるため国家資本主義の提言をした。

一方、『独立評論』の創刊号では、胡適は訓政の延命は政党のために罪作りなだけだとし、歴史学者の蔣廷黻は国民党の訓政の成績は「宣統年間の満清の予備立憲にもなお及ばない」と酷評し、訓政批判において旗幟を鮮明にしていた。

だが国難会議のあと三二年なかばには、胡適は政府に憲政の早期実現を促しはするが、まずは平和的に政権の制度を運用するよう忠告するにとどめ、民主・憲政問題は二の次とした。丁文江も外患に直面すると、「好い政府」でなかろうと政府なり国民党が倒れるとさらなる混乱あるのみ、と案じた。多くの知識人のあいだでは、このころには民主・憲政から内戦廃止にシフトしていた。その後、丁文江は熱河を防衛して「まだ失われていない土地を保全する」よう主張するまでになる。

三三年になると、蔣廷黻は「統一を破壊する勢力」を「国体にとっての病原菌」とみて排除すべきだと説き、独裁による武力統一をもよしとする。蔣廷黻が清華大学を去り、請われて国民政府入りし、以後は外交畑を歩む二年前のことである。これにはさすがに丁文江の署名ながら胡適との合作というべき「いわゆる『剿匪』(共産党討伐)問題」(『独立評論』六号)において、共産党は「匪」賊でなく、「政敵」としての正式な承認が必要だと主張され、『益世報』でも「赤匪」や「共匪」の語の使用中止の主張が現れる。

さらに胡適は、民主に独自な説明をほどこす。新式の専制とは梁啓超のいう開明専制で、実質は訓政である。今や領袖・一党・階級の各専制・独裁が大流行だが、専制できるほど有能な人も党も階級も中国には存在せず、「民主・憲政は幼稚な政治制度」だからこそ政治経験に乏しい民族を訓練するのに適する、平凡な常識の「衆知を集める」政治であると、「特別な英雄の政治」としての開明専制を対置してみせる(同上八二号)。

のち三五年の「再び民主政治と独裁政治をめぐって」(一三七号)では、科学者の丁文江ですら、今日の中国で自殺もせず日本帝国の従順な民ともならず、独立を保つには新式独裁しかない、と独裁に傾いた。その丁と蔣廷黻を批判した張君勱もまた、国難期にあって不可欠な「挙国一致・実行(力)重視・権力集中」では独裁政治が優れているとし、修正民主政治を主張した。胡適も同年、自分の主張する「議会とは大いに伸縮の余地があるもの」で、目下、「民主的色彩をおびる制度」でありさえすれば進歩だと承認し、「議会政治論で国民党と争う」ことは望まない、そうした「最低限の共通の政治信仰」があってこそ散漫な国家・民族を連合することができる、と言明した。

こうして「民主と科学」を奉じた五四の自由主義系の知識人たちもなべて統一のための独裁、もしくは譲歩へ傾かざるをえない流れのなかで、一九三三年のドイツのヒトラー政権の成立か

魯少飛「遊びじゃない」（『時代漫画』30 期，1936 年）『上海漫画』の創刊後，魯少飛・葉浅予らは『時代漫画』（1934-37）を創刊，漫画文化黄金時代を築いた．

らの刺激で、「議会主義民主主義の虚偽の多数主義に反対し、領袖の独裁を主張する」ファシズムへの諷刺・批判（図参照）だけでなく、同調も出現する。

一方、国民党立法院は三六年、国民大会を最高権力機関とする「中華民国憲法草案」を通過させ、五月五日に公布した（「五五憲草」と略称）。「民主」的憲法といえるが、国民党一党体制には変更がなく、総統集権制としたため訓政を大きく変えることにはならなかった。

中国社会性質・社会史論戦

国民革命の失敗後、なにより中国が向かうべき道が問われたことから、中国社会の性質および社会の歴史発展段階等の問題についての論争が続けられた。それには一九二九年の世界恐慌後の三二年にソ連の第一次五カ年計画が繰り上げ達成され、その成功の衝撃が中共の劣勢にもかかわらず、ソ連、そしてマルクス主義への関心を広く喚起したことも関係していた。

国民党系では、一九二八年、雑誌『新生命』を創刊し、社会学の方法を重視した「新生命」

派のうち陶希聖が、封建制度は崩れたが封建勢力は存在するという総合社会論を唱え、また支配者は封建領主ではなく士大夫階級であることに特徴を見出した。ついで同派からは初期資本主義説や商業資本主義社会説、また土地私有制が社会停滞を招くとともに民族資本の誕生にも結びついたとみなす歴史学者周谷城の説もでて、論戦がここから始まる。

先にみた『新月』において反帝路線をも批判した胡適の「われわれはどの道を歩むのか」(三〇年)もその応答の一つであったろう。中国の封建社会は二千年前に滅んでおり(諸侯王の封建から郡県制への移行)、中国社会に本当のブルジョアジーは存在しない、よって帝国主義の影響もほとんどなく、当面の問題は非常に具体的な問題で、だからこそ武力革命では解決できず、徐々に改良するほかない、と。

一方、共産党系では、二八年のモスクワでの中共第六回全国代表大会においてスターリン、ブハーリンのラインで中国革命の性質は半植民地・半封建社会の反帝・反封建の民主主義革命であると認定された。先述のように総書記をおろされていた陳独秀や彭述之はスターリンらと対立していたトロツキーに傾き、当時の中国を地主階級による資本主義化を経た社会主義革命段階だとみなし、よって資本主義の成熟後の社会主義革命を主張したことから、この認定に反対し、これも除名理由につながった。

中共中央の指導のもと、上海で『新思潮』が創刊され、三〇年には、中国の「半植民地・半封建社会」説が再認定された。これをめぐっては三〇年代後半にも、当時の中国社会が封建社会・資本主義社会・半植民地半封建社会のいずれであるのかをめぐり、各界で議論が戦わされる。トロツキスト厳霊峰らは、帝国主義によって中国の封建経済が破壊され、資本主義社会段階にあるとみなし、労働者が目下、反対すべきは資本主義であって封建制ではないと主張した。

こうした論争は、将来、どのような社会をめざすのかを考える必要からも、「どこから来たのか」、つまり、歴史遠因へと関心が遡りつつ、中国社会史問題の論争となる。主要にはマルクスのいうアジア的生産様式の理解、中国史上の奴隷制社会の有無、さらに商業資本主義社会をめぐって展開され、日本にいた郭沫若も一九三〇年に『中国古代社会研究』を発表、中国古代史を唯物史観によって発展史として描き、奴隷制も社会発展に必要な段階で、殷周が奴隷制であったと説く。

それに対して陶希聖や古代史の胡秋原は中国史上の奴隷制の存在を否定し、また中国社会はアヘン戦争前から商業資本主義ないし前資本主義だとみなすが、マルクス主義社会経済史学者の呂振羽は商業資本と資本主義との関連を否定して、中国に商業資本主義時期は存在しないと主張する。こうした唯物史観の中国社会への適用可能性の討論は、唯物史観による中国文学史研究者が主宰した『読書雑誌』で主に展開された。同誌は一九三一年から「中国社会史論戦」特集を四集にわたって組み、満洲事変で抗日に打ち込みだした胡秋原らがここを主舞台として議論した。

この歴史論戦は、考証学を応用した顧頡剛や傅斯年ら「疑古」史学派の隆盛のあと、史的唯物論による中国史研究が流行し始める時におこった。「疑古」史学が古代史の高度な校勘技術による整理にとどまり、どこまでも疑い、「ついに疑惑の雲霧を突破できない」という批判もでたが（杜畏之）、この論戦では議論の発展にはいたらなかった。

その後さらに一九三四〜三七年には理論中心から、現実に崩壊の危機に瀕した中国農村経済の社会性質問題へと論戦は展開し、経済派と農村派とにより、農村破綻の救済案が検討された。資本と生産技術の問題とみなした経済派に対して、農村派は生産力との関連で生産関係の変革を軽視すべきではないとし、封建的土地所有制にこそ問題があると指摘した。

これら、ソ連におけるスターリン―トロツキー論争を一遠景とした論争全体を通して、マルクス主義が中国での誕生間もない社会科学領域にも浸透していったことは確かであろう。帝国主義侵略のもとでの半植民地・半封建社会という位置づけを含め、現在の中国における近現代史観への影響も大きい。

新生活運動――身体・生活の近代化と新復古

左派文化は都市に生まれた近代文化の典型であったといえるが、中共への第五次包囲討伐戦を展開していた蒋介石によって、国民の衣食住のレベルでの異なる近代化が一九三四年、江西省の南昌から発動される。中国が侵略に抗することもできず国際地位の低下を招く原因を、規律なき生活、不潔な心身、ところかまわず痰を吐くような「野蛮な生活作法」に求め、訓育による改良を主張する(図参照)。その達成のため、「礼義廉恥」の儒教道徳を根底におく「中国固有文化の復興運動」としての「新生活運動」を創めようとした。

張振宇「新生活(一)：閨房対話」(『万象』1935年)：「冷水浴で身体を常に清潔にせよ」と命じた蒋介石は反対分子の存在も除去し，妻の宋美齢は「常に櫛で髪をとく」公約の実践上，時間の節約のため前髪までも「目の前」の障りとして切りおとしてしまい(女子の断髪禁止なのに)，耳目を一新しようと決意.

蒋介石は東京振武学校への留学で軍事教育を受け、先述のように「武士道精神」を高く評価しただけに、日本人のように「朝晩、必ず冷たい水で顔を洗い」、生活を軍事化して整然・清潔・簡単・質素にし、迅速、誠実、時間厳守、秩序を重んじるべきだとした。梁啓超も考えた「新民」、国民に求められる近代的生活の規律、公徳の表現といえる。三五年から提唱した、国民生活の高次の目標を示した生活の軍事化・生産化・芸術化の「三化」もまた、近代的な国民

梁白波「蜜蜂」衣服まで警官に干渉されるのなら脱いでやる，とモダンガール(『立報』1935 年 9 月 24 日)

の馴化の狙いと符合していた。動員イベント・ショーとして上海市新生活集団結婚なども予行演習のうえおこなわれた。

同運動の女性動員を指揮した夫人の宋美齢も米国東部のミッション系の女子大学留学からプロテスタントの質実剛健を美徳とした。だがそれでジェンダー規制も強めて女子の断髪やパーマ、半袖衣服まで禁止し、それに乗じた摩登《モダン》破壊団も現れてモダン風俗浄化行動にまで及んだ。さらには運動の発動後まもなく、「忠党愛国」「大公無私、尽忠報国」が唱えられ、それを口実に「女は家に帰れ」論を唱える者も出たとなると、確かに「新」復古でもあり、諷刺漫画の格好の対象ともなった(図)。まして尊孔・読経の提唱によって沸き上がったのが、初等教育での文語復活の主張であり、これは先述の大衆語論争のきっかけにもなった。

「中国本位文化」と「全面西洋化」論

一九三五年、民族復興論の延長上に、王新命・陶希聖ら一〇名の教授により「中国本位の文化建設宣言」が出された。中国文化領域の特色が失われたとして、単なる復古論も五四以来の西洋化論をも批判しつつ、過去の文化を再検討して欧米文化を取捨選択して吸収することで、独自のイデオロギー構築をめざそうという宣言であった。この宣言は蔣介石の側近の「唯生論」者、陳立夫が前年から新生活運動にあわせて立ち上げた中国文化建設協会が刊行する月刊『文化建設』に「中華民族の新たな道」(陳立夫)の展開として掲載され、宣伝された。

その背景として、一九三〇年代初めに一大流派をなしつつあった文化一元論的な「全面西洋化」がある。陳序経らが文化社会学によりつつ、文化を分割できない統一体とみなし、他文化から学ぶには全面採用しかないとしていた。

「全面西洋化」〔全盤西化〕論は、五四期の中国伝統批判にしばしば西洋優位説が用いられたので、陳独秀や、ことに米国で学び、政治社会は米英式をよしとした胡適にその典型を求められがちである。実際、「全盤西化」の語の初出は一九二九年、胡適が英文の書で「形を変えた」保守的な折衷文化論を批判して"Wholesale Westernization" "Wholehearted Modernisation"を主張したもので、それを書評にとりあげた潘光旦が、その訳語としては「全力現代化」に賛成し、「全盤西化」に反対していた。ともあれ、胡適自身は「家では中国式に従い」、親しい学生にも「三分の舶来、七分の伝統」とも評されたごとく、中国文化を西洋近代的手法で分析、「整理」しようとしただけで、保存なくして「整理」もなく、全面否定してはいなかった。

そこへ南洋華僑の出で海外暮らしも長かった広東嶺南大学教授陳序経が「全面西洋化」を提起する(『中国文化の活路』一九三四年)。中国文化を復古派・折衷派・全面西洋化に分類比較のうえ、西洋文化こそ現代の世界の趨勢で、淘汰を免れる唯一の「中国文化の活路」は全面西洋化だとし、胡適をも「部分的西洋化」だと批判した。

陳序経の論もまた、新生活運動に連なる新復古潮流への反発からきていて、そういう意味でも、五四後の東西文化論がより厳しい民族的危機のなかで反復されたといえる。胡適が建国問題で、「全面的に外国の模倣をするという問題ではなく」、外国制度の方法を参考にしつつ、何千年もの中国の歴史のなかからも有用な教訓を探し当てられるかもしれない、としたのに対し、「折衷派」を自称した社会経済学者、呉景超は『独立評論』で、胡適説も「本位宣言」と同様だとして賛意を示した。

それへの反論で、陳序経は「二千年来の中国文化が停滞して発展しなかったのは惰性が強かったためである。惰性の強さは創造力の欠如を示している」、全面西洋化こそ実は「中国が別の新文化を創造する始まり」だと主張すると、胡適も自らは文化の折衷は不可能だとつとに言明しており、全面西洋化派だが、「ただ、文化に「惰性」があって、全面西洋化の結果、おのずとある種の折衷的な傾向をもつ」、だから「中国的」だと論じる。

さらに胡適は同年、『大公報』で同「本位宣言」に対して「最新式の装いで出現した「中体西用」」として深い失望感を表明する。纏足・科挙の八股文・宦官・妾・寡婦表彰の貞節牌坊（顕彰アーチ）といった「国滓《かす》」の固有文化、「文化の惰性」に恋々とするなら向上はない、欧米の文化と接触して過去を清算、改造し、将来の文化を創造すべきだと、五四以来の自説を展開した。

だが胡適の批判に対して、夜郎自大は戒めるべきで反省は必要だが、欠点があるからといって全否定すべきではない、といった異論があいつぐ。そこで胡適も、「全面」というのは不適切だとして「十分な世界化」と修正することになる。固有文化のうち、世界に一、二位を誇れるものとして、中国の「最もシンプルで合理的な文法、平民化した社会構造、希薄な宗教心」の三点があげられる、とことさらに認めることにもなった。

この胡適の説に対して、そのころには「反共のマルキスト」を自称した葉青は、全面西洋化論とは経済的あるいは政治的植民地化論からさらに踏み込んだ文化的植民地化論であり、胡適が「帝国主義」という抽象名詞を理解できないのは、意識が帝国主義化しているからだと批判する。文化的独立と自由の要求こそあらゆる抑圧の除去の第一歩で、それこそが中国民族の覚醒だ、と。帝国主義観では、都市工業の発展を主張する呉景超も中国工業の困難さを帝国主義の圧迫ではなく中国民族の問題だとみなしており、胡適と共通していた。民族主義のテーマは植民地・帝国主義、国内の都市と農村、近代化の錯綜する問題として顕在化していた。

郷村建設

資本主義の発達によって左翼文化を含むモダン文化が三〇年代の都市を中心に広がっていたが、この時点でも中国の八五％は農村であり、いうまでもなく農村問題が重要な意味をもった。仏教から儒学に向かい、中国社会に関心を抱いていた梁漱溟は、東西文化論から発して郷村建設運動を始める。一九二三年に山東で「農村立国」を唱え、翌年には北京大学を辞職、陶行知らの暁荘師範の参観等を経て、三一年には山東鄒平に山東郷村建設研究院を創立した。「団体生活の習慣」に欠け、物質文明に基づく西欧的政治制度にむかない中国人は、高い精神文明をもつ「中国式の新政治の習慣」を養うべきで、それには小範囲から、郷村からの着手を、という論理である。ユートピアをめざすのではなく、既存の郷村、農業の改革をめざし、日中戦争による挫折まで活動を続けた。「郷村自治」の成功なくして都市の成功なし、という信念は、その後も変わらなかった。

一方、先述のように中華教育改進社から出て平教会でクリスチャンとして活動した晏陽初は、人口の八〇％以上の非識字者への識字教育に重点をおいた平民教育運動から農村部に入っていく。この運動で河北の定県に実験区を設け(次頁図)、さらに農村問題の複雑さを知る。厳復は清末に中国の三大患を愚・貧・弱ととらえ、愚を最も問題としたが、ここで晏陽初はその三大

晏陽初の定県，平民学校
（『晏陽初：その平民教育と郷村建設』）

患に「私」を加えて四患とし、識字教育をしても、活用の機会がなければ役立たない、破産した農村では建設のため文芸・経済・衛生・公民教育が必要だと主張した。家庭式教育方法において各家庭で公民道徳の訓練をし、公共観念を高め、その次に民衆の民族意識を呼び覚まそうとしたのである。エドガー・スノーはのちにこの方式を「定県主義」と呼んだ。

こうした農村での運動は知識人や都市生活者に、人口の大部分を占める農民と土地の問題を喚起するのであるが、なによりも日中戦争がその存続を許さず、各地での実験も避難のための中止を余儀なくされた。

大都市の出現

一九二〇年代に人口一〇〇万を有した北京は、フランス資本で開通した市電、街灯、舗装道路、映画館もでき、大変化をみせる。明清の二十四帝が五〇〇年間鎮座した紫禁城も、清室優待条件に守られた溥儀ら皇族が二四年の北京政変で追い出されると、二五年の双十節（十月十日、中華民国の建国記念日）から故宮博物院として一般公開された。日本の皇居のことを考えても、当時のインパクトの大きさは想像にあまりある。

故宮付近は、二〇世紀初頭は露店の広場でしかなかった王府井《ワンフーチン》や前門大街、前門外大柵欄が大商店・繁華街となり、茶館や酒場が林立して娯楽場所も増えた(図参照)。二七年には出力が不十分ながら北京政府によるラジオ放送が始まっている。

一方、上海は都の北京とは様相を異にした。租界という内なる外国を核として、変則的にコロニアルでもありコスモポリタンな大都会が出現していた。城壁で取り囲まれた県城とは別に英・仏等の租界が形成され、教会も公園も競馬場さえもできた。当時の世界でも有数のモダンが移植された租界が栄えだすと、城隍廟を中心に密集した商店街が形成されていた県城内から、中国人が租界へと続々流出していった。こうして妓院(楼)、アヘンを吸わせる煙館、茶館や地方劇をみせる戯園も租界に立ち並ぶようになる。早くも一八七〇年には海底電信ケーブルが香港・上海間に開通していて、香港・ロンドン経由の世界情報網にくいこんだ。租界では水道・電力・電車など、西洋式都市のインフラも一九世紀末から進み、洋式高層建築が続々と建つ。もちろん、その周縁には建設に雇用された多くのクーリーや貧しい一家を支える女工たちの住むスラムが形成されていく。

北京前門商店街．中央に纏足女性
(『北洋歳月』)

民国元年から翌年にかけて、県城城壁が取り壊され、周辺と租界

上海南京路夜景（『経典上海建築之旅』）

との交通往来も急増する。一九一〇年代後半からは、機械制工業の発展とともに大衆消費者も生まれだしており、租界のメイン・ストリート南京路（図参照）に、まず華僑資本によって鉄筋の大型デパート、先施《シンシア》百貨公司や永安百貨公司等が娯楽施設もかねた複合施設として建設され、ダンスホールや映画館、大遊興娯楽ビル「新世界」や「大世界ダスカ」も出現する。眩しいイルミネーションの陰で秘密結社、青幇《チンパン》のボスの杜月笙がとりしきる裏社会も形成される。

上海の黄埔江沿いの港湾居留地、外灘を中心にした租界区には、二〇年代後半から三〇年代にかけて新建築物が出現する。沙遜洋行のサッスーン等、不動産業で財をなしたユダヤ系をはじめとするディアスポラたちによって、彼らの夢でもあった、格式高い堂々たる新古典主義様式やニューヨークの摩天楼に用いられた装飾的なアール・デコ様式の名建築物が建設され、サッスーン・ハウス等の高層建築はとりわけ評判をとなる。南京路は「小パリ」の異名をとった。

ディアスポラの一人、哈同はサッスーンから独立して哈同洋行を設立、不動産業で財をなし、熱心な仏教信者の妻を介して辛亥革命前から黄宗仰（烏目山僧）や章炳麟、孫文ら革命派のサロンにも場を提供した。財界人のみならず、ロシア革命で逃れてきた貴族や美術・漫画・音楽等、幅広いジャンルの芸術家たちも租界に住みつき、芸術面の多文化的土壌を形成するようになる。

他方、三〇年代初めから租界に対して上海奪還を志した蔣介石の大上海都市計画に基づき、市政府庁舎等の市立の公共施設群が建設される。鉄筋コンクリートの近代建築ながら、中国風寺院や宮殿を模した「民族形式」が強調された。そしてこれは、先述の蔣介石による新生活運動の発動と連続していた。

このように北京や上海は都市として変貌をとげたが、ただ民国になるころ、都市化にインフラが追いつかず、戦乱もあり、世紀末のロンドンなどと同様、衛生の悪化が問題となる。上海ではペストやコレラも流行し、衛生行政も拡大される。すでにみたように、知識界・政界での中国医学の評価は下がり、大量の新聞広告(次頁図)等が功を奏し、やがて広く保健薬にいたるまで西洋医薬品が用いられる。中国医学を支えていた道教も分が悪くなり、正式の道士は激減した。とはいえ、農民はもちろん、都市の庶民もまた道教系を中心とする民間宗教を信仰し、廟に参拝し、その際に無料奉仕する講なども機能していた。ともあれ、五四新青年たちを苛立たせるほどに社会風俗は急変しなかった。

乗り物も担ぎかごに馬車、そして日本から入った人力車、自転車から自動車までもが混在し、経済力次第で利用された。市電の開通を生活問題として、二〇年代に最盛期を迎えた人力車の車夫の抗議運動も、中国医学の医師の場合と同様、起きていた。

新社会層と新女性・モダンガール

あらたな都市文化の担い手として、中間層的な大衆の登場がある。だが階層論的な把握だけではその文化は語り得ない。なにより女性が消費者として、また労働者として商場やカフェ、映画館などの娯楽施設へさらには公共領域へとよりせり出してきた背景と不可分な関係があった。

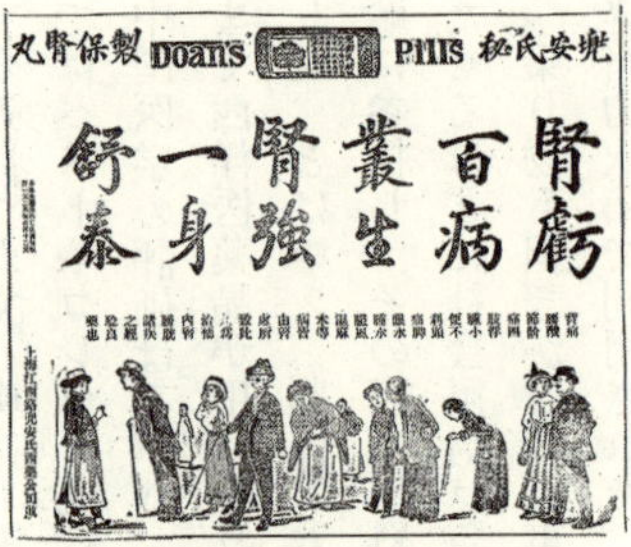

ドーン製薬の薬は新聞広告に多見され，魯迅も作品中にしばしばその名をあげる．『申報』1914年3月17日．

都市文化の新しさとは、実際には、多くの面で東西満漢の風俗の雑居でもあった。そしてそういう多様化こそが、礼儀や呼称の簡素化とともに、身分制やジェンダー秩序の変容を示していた。目にみえる変化を呈した衣裳風俗、ファッションでは、男性用は広州にいた孫文が東南アジアのシャツカラーの上着から考案、提唱したという中山服もできたが、洋装や、インテリや官僚の好んだ長い中国服も流行する。

女性用は従前の中国式上着とズボンまたは長いスカートから、短めのスカート、さらに満洲族風の旗袍《チーパオ》、ワンピース仕立てを経て、二〇年代末になって、長く秘匿を美とした身体性を強調するタイトなスリット入りのモダン旗袍、今のいわゆるチャイナ・ドレスが出現した。民国初年には「妓女が女学生を、女学生が妓女を真似」と民謡に歌われたといい(図参照)、女性の服装の変化はどの時代もそうだが、保守層からは「妖服」とみなされた。

両大戦間に世界の多くの大都市で、新しいタイプの女性が登場した。欧米での呼び名と異なり、東京をはじめとする日本の大都市部では、「モダンガール」(略称、モガ)という和製英語で呼ばれ、上海や日本植民地支配下のソウルや台北等でもこの「モダン」が使われた。

銭病鶴「誰が妓女で誰が学生か」(『中国婦女服飾与身体革命(1911-1935)』)

中国では五四運動時期には、女学生を中心とする最初は質素な「文明服装」の「新女性」(このことばはのち広義の意味で使われるが)たちが登場、そのうちにより広い階層において摩登女郎とか摩登小姐・姑娘などと呼ばれるモダンガール現象がコロニアルかつコスモポリタンな租界地をもつ大都市周辺からみられるようになる。長年の儒教的な束縛や秘匿から解放されて躍動する身体とそれを際立たせるファッションによる女性性を誇示し始め、またそれ以前に妓女が担っていた社交・男女交際の新たな花形となったことで、モダンボーイが憧れた。一九三〇年には三百万人以上の人口をかかえるまでになった上海には一七万人を数えた女工らも生活費を節約してささやかに真似た(図)。そしてそのモダンガールたちは当時の代表的な新都市文化に数えうる漫画・漫画雑誌や商業用カレンダー・画報の類、さらには映画といった視覚的複製文化において主役ともなる。

しかしその一方で、ジェンダー規範の侵犯を恐れる男女はもちろんのこと、「進歩」性を自認する知識人層によってもモダンガールはその消費生活上の奢侈性や社交性によって揶揄・嘲笑の対象とされていく。

魯少飛が描く女工のモダンガール現象
(『上海漫画』9号，1928年)

「ああ! モダンガール[摩登女郎]といえば粉おしろい、パーマ、香水にルージュ、映画見物に公園のお散歩。口を開けば自由、口を閉じれば恋愛。ただこれだけか? 一体、どの階層の女性かわからない。女学生も奥様も耀かしいスターも淫売の娼妓もみなそう。ああ、一体誰が新女子なのか。どうやら彼女たちはみな同じように虚栄心をもち、心の中はお金、洋館、自動車、ごちそうのみ」(静怡女士「自立的需要」『婦女雑誌』一七巻八号、一九三一年)。

日本でもモダンガールは先行の「新しき女」たちからさえ「高等娼婦の生活」などと非難されたが、ここでも娼妓にたとえられる。満洲事変・上海事変以降となると戦時色にともない、ことに「顔の消費」性、つまりは女性のおしゃれは浪費だとして、さらには思慮の欠如としてもあげつらわれるようになっていく。

新生活運動開始期前後の全体主義や復古風潮、民族復興願望などを背景に、さまざまな立場から、そして多くは男性から「女は家に帰れ」論が強まる。林語堂のように、女が外で活躍するのはかまわないが、結婚したら家事をしてほしいという男性新知識人も多かった。

女性解放運動参与の女性たちの多くはこの身勝手な論にもとより反対した。それでも国民党系『婦女共鳴』は救国と女性解放の二本立てにし、さらに新復古的な新生活運動に対しても、理論問題においてきた力点を今後は家庭生活指導にもおくようにするという譲歩もみせた。

だが、「女は家に帰れ」論への反論においても、それを誘発するものとしてモダンガールが標的ともなる。社交場でちゃらちゃらして内でも外でもろくろく働かないような「ロマンチックモダンガール」に対する世の中の嫌悪が、新旧支配者から女性抑圧の声を誘い出すのだ、と。そうした論者には胡適の弟子、陳衡哲らリベラルなインテリ女性を含むだけでなく、五四期以来、周恩来夫人の鄧穎超らとともに活躍、『婦女共鳴』を談社英と創刊していた李峙山らもいる。そもそも「ロマンチックモダンガール」は家に戻しても役に立たないのだと。男女を問わず、進化論者らからも進化のはみだしものとして非難の対象となっていた。高学歴女性に限定されないフェミニズムの可能性はそうした対象の広範化に芽生えていることに気づかれてはいなかったのである。

左翼文芸と近代演劇・映画

都市の発達は演劇文化をも活性化した。まず、中国の伝統地方歌劇の典型、京劇では、一九二〇、三〇年代に世界を駆け巡った女形の梅蘭芳をはじめ、独特の芸風を確立した名優たちが現れた。また、そうした歌劇とは異なり、ほとんどの観客は知識人ながら、会話文を中心とする西洋演劇も熊仏西らによって取り入れられた。新文化の影響で翻訳劇の本格受容から、話劇に要求される会話の「声」の演出・訓練にも関心が向けられるようになる。

国民革命期からの都市文化の大きな特色となったのは左翼文芸の台頭であった。清末の革命家たちと同様、国民政府下でも官憲の弾圧が及びにくい租界のある上海に左翼文芸関係者が多く集まった。若手が中心となった創造社を中心に革命文学を唱える。彼らと魯迅や上海潜伏中に『蝕』三部作で国民革命の実態を描いて作家となった茅盾たちのあいだで基本的には自主性の位相での革命文学論戦が展開され、魯迅もその前後の体験を通して、マルクス主義に接近していった。

この論戦から中共が動き、一九三〇年、上海において魯迅も加わることで左翼作家連盟（略称、左連）が正式に発足した。実際にはソ連から戻った瞿秋白が中心となった左連は「プロレタリア革命文学」を唱え、徐志摩・胡適ら新月派の筆会（ペンクラブ）や民族主義文芸運動とわたりあいながら活動を始めた。ところがまもなく、王明ら留ソ派が実権を握った中共の内部抗争もからんで、国民政府からの苛烈な弾圧にあう。その後、茅盾らの協力で、馮雪峰や若い女性の自我の問題をフェミニスト的な手法で描いた丁玲が編纂する文芸誌によって左翼文芸活動が展開され、満洲事変後の抗日意識の高まりで優勢ともなったが、結局、茅盾・瞿秋白がソヴィエト区へと去ると、弾圧の厳しさもあって党人と作家の連帯も薄れ、三六年初めには解散にいたる。

それでも三〇年代を通して文学界は成熟を遂げ、魯迅は雑文で鋭い社会・文明批評を行なったし、アナキストとして出発していた巴金は二九年にフランスから帰国すると、肺結核患者のテロリストを主人公とする『滅亡』を発表してデビュー、五四の青年のテーマである家からの脱出を自伝的長編『家』に描いて反響を呼び、老舎も代表作『駱駝祥子』で北京の下町的な哀歓や郷土色が人気を博した。

田漢や夏衍は大量のリアリズム作品を創作、ついで曹禺が登場し、近親相姦という当時としては衝撃的なテーマを扱ったデビュー作『雷雨』（一九三四年）、さらに最下層の角度から大都市の暗黒をより近代的に描くとともに、明るい未来を日の出に象徴させた三五年の『日出』など、中国近代劇作の代表作も演劇の成熟を示した。

国民国家形成期にあって、二〇年代後半からは文学にとってかわって、演劇・映画といった新たな音声・パフォーマンスを中心とする身体的メディアが、国語形成の課題であった「耳と口」の訓練でも大きな役割を果たしていく。ことに上海で聯華映画会社が結成された三〇年頃からのトーキー映画の発明で、多くの人が一度に、同じことばを身体動作とあわせて繰り返し聞くことが可能になり、これも国語形成の練習となった

トーキーへの切り替えのころ満洲事変が勃発、戦火によって映画界は大打撃をうける。そこで、中国左翼戯劇家連盟(略称、劇連)を結成していた夏衍ら左翼系の芸術家らとの提携、交流、製作協力がはかられ、活性化する。左翼系作品の先駆として茅盾原作『春蚕』、田漢の脚本で悲劇的女優として知られる阮玲玉主演の『三人のモダンガール』等は大ヒットする。東北地方出身の男女が上海で芸術家をめざすが満洲事変後、抗日遊撃隊に志願するという抗日映画、田漢・夏衍脚本の『風雲児女』(一九三五年)の主題歌「義勇軍行進曲」(田漢作詞、聶耳作曲)は中華人民共和国の国歌となったことが知られる。

その後、左翼と再合作した改組明星によって、最初の映画黄金時代が築かれる。他社との人的交流でスターの趙丹、白楊らが競演し、『十字路』・『街角の天使』(一九三七年)等、ハリウッ

ド映画から吸収した軽妙な喜劇タッチで抗日を含む重いテーマを描く名作が誕生した。

3 抗日戦争期以降の文化と思想論戦

日中戦争全面化と抗日統一戦線

日本による満洲事変・満洲国建国、さらに一九三五年からの華北分離、華北五省「防共自治運動」策動に及ぶと中国の民族危機感は高まり、三五年一二月九日には北京の大学で始まった抗日デモが全国の都市に広がる。それを受けて「救国運動宣言」が上海文化界の馬相伯・沈鈞儒(法曹家)・李公樸(社会教育者)・章乃器(もと銀行家)・陶行知・鄒韜奮らによって出され、翌三六年には全国各界救国連合会が成立、国民党に「即時対日抗戦、内戦停止」の請願がなされる。だが三七年、盧溝橋事件から日本軍による侵略は宣戦布告もないまま拡大、北京・天津とあいつぎ占領される。こうしたなか蔣介石は全面抗戦を決意、第二次上海事変からは第二次国共合作のうえ、国民政府軍が抗戦した。

だが上海についで南京を占領され、国民政府は南京から同年、武漢へ、同年の武漢の陥落後、重慶に遷都、蔣介石は米ソからの支援の望みを抱きつつ持久戦に入っていく。盧溝橋事件後まもなく、蔣介石はアメリカの支持をとりつけるべく、胡適を特使として派遣、翌年から駐米大使に任じた。

一九三八年から日中は断交、日本から「東亜新秩序建設」を呼びかける第二次近衛声明が出ると、反蔣で抗戦の前途に悲観していた汪精衛(兆銘)は中国の満洲国承認と日本軍の二年以内の撤兵への合意を決断、重慶を脱出した。その日本の撤兵は反故にされたが、「東亜新秩序」を欺瞞として徹底抗戦を唱える蔣介石とは別に、汪は一九四〇年、「和平、反共、建国」を掲げる国民政府を南京にたて、日華基本条約を締結し、日本への従属化を明確にした。ついで四一年、「今日の運命共同時代」にあって「民族主義と大アジア主義」は「融合して一体」となったと説き、のちには満洲国の石原莞爾らの「東亜連盟」とも結びつく。

重慶国民政府のほうでは一九三九年三月に国民精神総動員運動を発動、抗日戦争を呼びかける。この国民政府の統治する「国統区」のほか、延安など、共産党の統治区「抗日根拠地」も存在したが、第二次国共合作により共産党軍は主力の八路軍と新四軍として国民革命軍に再編され、根拠地も国民政府の特別行政区(「辺区」)に編入されつつ、なおも一定の自立性を保った。

上海のフランス租界・共同租界は第二次上海事変から一九四一年一二月の太平洋戦争勃発までの四年間、日本軍に占領されず、「孤島」と呼ばれ、種々の勢力が林立した。中国では「淪陥区」(日本軍占領区)の植民地文化、「国統区」と「抗日根拠地」の抗日文化とを分けて論じるのが通常であるが、「孤島」文化も含め、実際にはそれぞれがその時々において複雑な交渉のもとにあり、簡単な線引きはできない。

日本の文化侵略と中華全国文芸界抗敵協会

日本軍の満洲侵略後、一九三七年の全面戦争化から八年間にわたり、多くの非戦闘員を含む人命に危害が加えられただけでなく、文化面においても破壊・略奪行為が繰り広げられた。北京の図書だけでもざっと六〇万冊が被害に遭い、上海の九二カ所の文化機関・学校の四分の三は空襲で全壊した。全国の図書館で残ったのは半数以下、東南各省の図書館で一千万冊以上が失われたという。その他の文物の損失もあわせて「文化大虐殺」とさえ評される。

満洲国では、日本軍によるその経営の中核を担った南満洲鉄道(満鉄)が三四年から特急「あじあ」を走らせたことに象徴されるような近代的インフラの整備が一面ではなされた。とはいえ、その近代化を享受したのは朝鮮の場合と同じく、現地人ではなく、現地滞在の日本人、ことにその上層階級であった。

教育一般では建国来、三民主義の教材はおろか「中華」ということばの使用さえ禁じられ、準備期間を経て三七年には新学制を公布(三八年施行)、「日満の一徳一心」(図)、日満不可分性を方針とし、漢語は「満洲語」「満文」として日本語とともに「国語」とされ、復活していた儒教の授業も廃止される。教育とあわせ、四〇年の溥儀の訪日以後は天照大神が、ついで大国主命・明治天皇もが祀られるようになり、最終的には三百近くの神社が作られるなど、日本への同化政策が進められた。

満洲国の中ごろには「日満一如」が謳われ、日本文化が「東方唯一の高度な文化」で、日満文化交流とは「日本文化の移入」とされた。かたや日本では、三六年から「王道楽土」への満洲移民は七大重要国策に数えられるようになるが、三九年にはたとえば沖縄ではこう喧伝された。「日本内地ですら我々県民をとらへて琉球生蕃といつたり特殊扱ひしたがる傾向」があるが、満洲では「少しの差別待遇も不安もない」(『沖縄と「満洲」』七八頁)、と。同様に「特殊」差別にさらされていた被差別部落民の全国水平社も「「差別観念の撤廃」を掲げて満洲移民が推進され」(同上七九頁)た。

「日満の一徳一心」を促す満洲国政府のポスター.

だがいざ入植すると、沖縄人は奄美の子供にも「琉球人だと軽蔑された。しかしその同じ目線で我々は一緒になって中国人を見下した。クーリーとかクーニャンとか言って石を投げて、僕らも当時中国人を馬鹿にした」(同上二三九頁)。この「楽土」こそ一九〇三年の勧業博覧会における「人類館」のなれの果てであった。

ましてや、クーリー扱いされた現地下層中国人はもとより「楽土」とは対極の地におかれ、時に日本人による「制裁」と称するむごい暴力にさらされた。「万家が一心になりさえすれば空拳赤手でも怖くない」といった「抗日救国」のポスターが示すように、盧溝橋事件直前にはすでに抗日の意識が高まっていた。

満洲国外での日本軍占領地でも、メディアを支配し、親日的な新聞が六、七百種に及んだ時期もあり、出版の検閲は厳しく、抗日的な人物の拘束・暗殺も日常化した。租界のあった上海でも、たとえば中華婦女節制会主席、王立明の夫、滬江大学校長の劉湛恩《りゅうたんおん》は暗殺され(その後、王は劉王姓とする)、北京のめぼしい知識人も脱出を余儀なくされた。

日本占領地の学校では学制による年限を短縮して労働にあて、教科書が改変され、日本語を必修とし、日の丸掲揚や音楽での君が代学習も強制した。中国では「奴隷化教育」とよぶこの教育の手法の一部は戦後、日本国内で生き延びる。

宗教も侵略に加担し、三九年に日本陸軍特務部の画策で成立した中支宗教大同連盟は、神道・仏教・キリスト教部門に分け、最初は「欧米依存の宗教を東亜協同体という国策の線に転向させ」ようと目論む。しかし神・仏・基の三教の一致も困難で、中国仏教界では太虚が日本の仏教徒に「和平止殺」を呼びかけ、円瑛ともども海外華僑への募金活動など、広く抗日活動を展開した。難民救済活動に従事した僧侶も多い。

占領地での日本の宗教政策は多くの場合、交流のあった日本人宗教者が乗り出して中国宗教界の人物を分断、対日協力行為に巻き込み、双方の宗教界人士に傷を残すことになった。日本の文化侵略に対して、中国文芸界では、左連も解散した一九三六年という重要な時期に、魯迅がその師、章炳麟の死の数カ月後に他界するという不運に見舞われたが、三八年には抗日統一組織「中華全国文芸界抗敵協会」(文協)が武漢で成立する。武漢陥落後、文芸関係者の多くは遷都先の重慶や延安等の共産党系の根拠地に移動、重慶国民政府の思想統制が強化されると、戦況次第でさらに香港や桂林にも拡散した。

重慶では、日本占領下の北京の庶民生活における民衆の怨嗟の声を老舎が描いた『四世同堂』や、従来のアナキスト的な態度を抑えて抗日活動を担った巴金の思想遍歴が表白された『寒夜』、桂林でも胡風によるリアリズムの『七月詩叢』などの傑作が生み出された。

上海では孤島時代以降も、名門出身の若い作家、張愛玲が戦時に抗するように恋愛と日常生活を題材にとりつつ、人物の意識や背景に時代性を映し出すなど、楊絳《ようこう》や蘇青らとともども女性作家が活躍した。

黄金期を迎えた映画界は上海の戦禍で壊滅的な打撃を被り、「国防映画」が量産される。だが孤島期上海では唐代の匈奴への抵抗物語を題材にしたハリウッド的恋愛喜劇風のオペレッタ『木蘭従軍』が「今を諷刺する」時代劇として大ヒットする。満洲国で三七年に日本映画の実

（左）葉浅予「あの子を殺してしまおう！」「いや餓死させたほうが面白くはないか」．『抗戦漫画』7号，1938年4月．
（右）『万世流芳』のポスター（『李香蘭と東アジア』）

験の夢が託された満洲映画協会（満映）が設立され、孤島消失後、日本占領下の上海の中華電影等で、戦時日中間のあらたな映画交渉がみられた。たとえばアヘン戦争がテーマの『万世流芳』（一九四二年、図）では、アヘンを商う英国人に抗う歌姫役に満映の親日シンボル李香蘭（山口淑子）、林則徐を慕いつつ反英民衆蜂起で殉難する娘役に『木蘭従軍』で主演した陳雲裳の二大スターが競演した。日本では「大東亜映画」の先駆、中国では抗日とみなされ、双方で人気を博したという（晏妮『戦時日中映画交渉史』）。

漫画界でも救亡漫画宣伝隊が武漢に派遣され、『抗戦漫画』が創刊された。その中にも、日本兵に凌辱殺害された中国女性が描きこまれている（図）。

大学の疎開と周作人の残留

一九三七年から日本軍が諸都市を占領すると、文物ならびに文化とその将来をになう学校関係者の生命を保護するため、国民政府は学校の疎開方針をだす。南京の中央大学(南京大学の前身)は重慶に移り、北京大学は清華大学や天津の南開大学とともに連合組織を作り、湖南へ南下して長沙臨時大学を開設し、南京陥落後の三八年には、雲南の昆明に移転して国立西南連合大学を結成した。この連合大学校歌の冒頭に「万里の長征」とあるが、教員・学生とも交通機関の利用以外に、実際、千三百キロもの道のりを時に危険を冒しながら歩いてたどり着いたという。北京師範大学等は西安で西安臨時大学を開設、さらに南下して西北連合大学を開設する。その他、貴州や四川等の各地へも疎開が進んだ。

廖冰兄「教授之餐」(1945年).聞一多のような西南連合大学教授も困窮し,「大切な蔵書を売り食いしても腹が満たせないほどだった」(『悲憤画神』)

昆明の西南連合大学は当時、大学院・学部が合併され、疎開先ゆえ教員・学生とも窮乏生活を強いられた(図)。それでも、ジェネラリスト養成の自由教育をめざし、教授会完全自治方式をとるなど、貴重な試みの機会でもあった。約三五〇人の専任教師として、陳寅恪・金岳霖・湯用彤《とうようとう》・馮友蘭・沈従文・聞一多・銭穆・費孝通・羅隆基・潘光旦・賀麟・呉宓等々、平時には考えられないほど錚々たる学者が一大学に会し、知的交流も深めた。

とはいえはるか遠くへの疎開はその困難さゆえに、誰もができたわけではない。連合大学への移転後に占領下で「再開」された、中国で称するところの「偽」北京大学に残留することになったなかに、他界した兄の魯迅とともに新文化運動以来の文化界の中心にいた周作人が含まれたことは、「事件」として物議をかもす。早くも四三年の文芸講話(後述)で毛沢東は「漢奸文芸」と断罪した。だが周作人にすれば、まず日本人の妻とその家族と母親のほか、弟の周建人が残した家族も含めて十数人の大所帯での移動は困難を極めたうえ、蔣夢麟学長からは大学校舎財産の管理を委託され、実際、可能な限りその職責を果たした。

だがより立場を悪くしたのはその後、傀儡政府の文部大臣相当の職にもついたからで、戦後、それが「漢奸」認定の理由とされたが、学校維持のためには管理権を握る部署に入るほかないとの判断もあったといい、実際、日本報国文学会の片岡鉄平からは「中国の反動的老作家を掃討せよ」と指弾された。当時無類の知日知識人、「文弱の人の敗北主義的な抵抗」(木山英雄)の悲劇は中国文学界の大きな痛手とされたが、その責を負うべきはなにより日本であったことに疑いをいれない。

抗日期にあって、多くの学者は研究においても民族性を追求した。そして東西文化論などと同様、五四新文化運動の伝統批判に刺激されて生まれたという側面が大きい現代新儒家思想こそは、抗日時期の民族意識から深められた。

西南連合大学で文学院長ともなった馮友蘭は米国コロンビア大学で新実在論系の哲学を本格的に学び、長沙臨時大学時代から『新理学』、その後も『新原人』『新原道』等の哲学書を著し、新理学・新程朱(宋学)派の新儒家といわれた。儒教的万物一体論に立ちながら、米国留学仕込みの論理学的な本体論をたて、理性・理知を強調した。

ヘーゲル哲学の賀麟の場合にしても、西洋哲学の研究後、四一年に「新儒家思想、新民族文化」を「自主の文化」として求める。中国が文化上の自主権を失い、文化上の植民地に陥らないためには、西洋文化の「儒化もしくは華化」が必要だと説く。

折しも、抗日期の遷都により国民政府の機構や天津の著名な政論紙『大公報』、商務印書館や中華書局、開明書店等の名だたる出版社も重慶に移っており、かくしてその一帯は全国の研究・教育機関の避難先となる。郷村建設から追われた梁漱溟もそこで勉仁書院を創立し中国文化を説いた。熊十力はその書院や馬一浮がやはり四川で開いた復性書院等を転々としながら、主著の『新唯識論』語体(白話体)本をこの時期に完成した。さらに、すでに仏教空宗に見出していた「無私」を究極の理想とする万物一体観によって、資本家と帝国主義を批判、将来は

「世界の大同」が必至だとみなした。

熊十力は『独立評論』五一号（三三年五月）でも辛辣な国民党批判をしていた。「空言で人をだまし、都会を飾り立て、標語を貼りめぐらし、空前の奢侈、よって空前の汚職」という「我々の政府・政治は、一言でいうなら、他国の帝国主義者の搾取の道具となって、その余恵を求め、自己の果てなき欲望をむなしく満たそうとするものでしかない」と。資本主義批判・帝国主義批判という深度での批判は梁漱溟と通じるであろう。そして当時のこのような人的交流を経て現代儒家群が形成されたことになる。人民共和国成立後も熊十力は唯物論に反対しつつ「マルクス・レーニン主義の中国化」を伝統学の側から唱えた。

もと科学・哲学論戦の哲学派、張君勱も抗日期には立憲活動とともに新儒家としての側面も発揮し、『民族復興の学術基礎』等の代表作を著し、胡適らの欧化思想を批判した。張君勱にすれば、胡適は理性主義信仰に偏向しているがために、孔子と宋明理学も正しく評価できないのであって、伝統への懐疑という点で社会貢献があっても、文化建設にさして寄与しない、と。伝統の抹殺も伝統のための進歩の阻害もしない革新こそが「今後の学術自主の大方針」だと説く。

また、「疑古」派歴史学者、顧頡剛は日本の侵略以降、一九三四年には民族救済のために辺境地理と民族の歴史・現状を研究すべきだとして禹貢学会を結成し、雑誌『禹貢』の刊行についで辺疆研究会を結成して注目される。戦時に西北視察に赴き、日本との関係を強めた内モンゴルの徳王との会見に刺激され、少数民族の自決自立が中国分裂を招きかねないとして「中華民族は一つである」と唱えた。漢文化・回教文化・チベット文化の集団はあっても民族としては混淆融合しており、遠い僻地で交通の便が悪く、生活方式が少し異なる辺境の人もいずれは現代化とともに同一化するのであり、中華民族という「一民族」のことばのもとに結集・団結して帝国主義侵略に抵抗すべきだとした。大民族の結束による抵抗のための同化主義であり、同化主義の誘惑は侵略側にのみ現れたのではなかった。

これに対して費孝通ら民族学者からは学術的批判がなされた。異なるエスニック・グループの客観的存在を否定することはできず、中国は多民族国家であることを認めるべきで、異なるグループがいるから侵略されたり、抗日に結束できなかったりするわけではない、と。この論争はのち、費孝通に「多元一体」の中華民族という概念を提起させる一因ともなる。

毛沢東の革命戦争哲学と新民主主義論

一九三一〜三四年、コミンテルンの指示に従っての教条主義的冒険路線で中共の組織は危険にさらされ、三四年、国民政府軍の第五次包囲討伐戦に紅軍は完敗する。農村で土地革命を行ないつつ進軍して切り開いた江西省の瑞金中華ソヴィエトも放棄し、各地への敗走を余儀なくされ、結果的に「長征」と称される転戦をする。その途上の三五年一月、貴州省遵義で開催された中共中央の会議で、毛沢東は中共中央の軍事指揮の誤りを批判し、党指導部そして共産党軍の軍事指揮集団にくいこむことにもなる。

三五年一〇月に中共中央・同紅軍は陝西省北部にたどりつく。コミンテルンのファシズムに対する人民統一戦線を承認する新方針(第七回代表大会)と、それにもとづく中共中央代表団の「八一宣言」が伝えられ、三五年末にはソヴィエト革命から抗日民族統一戦線結成へと方針転換することを確認する。この方針転換後、三七年には中共中央は延安に進駐する。

毛沢東は三六年には、土地革命により農民階級が主体となり「将兵一致」して戦う紅軍に長期的には勝算はあるが、「敵は強大、我は弱小」という力関係ゆえ、持久戦が必要となる、と主張する。三七年、蔣介石の国家統一を支えつつも、共産党・八路軍・抗日根拠地を中心にすえる人民民主をうちだし、日中戦争の本格化を迎えようとする。

実際、三〇年代の毛沢東の思想で際立つのは戦争論である。三六〜三七年にかけてレーニンの『哲学ノート』等、ソ連哲学の集中的な研究を経て、「実践論」と「矛盾論」を構築しつつあった。この革命実践の知行論は、実践→認識→再実践→再認識という無窮の循環発展を想定するが、感性的認識でも理性的認識でも能動性を重視する個々の革命主体としての人民から全人類までの闘争哲学を構想する、規模壮大な実践論であった。これが三七年、延安の抗日軍政大学で披瀝された。

ついで同大学において、ソ連哲学の「主要矛盾」概念に「次要(第二に重要な)矛盾」概念を組み合わせ、両者の相互転化の理論を構築し、ソヴィエト革命から抗日戦への転換と抗日民族統一戦線結成の可能性・必要性をも説く。実践・矛盾両論においてマルクス主義の中国化を模索する、人民のための革命戦争哲学が構想されたといえる。

毛沢東はさらに三八年、亡国論も速勝論も誤りだとして、「敵は優勢、我は劣勢」という現実を直視し、防御、反攻準備、反攻という段階をふむ持久戦による必勝を説く(「持久戦論」)。遊撃戦を経るが、第二次世界大戦への発展を見通して、国際勢力は中国援助に向かうと予測する。それでも、戦争が長引くのは確実だとし、人民に人類特有の能動性、「自覚能動性」の発揮を求める。戦争の実践における「主観能動性」である。ここに湖南の思想家たちとむきあってきた毛沢東におけるマルクス主義の特色を見出しうるだろう。

さらに国際援助を得るための国際宣伝に、さらに「日本人民およびその他の被圧迫民族の援助を勝ち取る」努力をすべきだとする点でも特色を見出しうる。結論でも日本帝国主義に対する勝利のためには、中国抗日統一戦線・国際抗日統一戦線の完成とともに、日本国内の人民と日本植民地下の人民の革命運動が必要だとみなした。

こうした面で持久戦の構想は日本軍の侵略戦争の構想とは対照的であるとともに、武漢における戦略的決戦を期待した党内勢力や蔣介石の国民政府にも、正面からの大衝突による犠牲の回避を迫るものであった。とはいえ、この論で「我々共産党員は進歩を阻害する非正義の戦争にはすべて反対するが、進歩的な正義の戦争には反対しない」としていて、ポスト抗日戦の戦争を予感させることにもなる。だがその当時、「持久戦論」の発表前に毛沢東を延安に訪ねた梁漱溟は、その必勝の論にいたく敬服し、悲観から希望へと転じたという。

すでにみたように、二八年のモスクワでの中共代表大会以来、スターリン説により中国革命の性質は半植民地・半封建社会の反帝・反封建の民主主義革命であると規定されていた。毛沢東はそれを起点に、中国封建社会の主要矛盾を農民階級と地主階級の矛盾とし、現状の主要矛盾を帝国主義と中華民族、封建遺制と人民大衆の矛盾だと、「矛盾論」により捉える。

一九四〇年の「新民主主義論」においては、中国の革命がブルジョア民主主義革命に属するものの、第一次世界大戦とロシア革命を経た五四運動以降、自覚し独立した中国プロレタリア階級が指導者に参入したことで、反帝・反軍閥の統一戦線結成が可能となり、世界プロレタリア社会主義革命の一部としての「新民主主義」革命段階に入った、とみなす。「文化革命の統一戦線」としての五四運動で新旧の歴史を分け、政治経済面では孫文の継承、中国文化面では「最も偉大で最も勇敢な旗手」としての魯迅を中華民族の新文化の方向として指示する。抗日期のこうした認識はのちに長く人民共和国の公定歴史観を形成することになる。

抗日根拠地、整風運動と延安文化

革命の聖地となった延安には、中共の各種機関の他、一九三八年には、文協の陝甘寧辺区分会が艾思奇らによって設立され、同年、文芸幹部の養成所として文学・音楽・美術・演劇の部門をもつ魯迅芸術学院（略称、魯芸）が創設された。当地の洞窟式住居での共同生活などのスタイルは各地の芸術教育機関のモデルとなった。河北の伝説に基づいて、集団創作された新歌劇「白毛女」は地主―旧社会が貧農の娘を白髪の「鬼」にし、八路軍―新社会が娘を蘇らせた、という物語で評判となり、一九四五年の初演から上演を重ねた。

魯芸や毛沢東が革命哲学を講じた幹部教育機関の中国人民抗日軍政大学や中国女子大学、識字と軍事訓練を主とする各種の学校、病院、工場、文化クラブも作られた。生産・識字・衛生・家庭の民主和睦を四つの柱とする女性運動も展開され、瞿秋白らの「ラテン化新文字」試案を手がかりに考案された新文字も実験的に使用された。抗日期最初の大型出版機構、延安解放出版社も中共中央によって設立され、『レーニン選集』『スターリン選集』や毛沢東の著作などが大量に出版された。謄写版刷の小型雑誌も多数発刊され、三七年に開店した新華書店は四三年には三聯書店と合同し情報センターとなった。三九年に発刊された中共中央の機関紙『新中華報』は四一年には、革命根拠地で最初の大型日報『解放日報』となり、創刊後間もなく始まった「整風運動」のキャンペーンや識字運動、ルポルタージュ文学の隆盛に大きな役割を果たす。

太平洋戦争開戦前後の四〇～四三年に、日本軍は共産党辺区の農村を包囲し、大規模な「掃蕩」作戦（「殺し、奪い、焼き尽くす」三光政策）を敢行した。国民政府は「反共」を強め、辺区への物資輸送を制限したため根拠地は窮地に追い込まれた。四一年には中共中央政治局が「王明路線」を批判、王明らは実質的に政治局を離れ、周恩来が共産党代表として重慶に常駐した。毛沢東は書記局の中心となり、中央の指導体制の調整をはかって権力を握りつつあった。

毛沢東は、戦況悪化にともなう財政困窮に対処すべく、四一年末より「精兵簡政」（軍隊の少数精鋭化と政府機関の簡素化）を発動する。小作料・利息の引き下げと、自給自足の労働生産運動、生活改善をめざす。その一方で、思想面で発動したのが「整風運動」（一九四二～四三年）であった。抗日戦争開始後に八〇万人までに急増した共産党員の思想面の作風整頓に着手する。

整風運動には延安の幹部一万人余が参加、まず文献学習・思想点検を通じて学風・党風・文風の三風の整頓を求められた。「学風」は主観主義、ことに教条主義の克服、「党風」はセクト主義の克服、「文風」は無内容で常套的な「党八股」の克服、があげられた。次に着手された幹部の審査で地位が揺るがなかったのは、結局毛沢東と劉少奇だけであった。四三年三月政治局主席に推挙された毛沢東は、書記局主席にもあたり、最終決定権もが与えられた。英ソの連合国形成に伴い、この年コミンテルンが解散、中共はモスクワの指揮下から解放された。「マルクス主義の中国化」を志向した毛沢東らの党内勝利が確定したのである。日本軍や国民党のスパイ嫌疑で摘発される人があいつぐようになり、四三年からは党の特務工作責任者である康生の呼びかけで、スパイ摘発の大衆運動「搶救運動」が始まり、自白の強要や冤罪も生まれた。こうした大衆運動への党による是正の欠落は、当時も指摘されていた。

問題の根底には、すでにみたアナキスト的ユートピア実験の失敗が象徴するように、都市知識人と農民との、文化的、経済的落差の大きさがある。民間へ、農村へという理念の実践は多くが抗日戦争期の移動と並行しての取組みであった。共産党の抗日根拠地である辺区への移動には、そうした実践への期待もあった。出身階級を超えた出会い、たとえば各地で生活苦のため私娼となった女性たちとの遭遇を経験するなかで、四〇年代には、労働者の生活苦の吐露や自我の葛藤を作品化する文学者も現れた。

時代はさらに、「知識人の労農化」を要求した。都会の文化に馴染んだ知識人の繊細で脆い神経は、農村や戦場の暮らしの抑圧、その苦痛と孤独に耐えなくてはならなかった。戦闘は苦しい。「だがどんな苦しさも私には楽しい。同志たちの親切なこと。世界には家族愛より崇高な感情があったのだ」(『火把』四二年)。詩人艾青はこのようにして、苦しみを喜びに転じようとした。

延安の毛沢東(『紀念毛沢東』)

だが、期待とかけ離れた延安の現実に憤った文化人は、整風運動に対する批判の声もあげた。艾青ですらも「作家を理解し、作家を尊重せよ」(『解放日報』四二年)と訴えたのである。毛沢東から批判された王実味は、とくに悲惨である。整風運動に対する幹部批判と民主化要求に熱心だった王は「極端な民主化」主張とされ、搶救運動で「反革命トロツキスト」「国民党スパイ」「反党集団構成員」などという誤認定を受けて逮捕され、抗日戦勝利後の内戦による四七年の延安撤退時に、人知れず処刑されたのである。その完全な名誉回復は一九九一年であった。

一九四二年からは、抗日戦における文化・芸術のありかたを討論する延安文芸座談会が召集され、毛沢東(図)のほか、朱徳・艾思奇・周揚・丁玲・何其芳・蕭軍ら百名近くが参加した。四三年の毛沢東の「延安文芸座談会における講話」(略称、「文芸講話」『解放日報』掲載)では、労農兵の生活と闘争を讃美するのが文学・芸術の使命だとされた。質より普及、「人民の知識人化」ではなく「知識人が人民にまで高まる」のだとして、そのための思想改造を呼びかけた。

新文化運動以来の「労工神聖」の極限化ともいえるだろう。作家を含め知識人は労農兵に奉仕し、改造されさえするのである。毛沢東は「文芸とは誰のためのものか」という第一の問題ではレーニンの小論に基づき「幾千万の労働人民に奉仕すべき」だとし、「プロレタリア階級の文学・芸術は」、「革命という機械のなかの「歯車とねじ釘」」だとしている。だが近年これは疑問視されており、レーニンの原文の「文献」や「出版物」(ロシア語 литература)を「文学」とした「(曲解を含む広義の)誤訳に基づいて成り立つ論」(長堀祐造)だと指摘されている。当時の毛沢東の秘書だった理論家胡喬木が、八二年に誤訳問題としてとりあげた。「文学が歯車とねじ釘であり、作家もそうだと考えられるまでになってしまった。(……)文学が政治に従属するというこの言い方は強く刻印されてしまった。「講話」が作家に要求したものには過酷すぎるところがあり、(……)妥当性を欠く」(長堀訳)。日本語訳の『レーニン全集』においても同じく「文学」と誤訳され、プロレタリア文学運動に影響があったという。

魯迅のいう文学における革命人の内心の表白を根本的に否定する「講話」の最後に、「魯迅の模範に学べ」とあることは、皮肉と片付けるには深刻すぎる誤りである。整風運動・文芸講話は文学者たちにとって大きな挑戦であり、人民共和国の時代に入っても繰り返された政治運動の雛形ともいえる。

抗日戦争と女性

これまでにみたように、新生活運動の開始期ごろから「女は家に帰れ」論が出現した。一九

丁玲*

三五年、国民党系の『婦女共鳴』は「賢良問題」特集を組み、女性はすでに賢妻良母であり、家庭内の男女平等のための賢夫良父を提唱していた。だが、抗日のためには男までが「家に帰る」場合ではない、と反論があがる。新生活運動を指揮していた宋美齢は、三八年に婦女統一戦線の組織化にかかり、男性を前線に送り出し家事育児に励む賢妻良母論を唱えた。共産党も、抗日・革命に貢献する「新賢妻良母」の創出を主張した。

ようやくつかみかけた男女平等の理念に賭して、時に幼子を家におき、日本軍の封鎖線を突破して命からがら延安をめざした女性たちは、旧い女性観に直面した。作家の丁玲（図）も、一九四二年の国際婦人デーに、それを皮肉った小文を発表して、集中攻撃を浴びた。王実味と異なり、同志として自己批判が許されたが、一年後の同じ日、蔡和森の妹で抗日根拠地での女性工作に従事してきた蔡暢は、中共中央の指針をうけて、知識人出身の女性の幹部を批判した——「婚姻の自由」「経済的自立」「四重（帝国主義・封建主義・買弁官僚主義・父権）の圧迫に反対」と唱えるばかりで、妻と嫁の肩ばかりもち、社会の支持が得られずに失敗すると党や政府を恨むばかりだ、と。

中国の貧しい農村、延安は女性観も旧く、党中央も女性の主体性などにはかまわず、戦時女性工作に躍起、という現実であった。丁玲はフェミニスト知識人の不平をかこつだけでなく、現実をどう変えるのか実践で示すべきだ、との批判も突きつけられていただろう。

一方、戦時の女性を襲った不幸はそれではすまなかった。湖南省では多くの民間人も戦死し、「敵に輪姦されて殺された女性も数え切れないほど多い」。殺されずにすんでも、恥と嘲笑に耐えきれず自殺した者もおり、子や親のため堪え忍んで生き延びても、郷里の隣人に「「日本人と男女関係をもったモダンガール」と呼ばれ、今なお人々の冷笑、嘲笑にさらされている女性たちもいる」(彭慧「抗日戦争中戦区婦女的遭遇」、『現代婦女』一二巻一号、一九四八年)と。この地域の日本兵による性暴力は戦後の四八年になってようやく報告されたのである。

だが一九四一年の延安での国際婦人デーでは、中国女性の戦時性暴力被害に部分的にふれつつも、アジアの植民地化をはかる「日本軍閥」に同様に犠牲を強いられているであろう日本女性に思いをはせ、「共通の敵」日本帝国主義の侵略に対しともに立ち上がり反対しよう、と呼びかけた。また、『救亡漫画』の「反戦の声の中の日本人」と題された作品(次頁図)のように、男性漫画家たちが対日宣伝を兼ねるとはいえ、日本女性の悲しみや被害を思いやり、反戦につなげようとする意識も確かに存在した。

かたや日本では、女性の地位向上・団結を意図し長谷川時雨ら女性作家が三三年に結成した「輝ク会」の機関紙『輝ク』は、三七年から戦争支援に傾いた。平塚らいてうにいたっては、

董天野「反戦の声の中の日本」『救亡漫画』6号, 1937年.

汪精衛傀儡政権と日本との「大東亜共栄」を掲げる条約締結に「目頭の熱くなるほどの感激にひたり」、中国語訳付きメッセージ「中国の若き女性へ」を臆面もなく掲載した。「この感激は日本の全女性の感激であるばかりでなく、中国の女性の心にもぢかに通じてゐるものに相違ないと信じてゐます」「アジアに描かれたこの新しい大きな夢をしつかりと心に抱きしめ、いつまでも堅く手をとつて、あらゆる苦難をおそれず進みよ〔ま〕《ママ》せう」。日本のフェミニズムの弱点がさらけだされたともいうべきで、中国女性との真の連帯の好機を逃したことを重く受けとめるほかない。

戦時の立憲要求

辛亥革命時には、排満革命党と立憲君主派の論争が決着しないうちに武力革命がおこり、清朝は倒れたが、梁啓超や楊度らの憲政を求める活動は国内外で継続し、革命派をも巻き込んでいた。民国では抗日戦争から戦後への移行期に、やはり国共両党をこえた中間勢力による憲政運動の高揚があった。民国の立憲論者の雄、胡適は訪米の任にあり戦後まで不在だったが、胡適に連なる欧化論者と清末からの梁啓超系人脈がその主たる担い手となった。

第一の高揚期は一九三八年、武漢での、国民党諮問機関ながら各党各派、無党無派からの選任を認める国民参政会の成立から、四一年、その国共以外の加盟諸党派による中国民主政団同盟の成立にいたるまでの時期である。

この民主政団同盟は、三九年に共産党への対峙方針を決定した国民党と共産党との摩擦をにらみつつ、抗日・民主・団結・法治を主張した。職業教育派の黄炎培を中心に、左舜生らの青年党や梁啓超系の張君勱らの国家社会党、国民党左派系の章伯鈞ら、梁漱溟ら郷村建設派、そして四二年には沈鈞儒の率いる救国連合会が加わる。四一年には梁漱溟が香港で機関紙『光明報』を創刊、四四年に中国民主同盟と改称した。

第二の高揚期は一九四三年、国民党が終戦後一年以内に国民大会を召集して憲法を制定すると決議してからである。憲政実施協進会を設立して憲法制度、人権問題、国際関係等、多岐にわたる議論が重ねられ、英米仏とは異なる中国の「民主集権」も提起された。

これら憲政運動の高まりで、中国ムスリムも中国回教救国協会を結成、ムスリム知識人養成の師範学校の開設とともに、「五千万の回民」の「国族」としての政治的平等性、宗教近代化と集団の生存を求めようとした。

蔣介石と毛沢東の「戦後」展望

二度の立憲運動の高まりの狭間、一九四二年には中国は連合国の一員となる。米英も締結百年目にして不平等条約撤廃を申し出、蔣介石は念願の孫文の遺命を果たした。四三年三月、「革命建国」の新段階に入ったとみた蔣介石は、『中国の命運』を発表。「中国本位宣言」にも名を連ねた陶希聖が、蔣介石の意を受けて著したとされ、蔣介石思想による国民党の戦後方針表明、という色が強く、たちどころに二百版以上を重ねた。

『中国の命運』には移動型民族「ジプシー」への侮蔑が見られるものの、「今後、文化的優越、種族的優越という理論は、世界から永遠に廃絶すべき」という「民族の自由と国家の平等」の観点が示されている。融合大中華民族である「中国が独立と自由を獲得できてはじめて、アジアが安定し、自由・平等の境地に達する」、アジアの安定こそ世界平和の保障であり、「アジア人口の解放は世界人類の総解放でもある」とし、李大釗の「新中華民族主義」をも彷彿とさせる。それでも、「国民革命の永遠不変の最高原則」三民主義の「力行」を進むべき道とし、ファシズムや封建復古主義を斥けつつ、五四運動以降の「個人本位の自由主義と階級闘争の共産主義」を英米・ソ連の思想の踏襲・附会だと批判する。

立憲運動を担った勢力との違いもあり、また共産党側からの強い反発も招いた。「三民主義」の「力行」の実質は「一つの党、一つの主義、一人の領袖」とみる陳伯達ら、また、「新専制主義」だと指摘する范文瀾、力行哲学は「極端に観念論的な愚民哲学」だとみなす艾思奇らなど、共産党系知識人はすぐさま批判運動を組織した。

毛沢東が共産党組織全体を把握して最初の大会、中共第七回全国代表大会が、四五年四月、延安で開かれた。そこでも毛沢東は、反ファシズム戦争による日本侵略者の打倒を前提に、「半植民地・半封建的、分裂し、貧しく弱い」暗黒の旧中国の命運に対し、「独立、自由、民主、統一、富強」の新中国の「光明の前途、光明の命運」を示し、それを孫文の継承としつつ、実質的には蔣介石の国民党批判を展開した。きたる戦後にむけた国共・蔣毛の革命史の正統争いの様相をも呈していた。

『中国の命運』刊行と同じ四三年の一一月、蔣介石によるローズヴェルト米国大統領、チャーチル英国首相とのカイロ会談によって、中国は大国に加えられた。蔣介石は会談でローズヴェルトから国共両党の連合政府の組織を勧められ、延安にもその情報が届いた。軍事力では国民党が勝る以上、内戦を回避するほかない共産党としてもこれは望ましく、毛沢東は国際情勢への楽観論と国民党の「前途」の破綻への確信とから、戦後ビジョンとして「連合政府論」を提示した。

人民を基礎とする「統一戦線の民主的連盟による新民主主義制度」、各級の人民代表大会が政府を選挙する「民主集中制」の国家制度の樹立で、軍隊もそのもとに組み入れる。経済では国営・私営・合作社経営の三形態を組み合わせ、私人資本主義経済の発展をも強調し、民族的、科学的、大衆的文化を建設するという、あくまでも「ブルジョア民主主義段階」のビジョンである。人民の「個性解放と発展」も強調された。

この「連合政府論」が発表されたころ、四〇年代に入って延安から進みつつあった「毛沢東思想」の党内認知のプロセスにも大きな進展があった。四三年には『解放日報』で中共中央書記の王稼祥が「毛沢東思想とは中国のマルクス・レーニン主義、中国のボリシェヴィズム、中国の共産主義である」とこのことばを最初に使用していた。コミンテルン解散後もスターリンはこの言葉を嫌い、その使用を認めなかった。だが「連合政府論」の報告がなされたのと同じ大会で劉少奇が「党規約の改正についての報告」において、「毛沢東思想」を「我らが党のすべての工作の指針とする」と表明する。こうして毛沢東個人とは切り離されたかたちの「毛沢東思想」が認定されることになった。

抗日戦勝利と「民主・平和」・内戦

一九四五年、国民参政会第四回大会(重慶)における開催からほどなくして、米軍による原子爆弾の日本への投下が知らされると、民衆は「日本の投降が加速されるだろうと信じた」。「広島の六割が破壊され、(……)死者は三一万人、生物も全滅し、(……)東京に落とさなかったのは執政者を残して無条件降伏をさせるためである。まことに〔『商君書』にいう〕「殺もって止殺だ」と、顧頡剛は日記に記している。日本がポツダム宣言を受諾した八月一〇日夜は「あちこちで爆竹音が鳴りわたり、昨日のソ連宣戦ではこれほどではなく、日本の投降は確実だ」、工場の汽笛やサーチライト、音と光とに包まれ、「市街は大騒動だ」。号外で日本の天皇保留だけを求めた無条件降伏が伝えられ、「八年とさらに一カ月の戦争が終息を告げた。家中狂喜し、明日はごちそうでお祝いだ」とある。長崎の原爆投下の際には「死者はおそらく六三万人、ソ連は機に乗じて私利を謀り、死んだ虎をやっつけた」とも加えている。

日中戦争で日本は中国側に三五〇〇万人以上もの死傷者をだした。『大公報』は一五日の特大見出しを「日本投降！」としたが、夕刊『大公晩報』の見出しは「日本惨敗、中国惨勝」で、これが偽らざる思いであったろう。哲学者の馮友蘭はのちにこう記した。「八年にもわたる抗日戦時、誰もが必要なものはすべて非常袋に詰めこんで携帯し、警報がでるとみな走って隠れ、解除されると談笑して各自帰宅する。これこそが〔中国伝来の〕「一笑了之」〔一笑しておしまいにする〕、そうでなければ神経を病むかもしれず苦痛を増すばかりだ」と。中国民衆にとってふってわいた災難、そうと考えでもしなければ、やりきれない苦難の日々であったろう。

同年の国際連合の発足にあたり、中華民国は英・米・ソ・仏とともに安全保障理事会常任理事国となって大国入りし、国際連盟時代の不遇も一挙に挽回した。「惨勝」とはいえ、希望も

抗日戦勝利・蔣介石『良友』172号，1945年10月．26年創刊の『良友』は人気のあった娯楽総合グラビア誌で，通常は女優が表紙を飾った．

大きかったはずである（図参照）。

狂喜・安堵から間もなく、国共両党は重慶での一月以上にわたる談判を重ね、「双十（十月十日）協定」をとりあえずは結んで、政治の民主化、軍隊の国家化、党派の平等・合法化で合意をみた。前年に改組改称、個人加入を認めて規模を拡大した中国民主同盟は、同じく一〇月初めに臨時全国代表大会を開催した。独裁・内戦に反対し、民主・平和を要求し、議会制・責任内閣制・司法独立・地方自治制を骨子とする綱領を定めた。

重慶ではその後すぐ、黄炎培や章乃器・施存統らが文化人や商工企業家を組織して中国民主建国会を立ち上げた。上海では元北京大学教授の馬叙倫ほか、周建人・許広平（魯迅の妻）・鄭振鐸らを中心に、左派系知識人や商工業者らで中国民主促進会を組織した。内戦・独裁に反対し、抗日戦勝利後最初の総合雑誌『周報』や『民主』で論陣をはった。

翌四六年の元旦、蔣介石による呼びかけで、アメリカのジョージ・マーシャル全権特使による国共間の衝突調停が行われた。停戦協定成立後、政治協商会議（略称、政協）も重慶で開催された。代表は孫科ら国民党八名、周恩来・鄧穎超ら共産党七名、張瀾・羅隆基・張君勱・張東蓀・黄炎培・梁漱溟ら民主同盟九名、中国青年党五名、傅斯年・郭沫若ら無党無派九名、計三八名の代表とされる。

梁漱溟の回顧によると(「選災予告・憲政追論」一九四七年)、国民党の孫科が孫文の五権憲法を採用して三六年の中華民国憲法草案(五五憲草)をもとにする案をだし、ほかに英米式とソ連式案も検討され、結局、国民党以外は英米式を支持した。法学者の張君勱は五権憲法の「名」をとり、英国式の行政府優位で「実」を行う案を提起する。国民党以外は一致賛成、国民党も孫科が同調し、政協決議をすることで閉会にいたる。だが一党独裁・大総統個人独裁の否定に対する国民党保守派の反発は強く党内一致を見ず、具体化のための審議過程において張君勱起草案に大きな修正が要求され、紛糾する。政協成功祝賀会も暴徒に妨害され、四六年の「中華民国憲法」は英米混合制ながらも、その「実」を細らせた。

その間、共産党の三〜四倍の兵力と支配区域をもった国民政府軍は、解放区に大攻勢をかけ、対する毛沢東も自衛戦争を指示し、四六年六月には全面内戦の端が開かれた。国共内戦化のなかで蔣介石は協定を破って憲法制定の国民大会を南京で開催すると発表、共産党と民主同盟は参加を拒否した。同年夏には社会教育で著名な李公樸と、詩人の聞一多の二人の民主同盟活動家が雲南の昆明であいついで暗殺される。国民党特務による民主同盟員暗殺リスト作成の噂が流れ、潘光旦・費孝通らは米国領事館に避難、さらに昆明を離れる騒ぎとなった。

四六年一一月、共産党・民主同盟が参加拒否をしたなか憲法制定の国民大会が開かれ、政治協商会議は解体。一方で、中華民国憲法は言論・研究・著作・出版の自由の保障、という成果なども得て可決され、四七年から公布された。台湾ではこれをもととする憲法が根付いている。

この時の国民大会に参加した女性代表は二〇五〇人中、八二人となった。これに先立ち、女性全国組織を結成、先駆的クォータ制というべき二〇％の女性代表枠を要求した。だが男性代表の理解を得ることに難航し、最後は宋美齢の説得で蒋介石を動かし、数値をいれない形で「女性の当選枠」を法律に定めるところまでは認めさせた。

女性参政を重要テーマとして創刊された女性雑誌『婦声』のコラムで、謝冰瑩が男性代表の無理解を嘆きつつ、女性枠の議案に賛成しなかった「胡適氏などは「傍門・正門」(正道に対して横口から入る)論とまで言い出す始末、これは私には辛かった」と記した。「中国の女は世界の女の中で二番目に哀れな地位にある(第一位は日本の女)」と嘆いたが、新文化の旗手で憲政論者の胡適にしても、「民主」における男女平等の意味はさほど意識されていなかった。

この国民大会では、民国の立憲・地方自治運動にともない、「モンゴル・チベット」代表枠を、苗族等の各「土著民族」代表に加えるという要求も実現した。

抗日戦後の中間路線

政治協商会議では抗日戦後の課題として「惨勝」からの経済復興と民主・和平、そしてなによりも政治テロや国共内戦の回避策として、「中間」が模索されたことは不思議ではない。かつて厳復が『天演論』を翻訳する過程で気づいた中国の現実と近代化のズレの問題が、いまや資本主義経済の発展とそれがもたらす格差への社会主義的修正というかたちで切実に意識されていた。「中間」とは、単なる国共の党イデオロギー対立の問題ではなかった。

戦後最初の「中間路線」は、一九四六年に張東蓀によって提起された(『再生』週刊一一八期)。かつて東西文化論において、中国は個人主義と国家主義の段階から社会主義と世界主義への過渡期の文明にある、と説いた張東蓀は、「民主とファシズムの争い」であった第二次世界大戦後の米ソ関係悪化を懸念し、中国を導火線に米ソ戦争がおこれば、中国がまず戦場となり、「原子爆弾の実験所」とすらなりうると危惧し、米ソの徹底した和睦が必要だとする。そこで「民主主義を採用するが資本主義は不要で、同時に社会主義を採用するがプロレタリア独裁の革命は不要」、国民党の右翼偏向の官僚資本主義と共産党の「小児病」的「報復的」土地改革に反対し、国共のあいだの「第三者の政治勢力」で「商工業を国家による全面計画によって個人の努力で発展させる」のが当面の中国の純粋英米式でもソ連式でもない民主の「唯一の道」だと主張した。この場合の「中間」には、国内問題以上に東西冷戦構造の形成という国際情勢が強く意識されていることがわかる。

中間派の論客として、施存統も際立っている。施存統は(二二九頁図)、国民党改組派を経て、民主建国会の幹部として民主同盟に参加し、李公樸・郭沫若らとともにテロに遭い、上海に移った。「中間派的政治路線」(『時与文』一巻一期)等で示した、中国は「農業・手工業が優勢を占める小生産制」社会であり、階級分化は尖鋭化せず、「中間階層が全中国人口の絶対的大多数を占める」遅れた社会、との認識から、「民族ブルジョアジーと小ブルジョアジーはいずれも今日の中国の中間階層であり、こうした中間階層はみな中間派の社会基礎」であるとみなす。彼らは、思想的には左派を含むリベラル派、いかなる思想統制・同一化にも、いかなる一党独裁・階級独裁にも、また、いかなる外国依存・経済植民地化にも反対し、行動は平和的・改良的、そして政治的には国共両党に不満をもつ民主・進歩論者、組織的には民主同盟等の「中間諸党派」と想定する。共産党のようなはるか先の将来の高尚な理想ではなく、現在および近い将来を重視する。客観的条件が未成熟な段階での社会主義化にも反対し、「国共の調和」と「米ソとの両善外交」が「鍵」だと考える。中国の客観的条件では、「政協」のような中間派の政治路線こそ最多数が擁護しうる路線であり、国共との交渉においてもキャスティングボートを握る、と考えた。

「左翼小児病」的政策や私有財産と民族資本主義の根本的否認がなければ、共産党もこの中間派の友人として合作できるとみなした。張東蓀と施存統の中間論は内容的にまだしも近い、と言えるが、民主促進会の馬叙倫は、政治協商会議の分裂という事態を経たうえは民主・反民主に第三勢力はない、民主統一戦線の構築を急ぐべき、として「中間派」を批判した。同じく民主促進会の指導者で左派の歴史・社会学者、李平心も施存統に論争をいどんだ(「「第三方面」と民主運動」『文匯報』一九四七年)。

李平心によれば、政協路線が「全国の絶対多数の人民の利益と要求に符合」し、「多数の人民が擁護する」のは施存統のいう「中間的なあるいは中間派の政治路線」だからではなく、政治・軍事・社会各方面で進歩的で、「この傾向が労農・小資産階級・開明ブルジョアジー・小地主およびすべての進歩的リベラル派と彼らを代表する党派政治結社の利益と要求とに符合するからである」。

李平心は、国民党の反民主勢力が、民主同盟を「妖盟」、民主人士を「新漢奸」だとして脅迫する以上、「相対的に独立した」第三勢力の必要性は否認できないが、目下、民主・独立・和平・統一・進歩を目的とする路線と独裁・外国依存・内戦・分裂・後退を目的とする路線の二つの道があるだけで、第三の道とは両者のあいだでどちらか一つを選択するほかなく、その間に中間の道を切り開くことではない、とする。

李平心の場合、反国民党独裁、民主勢力の統一戦線を、知識人に期待したといえよう。応答として施存統は、英米式の民主政治により、軍隊の国家化・経済の工業化つまり資本主義を平和的に漸進的に改良の方法で行なう政協路線は、まさしく中間路線だと再び強調した。この論争後、国共内戦や土地革命の様相が推移するなか、施存統は左傾していく。

儲安平の『観察』

これらの「中間」論争の舞台ともなった政論雑誌が、儲安平《ちょあんぺい》(図)により刊行される。儲安平は、羅隆基・胡適ら『新月』の思想的な磁場にあった上海の光華大学を卒業し、国民党の『中央日報』副刊に就職、その後ロンドン大学でラスキに学び、フェビアン派の影響を受けた。抗日戦で帰国後、胡適の支持を得て一九四六年に上海で『観察』(観察週刊社)を創刊した。

李公樸・聞一多の暗殺後、昆明を離れた費孝通がこの儲安平と同い年・同郷・同窓で、助手役を務めた『観察』は、抗日戦勝利後の混乱で「社会がもう崩壊のボーダーに近づいた」という危機感のなか、「背後にいかなる組織もなく」、「公開」の陳述と批評方式で「民主の原則と寛容の精神」による論壇の形成をめざした。知識人はもとより、「軍政各界の中・下級幹部の共通の読み物」ともなり、発行部数は五万部にも上った。

『観察』の書き手には、登場最多の費孝通のほか、「中間論」の張東蓀や施存統、梁漱溟、呉晗、潘光旦、陳序経、陶孟和、馮友蘭、張申府、楊人楩《ようじんべん》、楼邦彦、笪移今、呉景超、蕭公権等、新文化運動後に活躍した社会学・歴史学・民族学等の学者をはじめ錚々たる面々が多数、名を連ねた。政論中心であるためか、女性は胡適門下の陳衡哲、文学者では楊絳、優生学的見地から女性の社会進出を批判する潘光旦に反撃を試みた黄碧遙ら、少数にとどまる。

儲安平はかねてより共産党に対し、中国本位でなくソ連を崇拝して民主・自由を認めない武力革命路線だと批判、国民党執政の失敗については、政権保持に汲々とし、生活苦にあえぐ国民を尻目に、「政治コントロール」強化を追求したためだとする。その儲安平が国共以外の第三の道を希求したのは確かであろう。

創刊号に掲載した南京の特約記者による記事「観察通信」は、九年間の米国滞在後、北京大学校長として帰国した胡適への新党結党の期待を伝えている。中間路線論者や各界のリベラル派のみならず、米国人も国民党に失望し、新リーダーに声望高い胡適に注目する。だが、胡適は長い不在で社会との隔たりもあった。国民党当局の注視のなか、胡適自身は目下、北京大学の整頓に専念し政治活動の予定もないようだが、「噂の新政党」を呼び起こしたいものだ、とも記す(「観察通信」)。民主同盟以外のリベラル派が、国共への対抗勢力として、米国通の胡適に新党結成の期待をかけていたことは興味深い。儲安平の論評(「中国の政局」)は、民主同盟については、反国民党

儲安平(『最後的貴族』)

費孝通（『費孝通文集』5）

感情だけのつながりであり、政党と組織としてはきわめて脆いと批判する。指導者の張瀾・沈鈞儒らは、政治経験に富む黄炎培も含め過去の人物であり、憲政学者の張君勱や哲学者の張東蓀は政治家向きでない、唯一政治生活に向くのは雄弁で筆もたつ羅隆基だが、「徳が才に及ばない」（女性関係を指すらしい）とした。組織形成に不得な従来の自由主義者を乗り越えて、自由思想分子が立ち上がるのは「歴史における責任問題」だと力説し、民主同盟にかわるリベラル派の政党誕生を望んだ。

抗日期に農村への関心を強めた費孝通（図）の参与もあって、『観察』には郷村建設運動に従事してきた梁漱溟の議論も登場し、先述の「選災予告・憲政追論」によって、「中国に民主・憲政は不適合」としたため論争となった。「選災」とは、一九三六年の国民大会代表選挙時に、公的私的な財を費やした結果、郷村コミュニティの和睦が殺傷や裁判沙汰にも及ぶ敵対に転じ、深い損失をもたらしたことを嘆いた呉稚暉による表現である。四七年の国民大会においても、梁漱溟はその「選災」を警告した。「私が（選災を）予告するまでもなく心ある人には分かる」。だが、「民主」「憲政」のたぐいのおまじないに人々は懐疑・反抗する知能をすでにすっかり失っているのだ」と。

中国には民主も憲政も必要だが、その固有文化に根ざしたものでなければならず、西洋に学ぶにせよ無批判ではいけない、というのが四〇年間、郷村建設に携わってきた梁漱溟の信念であった。欧州人は「必要悪」として「民族国家」を形成し、相互承認と制裁のため民主と憲政を実施した。だが中国は、概ね散漫な和合統一のまま国家は「不必要な悪」とされ、内には階級意識を欠き、外には国家意識を欠いた。今の中国が西洋に学ぶと、かえって精神は衰退し民主政治どころではない。郷村建設運動だけが中国産の憲法運動だ、という。この梁漱溟に対し、「文化が政治を規定する」と考える点は共通する張東蓀が、西洋は統一を経ずに「民族国家」に変化したが、中国は大変化がなく、何永佶の命名した「天下式国家」に停留したのであり、その持続には皇帝は道家的無為主義をも採用し、「下から上へ」ルートを比較的保護したのであり、それが中国伝統の政治思想だ、と説いた。選挙などの外来の制度が中国に持ち込まれると有害少益になるのは、中国自身の不適応にあるのだ、と。くり返されてきた「独裁下の自由」論に近い。

梁漱溟はこれに対して、郷村の生活経験がない張東蓀の説の多くは想像だとした上で、戦時の郷村の動員会議が民権の練習となり、よりよい政治の方法の発見の一助となる、と示唆した。費孝通は『大公報』で張東蓀に応答し、皇帝の無為主義は権力の濫用防止法として機能しえたが、今や英米式「民主と憲法」を学ぶべきだと主張した。また、『観察』の同人で北京大学教授の経済学者樊弘《はんこう》は、張東蓀や梁漱溟の説を反民主の「通儒治国」論として一蹴した。さらに「現状に不満で進歩追求を願う知識人こそが現在の中国の自由主義者」だとし、「小市民」と嘲られる知識人も「抗日戦以来の貧窮に苦しむ生活は、彼らを、苦しんでいる大衆と一つに溶け合わせた」という。

梁漱溟のような、郷村の人民に新文化創造を期待する立場とは、かなり距離がある。儲安平らが新党結成を希求したメディア『観察』であったが、求心力では際立つことはなかった。

一九四八年になると、共産党の軍事的優位が現実化し、米国による日本経済復興援助に対する民族ブルジョアジーの反発もあり、思想界も軍事力学を意識し始め、中間路線批判が強まっていく。のちに外交で活躍する喬冠華は四八年早々、「反動派が中間路線をとらえた」として、米国を重視する張東蓀のみならず、米国の対華反共政策と国民党の腐敗とを危惧した費孝通をも、米帝のために幻想をまきちらし政治陰謀を助長するとして「追撃」した。

中間論者の施存統も、四八年春ころから変化した。共産党の土地改革論を「地主と農民との政治闘争」と位置づけ、自説の「新資本主義の経済」と「新民主主義の政治」は過渡形態であり、搾取される労働人民を政治・経済の主体とすべき、と主張し始める。

国共批判を続けた儲安平も、一九四七年一〇月、米国前駐ソ・駐仏大使ブリット批判を掲載する。餓死者・自殺者が増えるばかりに腐敗した政府に、米国は大金を貸与し武器を売りつけて共産党打倒を要請し、「反ソ防ソ」のため中国のコントロールを目論んでいる、と。この激しい国民党批判は当局の怒りをかう。四八年一二月に南京『新晩報』ともども『観察』は発禁となった。

発禁の直前、ラジオ放送で「自由主義イコール平和改良主義」だと説いた胡適に対し、張東蓀も四八年一一月、平和改良主義が行き詰まって初めて革命がおきるのだとし、革命の成否と到来は「革命家によってではなく被革命者によって決まる」という歴史を、胡氏は忘れたのか、と批判した。さらに、張東蓀は学者たちにこう呼びかけた。「あなたがたが命だとよりどころにする自由を、反動勢力が守ってくれるなどとはゆめゆめ思うなかれ」。

土地改革と共産党の勝利

一九四七年の五～六月、「反飢餓・反内戦・反迫害」の学生運動が南京・北京・天津・武漢等、国民党統治区の多くの都市で続いた。数カ月後の一〇月一〇日、毛沢東は形勢有利とみて、「中国人民解放軍宣言」を発表し、「打倒蔣介石、解放全中国」を公然と打ち出した。「民主連合政府を組織して人民と民族を解放するトータルな目標」を掲げ、独裁廃止、言論・出版・集会・結社等の自由の保障、主要戦犯の財産と官僚資本の没収、被災民・貧民の救済などを具体的にあげた。上述の儲安平の国民党批判は、ここでの毛沢東の認識と重なるものがある。共産党を育てたのは国民党の腐敗だ、といわれたが、儲安平はそれを実感していたであろう。

解放軍宣言と同日、中共中央は「中国土地法大綱」を公布する。この徹底的な土地改革の結果、四八年末までに解放区の約三分の二の人口、約一億の農民が土地を得たという。土地分配は絶対平等主義をとらず、地主富農の反動性・搾取如何を勘案し、「貧農に依拠し、中農を団結させ」て貧農の孤立化を防ぎ、農業生産を高めようとした。国民政府軍の兵士はほとんどが農民出身であることから考えても、この土地改革は内戦の帰趨に影響したであろう。

同じ一〇月末、国民党政府は民主同盟の非合法化を発表、民主同盟本部は解散したが、地方・地下・海外で活動を続け、翌四八年一月、香港に臨時本部を設立、共産党との提携による闘争を宣言し、五月には共産党の呼びかけで民主党派とともに新政治協商会議の開催にこぎつけた。

一九四八年、当初は考えられなかった軍事的な形勢逆転がはかられる。「共匪」の数十倍だった軍事力も、高級軍官は接収財で贅沢三昧、将兵は放縦、軍は闘志なしの体たらくとなった、「我々の失敗は接収の失敗だった」と蔣介石は南京で嘆いたという。人民解放軍はついに翌四九年一月末日には平(北京)津(天津)戦役を制して進駐する。国民政府軍華北「剿共」(共産党討伐)司令の傅作義は、和平で歴史に名を残せとの楊人楩ら学者・文化人の説得から共産党と講和し、人民解放軍の北京無血入場式で、二〇〇万人の生命と文化遺産は瀬戸際で守られた。

中共中央と人民解放軍の本部は、その前年から河北省平山県西柏坡村におかれ、毛沢東らは来る連合政府について民主党派人との相談を計画した。周恩来がのちに「毛主席は世界最小の司令部で世界最大の人民解放戦争を指揮した」と語ったその場に、張東蓀が招かれ、民主同盟の費孝通、張の同僚である厳景輝・雷潔瓊《らいけつけい》も同行し、毛沢東と会見、劉少奇・周恩来・朱徳・鄧穎超らも同席して交歓した。

雷潔瓊によると、当時五〇代の毛沢東は体格が立派で壮健、顔を輝かせ、エネルギッシュで湖南訛りが強く、ユーモアがあり、打ち解けてよくしゃべり、民主党派が「反対派」や「中間路線」に与することがないようにと語ったという。五四運動の理想主義以来、革命戦争で鍛え上げた思想だけでなく、言語の巧みさに負うところが大のカリスマ性が、この革命的思想家・政治家を際立たせたことは確かであろう。

費孝通も、その旅で共産党人の「内在自発の一致性」と「このうえない力量」に圧倒されたことを率直に語る。「私のように革命の隊列に積極的に参加したことのない知識人」は「歴史発展に対して自信がなく、人民の翻身(立ち上がり)も信じられなかった」。「人民の力を信じられないとどうしても手足が縮こまり、甘んじておくれをとる」。かたや革命闘争で鍛えられてきた人たちは「潜在的などっしりした力」をもち、「この力は同様に中国を現代世界における先進的国家へと建設することだろう」。自身は「虚心に学び」、時間をかけて「思想を改造」しようと決意する(「私のこの一年」)。

この費孝通のように考えた知識人も多かったろうが、張東蓀はどうやら違った。自身は書き残さなかったようだが、楊奎松の考証(二〇一三年)によれば、対立に向かう米ソとの関係が問題となった際に、毛沢東が将来はソ連「一辺倒」にと発言したことに落胆し、急速に民主同盟への熱意も失ったという。「英米式でもソ連式でもない民主」を希求し、「一辺倒」は回避すべきとしながらも「米国の態度が世界の禍福を決定する」と考えるようになっていた張東蓀は、留学した息子を介して米国に働きかけようと動いたふしがあるという。のちに発覚して、五〇年代にスパイ行為として批判されることになる。

張東蓀より早く批判されたのは、張申府であった。『観察』の発禁前、政治活動から退いていた四八年一〇月に、おそらくは不注意から「和平のよびかけ」を掲載したことで共産党や党員夫人からただちに攻撃され離別宣言をされた。党創始者のひとりだったが、以後の言論人生を絶たれてしまう。

四八年末には人民解放軍の最終的勝利の見通しがたち、毛沢東は『人民日報』の新年祝辞で、米国と国民党の「和平」陰謀打破と、革命による「国民党の反動的統治の打倒」および「人民民主独裁の共和国の樹立」を呼びかけた。梁漱溟は翌年の『大公報』(四九年一月二一日)で、「諍友」(率直に忠告する友)として共産党に意見をした。「己と異なる者の存在を認めよ」という忠告に国民党は聞く耳をもたず、今日の惨敗にいたり、自らと国家を破壊した。共産党は全国を掌握しようとしているが、絶対に国民党の轍を踏んではならない、「中間路線」「自由主義者」の存在すら許さず、すべて排斥するのは誤りであり、革命の高揚で理性を欠くことがあっても共産党が正してほしい、と。だがそれは容易なことではなかった。

中華民国の分解と毛沢東「人民民主独裁」

一九四九年元旦、蔣介石は条件つき和平交渉に応じる用意があると表明する。中共中央は同月、蔣介石の条件を否定しつつ、「南京国民党反動政府」に対し和平交渉を提案、蔣介石は下野宣言して、副総統李宗仁が代理総統として交渉に応じる。

三月の共産党の七期二中全会で、毛沢東が革命の勝利、新民主主義社会から社会主義社会への発展方針を報告、「農村で都市を包囲」して奪取する計画をほぼ達成し、以後は「都市から農村へ、都市による農村の指導」が始まる、と宣言した。「労働者階級に依拠」し、「労働大衆を団結させ」、「知識人」と「合作可能な民族ブルジョアジー」および「こちら側にたつその代表人物を可能な限りとりこみ」、帝国主義者・国民党・官僚ブルジョアジーと戦う、と。人民の国民党への不満の一つは生活の困窮であり、早急な経済復興と都市建設が求められていた。

毛沢東も同月、西柏坡を離れ、北京入りした。

同年四月に国内和平協定が作成されたが、結局、国民政府が署名を拒否し、人民解放軍が進攻、長江を渡り、同月に南京、五月に上海と続けて攻略した。上海占領前に出国を勧められたアナキスト巴金は「人民とともに立つべき」と残ったという。巴金の友人は血なまぐさいテロにおびえ暮らした日々が去り、「私は見た。蔣匪の王朝が崩壊し、空が明るくなり、日焼けした可愛い兵士が入城し、我々の隊列がやってきた」と、短文「暗闇から黎明に」を発表する。『新青年』の理想が達成され安堵した文化人も少なくなかったであろう。

同年四月末、中共は各民主党派、人民団体、有識者があらためて政治協商会議を開催、民主連合政府を樹立することを提案。中国国民党革命委員会の李済深と中国民主同盟の沈鈞儒への呼びかけを経て、九月には第一次全体会議を開催し、臨時憲法として「中国人民政治協商会議共同綱領」を制定、中華人民共和国建国を決め、中央人民政府が組織された。

その間、毛沢東は七月初日の共産党創立二八周年に、困難な環境を歩んで「大人になった」中共を記念する「人民民主独裁論」を『人民日報』に発表した。

毛沢東はまず中国が「革命の真理」を探し当てる過程として大きく近代の思想史を振り返る。アヘン戦争以来、洪秀全・康有為・厳復・孫文らを代表とする先進的な人物は苦労して西洋国家から真理を学ぼうとした。それは自分自身も学んだ西洋のブルジョア民主主義の文化、つまり新学だった。「これらが中国をよく救ってくれると思い込んだ」し、「日本人は西洋に学んで成果をあげたので、中国人も日本人に学ぼうとした」。だが、「帝国主義侵略によって中国人が西洋から学ぼうとする迷夢は打ち破られた。おかしくはないか。なぜ「先生」は「学生」をいつも侵略するのか。中国人は西洋から多く学んだが、理想はいつも実現できない」。一方、「ロシア・プロレタリアートと労働人民の革命のエネルギーがレーニン、スターリンの指導のもと、火山のように爆発し、中国人が、そして全人類がロシア人を見る目が変わった」。社会主義を知らなかった中国人に「十月革命の砲声がマルクス・レーニン主義を届けてくれた。十月革命のおかげで全世界のまた中国の先進的な人びとがプロレタリアートの世界観を、国家の命運を観察する道具とし、あらためて自己の問題を考えるようになった。ロシア人の道を歩む――結論はこうだった」。「五四運動を経た中共成立以降、「孫文は十月革命を歓迎し、次にロシア人が中国人を手助けしてくれることを歓迎し、中共と合作するのを歓迎した。孫文が亡くなると蔣介石がでてきた」。

中共成立にいたる中国近代史を世界史のなかに分かりやすく定位し、なおかつ孫文の後継者は蔣介石ではないことを巧みに印象づけつつ、そこから導き出されるのはソ連への道、「ソ連一辺倒」への布石だった。

毛は蔣介石を支援するアメリカへの批判とともに、中国人民が中共の指導のもとで抗日戦争・内戦を勝ち抜いてきたことをふまえ、「西洋ブルジョアジーの文明・民主主義・共和国の構想」の破産を宣告する。帝国主義の圧迫を受けた中国にとって、「唯一の道」は労働者階級の指導による人民共和国である。もはや社会主義への「一辺倒」しかなく、第三の道は幻想にすぎない、として、中間派・第三勢力による議論を根本から否定した。だが、そこではソ連の社会主義の内実が検討されることはなかった。

この論文では、さらに「民衆の喚起」から「労働者階級が指導する労農連盟を基礎とする人民民主独裁」への発展、国際的統一戦線の結成というプロセスで、新民主主義から社会主義にいたる過渡期を論じている。その際、民族ブルジョアジーとの団結の重要性や資本主義の必要性も認めている。だが、「独裁」についてはどうとらえているのか。

毛は、国内外で「独裁」は不評だが、人民内部の民主と反動派への独裁とを結合するのが人民民主独裁である、と規定する。そして、「独裁」批判者のほうがむしろブルジョアジーのプロレタリアートへの独裁を実行しているのだ、と指摘している。独裁批判者があえてして独裁実行者であるとの指摘は鋭い。だが、「反動派」の判定を労農階級なら間違えないのか。敵対者の言論を封じることは、対立そのものの抹消になり、「止揚」も「進歩」も期待できなくなるのではないか。そこには整風運動時の誤認定による人身攻撃の記憶が重くのしかかる。あまつさえ、帝国主義・反動勢力が消滅し「階級が消滅して大同を実現する」までは国家の消滅は不要で、むしろ人民を保護する軍隊・警察・法廷などの国家装置を強化すべきで、反動派・反動的行為には「仁政」を施すべきではない、というのだから。

人民の民主においては、「自己教育」「自己改造」により、長期にわたって存在する「内外反動派の影響」や「自ら旧社会から得た悪い習慣や思想」から脱し、改造して反動派の道に引き込まれないようにする、という。それには「強迫」ではなく「説得」が用いられる。人民は反動派とは原則的に区別され、法を犯して処罰の対象となっても、悪質でない限り土地も仕事も与え、労働で自己改造させるが、そうしない場合には国家が強制的に労働させ、宣伝教育を行なうのである。だが、ここでいう強制的労働とは、誰のための、何のための労働かが必ず問われよう。

十年以上にわたる、「正義」と「正統」をかけた戦争経験、さらに長い近代の被侵略の歴史体験から編み出された政治論であるだけに、あくまでも戦争に主眼をおいたポリティクスと切り離せない議論といえる。「ソ連共産党こそ我々の最もりっぱな先生」と最後に記したことも、戦争のリアリズムとの折り合いや確執が影をおとしたのかもしれない。長きにわたる貧困で抑圧された世界最大の人口の最多部分、その欲望の解放の行方に頭を悩ませるだけに、ソ連をモデルにするとしても、長期的には――中国がその大きさを保つかぎり――他国の経験から学べるものでないことも承知していたであろう。

だがより大きな問題は、これらがすでに「毛沢東の思想」ではなく、人民の、より厳密には党の「毛沢東思想」として格上げされ、批判の対象となりがたくなってしまったことであろう。

一九四九年末までに国民政府は最終的に台北へ移り、人民解放軍はチベットを除くほぼ全中国領土を「解放」した。この前後に台湾へ移った者は百数十万にのぼるが、蔣介石ら政治家・役人を除き、思想界・学界・文化界の人物の亡命(移動)は存外少ない。傅斯年・李済・葉青らは移ったが、傅斯年に誘われた顧頡剛や、多く誘いのあった陳寅恪らも大陸に残った。蔣廷黻らが最後まで中国自由党を立ち上げ、胡適による自由派内閣をたてようと画策したようだが米国の同意を得られず、この時も結局、三年前と同様に新党は実現せず、胡適や張君勱らはまずは米国へ渡ったのである。

III

中華人民共和国への展望

(左)呉耘「あっ！　巨大な龍が追いついてきた！」中国工業水準，英国を 15 年で追いこせ．『漫画』半月刊 125 期，1958 年 1 月．
(右)特偉「中国に共産党ができてから(大革命・土地革命・抗日戦争・解放戦争)」『漫画』月刊 2 期，1950 年 7 月．

清末民国を通して

アヘン戦争後の開港以降、「西洋との遭遇」が急増し、変法運動期ころには新聞雑誌メディアの形成とあいまって「中国」意識が広く形成され始める。ついで革命諸派を孫文が糾合した中国同盟会を中心として、革命か立憲君主制かの論争を経るが、清朝主導の遅々たる立憲準備と革命軍の前のめりの蜂起とのいわば速度の開きで実現した辛亥革命。議論の深化の余裕もなくアジア最初の共和国、中華民国はこうして実現した。急造であるだけに軍閥勢力間の抗争が絶えず、国民革命を経て蔣介石による南京での国民政府が成立して、ようやく政治的統一と「経済建設」の時代を迎える。

だがまもなくの満洲事変以降、日本の侵略がエスカレートし始め、日中戦争の全面化にいたる。Ⅰ・Ⅱにおいて、以上のような清末から抗日戦争、さらには「惨勝」後の国共内戦に突入し、中華民国政府の台湾移転にいたるまでの苦難に満ちた道のりを、思想文化の面から駆け足で辿った。一九四九年一〇月一日、北京天安門で「中華人民共和国が成立！」という毛沢東の湖南音の一声が響き渡る様子がラジオ放送され、建国を祝賀する赤刷の『人民日報』が発行された。この年には国家の正式な総合報道機関として新華社も成立、メディアも新たな激動の道のりを伝えることになる。

社会進化論と「中国」意識

ここまでの流れで浮かび上がった思想の流れは、一つには西洋との遭遇によって受けた知的刺激、西洋文化の受容という初期グローバル化の過程と無縁ではない。「進化した」存在として西洋という他者を認知し、自ら固定的な「華夷」の弁別から変容をとげた。その方法としては、初期には「中体西用」方式があり、これは長くその後の東西文化併存や調和論のもととなる。やがて改革論者による経典の新たな読み替え、「伝統の創造」による儒学更新の企てがなされる。日清戦争後の康有為や譚嗣同らあたりで一つのピークをなし、「通」「公」「仁」といった概念が使われ、そしてそれはメディアの働きをも示した。

一九世紀末から強まった列強進出の脅威にむきあい、厳復らにより社会進化論が紹介される。さらに二〇世紀初頭の科挙廃止後からまず日本留学が増えるなかで、「外の目」をより意識し、生存競争で「淘汰」され、「劣敗」民族となることを恐れるというかたちで社会進化論的歴史観をも内在化していく。侵略側の列強とは逆方向からながら、たとえば大阪の人類館事件での「野蛮な先住民と同列に扱うな」という抗議のありかたや「東方・東亜の病夫」論にもそれは確認される。

他者認識にみあう「中国」意識が明瞭となっていくなかでのナショナリズムの生成にあって、文化的には国民統合のシンボルとして伝説上の黄帝や古代の孔子がことさらに喚起されてきた。

さらに日本で議論された種々の学説を吸収したうえで中国の近代知として「編集する知の技法」を磨いた梁啓超は、「漢満」を同じく「黄色人種」とし、そのうえでマジョリティである「漢」人を中心にした「中華民族」の概念化に、楊度とともども寄与する。これは孫文からやがて一九八〇年代の費孝通による多元一体民族論(後述)にまでその継承をみることができる。

孫文らの「排満」革命論においても社会進化論にたち、漢族の優位性が説かれた。その一方で、列強の侵略に対する反帝国主義も醸成された。章炳麟の場合は、侵略を正当化する社会進化論への批判を仏教や道家の思想をも駆使して行ない、インドなどの被圧迫民族との連帯を説く抵抗的民族主義思想の可能性を亡命者の集まる東京において示した。

だが中華民国建国に際しては、非「漢」地域をも統合して大幅に版図を拡大していた清の規模を継承するためにこそ、漢を中心とする「中華民族」が必要とされ、そのために「排満」論は革命後に急速に消えゆき、民族統合のためにも康有為提唱の「虚君共和制」などが議論された。

立憲志向とその批判の流れから

こうした「中華民族」、国民国家形成の動きとともに憲政が模索された。とりわけ変法の頓挫後に日本に亡命した梁啓超は保皇立憲や「開明専制」を追求する。そこから「梁啓超系」と呼ぶ知識人グループの存在がみてとれた。中華民国政界での政党活動とその挫折を経て、第一次世界大戦で荒廃したヨーロッパへの旅行以降、梁啓超は東方文化を再評価し、学術へ専念する過程で新儒学にも近づく。一九二九年の梁の死後も梁啓超系による立憲活動などが続いた。

中華民国で『新青年』が象徴的雑誌メディアとなった五四新文化運動以後、憲政派の主流となったのは胡適を中心に、多くは米英留学組の流れだった。こちらは概ね西洋化論・個人主義・自由主義を唱えた。抗日戦争期、胡適自身は訪米の任を負って不在だったが、そのグループに連なる欧化論者と清末からの梁啓超系人脈とが交錯する流れのなかで憲政要求がされ、それは胡適に近い儲安平や羅隆基らの戦後の公論活動につながる。そして梁啓超系で「国共」中間論を唱えた張東蓀らから、さらに梁漱溟らも加わる幅広い政論空間を形成した。近年の研究、ことに日本や欧米では胡適から儲安平らの欧化論的な流れが高く評価されている。

だがこの流れとかかわり、中国王朝の独裁のありかたに「自由放任の民」を見出していた論者が少なくなかったことも看過できない。たとえばそれを根拠に開明専制（梁啓超）、無政府さもなくば専制（劉師培）、「形を変えた封建」としての代議制反対（章炳麟）などの異なる主張がされた。もともと儒家の究極的理想は「無為にして治まる」ことで、それは『老子』の道家思想にも通じていて、そうした系譜が改めて喚起されているともいえる。

さらにいえば、そうした喚起は新文化運動期のアナキズム的な社会主義の受容にもつながったであろう。だからこそ陳独秀は老荘思想からくる「中国式の無政府主義」による民衆の懶惰放縦を憎み、ユートピア的なアナキズムの色彩を払拭してボリシェヴィキへ転じようとした。陳独秀とは袂を分かつ胡適も同様に無政府を批判して「有政府」「好人」政府を構想した。

だがこの「中国式の無政府主義」は梁漱溟ら郷村建設論者により、むしろ郷村の共同体性にセーフティネット機能を期待する根拠とされ、西欧モデルによる立憲制の導入への批判となった。

倫理革命・汎労働主義・ジェンダー・整風運動

新文化運動では古典にみえる三綱五常のような上下・ジェンダー秩序や賤工思想をも厳しく批判し、ロシア革命が刻印された「労工神聖」、汎労働主義コミューンを志向した。古代理想のユートピア「大同」の呼び起こしや読み替えも社会主義理論にとってかわられ、五四新文化運動からうまれたアナキスト的なユートピア実験は間もなく失敗した。

ジェンダー観点からの無差別、男女平等に与しようとしたのは新文化主流派の胡適ら、そして魯迅兄弟らも同様であった。清末にあっては「国民の母」という生殖主体の観点からジェンダー問題が浮上し、そのためにも女性の身体の近代化として纏足廃止が主張され始める。女性の公共領域での認知、意識はこの新文化以降であった。だがそれも家を継ぐ男子を多く産むという負担の軽減のためには、社会進化論の先に現れた、人間の「数より質」を選別する優生思想を受容することになる。そういう意味ではやはり民族・国家の生殖管理という位相に議論は向きがちで、女性の自由よりは民族・国家観点にたった産児制限が知識人層から意識され始める。

都市の知識人と農民との文化・経済の絶望的なまでの落差に知識人たちが向き合い、「民間、農村へ」という理念を実践するのは、多くが抗日戦争期の避難・移動においてであった。出身階級を、また家族愛を超えた出会いや「同志」感情も体験する。ある意味では新文化運動期の「労工神聖」の果てに共産党の根拠地で「知識人の労農化」が志向されるまでになり、毛沢東は「思想改造」をも求めた。延安での整風運動では自己批判の要請から、心身の拷問を伴う非理性的大衆運動にまでにいたったこのスタイルが、文化大革命の一つの側面になっていったのはたしかであろう。

同時に戦時生活はとりわけ女性に苦難を強いた。抗日・革命に貢献する新賢妻良母論が蒸し返し的に唱えられ、農村が主の共産党系根拠地でも都市女性のフェミニズムは抑圧された。それどころか日本軍の転戦・占領地域での中国女性への戦時性暴力は凄惨を極め、さまざまな形態でいわゆる慰安婦・慰安所が作られていき、被害者のカムアウトも困難であった。

「惨勝」した戦後の議論のなかでは、かつて厳復が苦悶した近代化と公平化の問題が、あらためて極めて切実な問題として認識される。戦中の議論を経た戦後構想においても、共産党系だけでなく「中間路線」派においても、資本主義を手放しに発展させて格差を生み出すことに対しては、驚くほど拒否的であったのである。

中華人民共和国

以上のように中華民国までをみてくると、抗日戦争で「東亜の巨人が立ち上がった」（沈同衡）あと、国共内戦を経て、「ソ連一辺倒」を選択して成立した中華人民共和国（以後は中国と略称）はどうみえるだろうか。そのさらなる激動の歴史を展望しながら、ごく簡単にみておこう。

一九四九年九月、臨時憲法としての「中国人民政治協商会議共同綱領」で中国は一律平等な「各民族の友愛が合作する大家庭」と表現された。これまでに議論されてきた中華民族を家族のような親密圏に位置づけようとしている。少数民族については一九五〇年から国家による民族識別工作が始められ、マルクス主義を受容した社会学・人類学者の費孝通も参加した。建国時のモンゴル・回・チベット・ウイグル・苗・瑶・彝・朝鮮・満洲から五三年の第一回全国人口調査で三八に、その後も追加されて五五に確定、漢族をいれて五六民族とされている。

「米ソ冷戦」構造下で出発した建国事業

抗日戦・内戦を経たばかりの中国はさらなる戦争に加わる。一九五〇年、朝鮮民主主義人民共和国（北朝鮮と略称）と大韓民国（韓国と略称）のあいだで朝鮮戦争（五三年に休戦協定成立）がおこる。韓国軍を米軍が支援すると、中国人民義勇軍を送って北朝鮮を支援したのである。ここでも多くの死傷者をだし、北朝鮮との「血を分けた」関係が始まる。その間、一九五二年、米国主導において中華民国（台湾）と敗戦国日本のあいだで単独講和の日華平和条約が結ばれ、賠償も放棄される。中国は米ソの冷戦構造下で反米帝国主義の「抗米援朝」を掲げながらの建国事業にかかることになる。

一九五三年の全国協商会議で毛沢東は「過渡期における総路線」にそった国家の工業化と農業・手工業・商業等の社会主義化の遂行を訴えた。延安で毛沢東に面会していた梁漱溟も会議に参加したが、農民に依拠し、農村を根拠地としてきた共産党が大都市に移り、都市に重点をおいて以来、農村は「空虚」となり、労働者と農民の格差が開き、農民の生活はなおも苦しい、と注意を喚起した。だがこれに毛沢東は怒り、「梁漱溟の反動思想」として批判する。

実際、ソ連の技術・経済援助を頼みとして重工業優先策がとられ、工業化が急速に進み、五六年には総生産額で工業が農業を追いぬく。その「ソ連一辺倒」ぶりは、たとえば呉耘の漫画「人類の幸福のための道を歩む」（『漫画』月刊、五九期、一九五五年）では「ソ連は原子力を平和建設に用いた最初の国、世界で初めて原子力発電所を建設」したと絶賛する。もちろんチェルノブイリ事故などは夢想だにされていない。民国以来の科学信奉の流れを汲んでいた。

重要都市の計画でも「ソ連に学べ」を国是とし、ソ連の専門家を顧問として招いた。大躍進の年から翌一九五九年にかけて、天安門広場周辺を中心に、人民英雄記念碑・人民大会堂・中国革命博物館・中国歴史博物館などの建国十周年記念の首都十大建築がソ連式の壮大な構えで作られた。政権交代を象徴するそれら建築の配置により、古都のイメージも変貌し始める。人民英雄記念碑の設計者として梁啓超の息子の梁思成の名がとどめられたのは歴史の奇縁だろう。

思想文化統制、農業の集団化と大躍進、中ソ関係の悪化

上述の梁漱溟への批判にも現れた思想文化統制は、米軍による凄惨な住民虐殺にも及んだ朝鮮戦争参戦時の戦時体制下で強まる。一九五〇年からの「反革命鎮圧」運動では親友でも家族でも鎮圧に情は無用と叫ばれた。五一年には映画『武訓伝』が階級闘争史観の欠如により、また五四年には兪平伯《ゆへいはく》が『紅楼夢』をリアリズム文学の観点からでなく評価したという理由で批判され、兪平伯が学んだ胡適のプラグマティズム、さらに胡適思想の全面批判にまで発展していったのである。作家の主体性を重視する文芸批評家として晩年の魯迅からも信頼されていた胡風にいたっては、「胡風反革命集団」として断罪され、文革終焉後の七九年まで獄中に繋がれ、多くの人たちも巻き添えになった。

そこへ知識人問題では粗暴な思想改造のおしつけを見直そうと、一九五六年、共産党から「百花斉放・百家争鳴」が呼びかけられた。だがこれもうたかたの自由であった。

一九五七年、予想以上の共産党批判の風潮に対して反右派闘争が発動され、粛清へと転じた。文芸関係者、知識人ら五五万人以上が、多くの場合に根拠なく「右派分子」と断定され、本人はもとより、その親族まで大打撃を被った。当時、知識人は全国に五〇〇万人程度だったといい、一割以上もの貴重な人材が難に遇ったことになる。党に期待し、不信も表明した費孝通をはじめ、本書でみてきた多くの知識人たち、王立命、『光明日報』編集長となった儲安平、潘光旦、作家の丁玲、儒家を階級闘争史観で画一的に断罪することに反対した馮友蘭らも批判された。

このころ、一九五六年のソ連の党大会でスターリン批判が始まりフルシチョフの平和共存新路線が提唱されると、中国は次第に対ソ批判を強める。一九六〇年のソ連による中国からの技術者一斉引き揚げで対立は決定的になり、六三年から公開非難にいたる。こうした冷戦構造の様相は後述する一九六六年からの文化大革命とは切り離せない。

先にみた工業重視の一方で、農業でも「合作社」の組織が急がれ、五六年末までにほぼ集団化された。一九五八年、大躍進政策（Ⅲ扉左図）と急速な土地の公有化を背景に人民公社が誕生する。だが農民を中心に千万単位の餓死者をだして大躍進政策は失敗し、六一年には調整政策をとる。このような結果に関して、「理想主義やユートピア主義から専制主義に転化する」「毛沢東の落とし穴」(銭理群『毛沢東と中国』下、三一四頁)だという指摘がある。為政者の「偽りの約束」と点数をあげるための官僚の「偽りの報告」との共犯ともいえよう。

なお、胡適の自由主義の流れは一九四九年以来、胡適・雷震・殷海光らが創刊した雑誌『自由中国』にその良質の継承がみられ、台湾での国民党の独裁に抗した。五八年に胡適が台湾に居を移すと、またもや反対党の「偶像的」指導者として期待がかけられた。それに応えることはなく、六〇年に蔣介石総統三選に連名で反対したことから雷震は捕らえられ、雑誌は停刊となった。

簡体字・ピンイン・普通話

建国と同時に、文字は世界共通の表音文字化に向かうべきだと考え、毛沢東は現行の漢字をもとにした民族形式をとるようにと一九五一年に指示を出した。五四年にはラテン字母(ローマ字)採用にふみきり、「注音字母」に代わるラテン字母方式の原案が作成された。五七年に「拼音(ピンイン)方案」として批准、五八年に正式公布された。このピンイン方式は、多くの問題点をもちながらも、何よりもアルファベット二六文字で漢字の発音を表記しつくせるという簡便さがあり、共通語の普及に寄与し、電報メディアから近年のコンピューター入力に対応しえた。

また漢字の簡略化も表音化と平行して推進された。銭玄同らによる簡略化や識字運動の蓄積から、五六年に五一七字、五四の偏旁（へんやつくり）の簡略化を定めた「漢字簡化方案」が正式に公布され、新聞・雑誌・書籍に用いられるようになり、五九年までにさらに整備される。その結果、略字の平均画数はほぼ半減し、その後も改革は続いて、三、四千字といわれる常用漢字の八〇％は簡略化された。

この文字改革の目的である共通語の普及運動も本格化し、漢語地域の四分の三を占める北方語系で普及度が高い「官話」を新共通語の基礎と定めた。五六年、「官話」をベースに、北方方言から語彙を、現代口語の代表的な著作から文法規範をとった「普通話」が制定された。民国では未達成の共通語は、強力な政権のもと、ようやく形成・定着にむかった。

毛沢東と文化大革命

「プロレタリア階級」の大旗を掲げ、反党反社会主義の「学術権威」のブルジョア的な反動の立場を徹底して暴き出し」、「文化領域における指導権を奪取せよ」（「五・一六通知」六六年）との指令のもと文化大革命（以下、文革と略称）が発動された。

労働者と農民、都市と農村、精神労働と肉体労働の「三大差別」の消滅、また欧米中心主義に抗し、非西欧近代の可能性を示すかのような「洋奴(西洋の奴隷)哲学」批判という、いわば人類未達成の大いなる理想を掲げた文革に、当初は「魂にふれる革命」として胸を躍らせた知識人も少なくなかった。自らを「毛沢東時代の産物」とよぶ文学者、銭理群はこう語る。毛沢東思想は中国人の思考・感情・行動・言語のありかたを根本的に変革した。「この毛沢東文化は、長期にわたって、組織的、計画的に伝播がなされ、中国では、民族の集団的無意識、新たな国民性となった」(銭理群『毛沢東と中国』上、二七頁)、と。

文革中は『毛沢東選集』やその章句の抜粋等を中心とする『毛沢東語録』といった毛沢東著作を除く出版は減り、毛沢東のカリスマ化が進む。毛沢東は「ことば」の政治家として傑出し、「帝国主義と全ての反動派は張り子の虎である」などと中国的キャッチコピー用法が秀逸である。世界の学生運動界も魅了されたほどで、それによって人民に精神的高揚をもたらし、人海作戦で治水事業等では大きな成果を上げ、核兵器や人工衛星など、軍事がらみの国威発揚にかかわる科学技術部門の研究開発でも進展をみせた。冷戦構造下でいわゆる「西側」との外交を絶ち、頼りとしたソ連とも袂を分かち、第三世界との連帯を掲げたなかでの「自力更生」型の近代化を追求する一つのありかただったといえる。

だが多くの知識人にとっては災難で、やがて「牛鬼蛇神」として「牛棚」(牛小屋)と呼ばれる収容所に送られ、人間扱いされなかった。そもそも労働者や貧農・下層中農階級出身者と革命功労者をエリート「紅五類」とし、それ以外のほとんどの人々、基準の曖昧な「右派」や「反動」のレッテルを貼られた人たちを「黒五類」などと決めつけたこと自体、常軌を逸していた。それに加え、認定された階級が身分制化し、子弟や近親者までが婚姻・就職・就学等の面で、日常的に差別を受ける。周囲で自殺に追い込まれた例を目撃した人は多く、誰もが深い傷を負った。

一九六六年から六九年まで高等教育機関は学生募集を停止した。青年・学生の組織、紅衛兵は造反し、「四旧」(古い思想・文化・風俗・習慣)打破で、膨大な文物や名勝旧跡を破壊し、全国を無料で経験交流して回る「大串連」(大交流)の間、完全に教育環境から離れた(これについては「よき思い出」とする人たちが少なくない)。六七年には中共中央によって学生の学校への復帰、授業再開が指示され、労働者や解放軍が学校に進駐した。五四以来の平民教育運動の流れにあった「社会が学校」という理念は、文革を始動した毛沢東の六六年の「五七指示」で「軍隊は大きな学校」とされたことに象徴されるように、軍事的な方向に大きく振れる。

ただ、大学教授の下放(幹部や知識人が工場や農村に入って働く)は、出身大学を離れて農民や労働者と接する初めての機会でありえたし、都市の学生・文化人の遠方への下放は、少数民族に対する認識をいくらかでも喚起したという点では意味をもったといえよう。

「天の半分を支える」――ジェンダー

一九四九年の共同綱領に継いで五四年公布の中華人民共和国憲法でも、政治・経済・文化・社会・家庭の各生活上の男女平等原則が明文化された。「天の半分を支える」存在として女性は公的に認知され、新しい出発をしたのである。

一九五〇年の新婚姻法では婚姻の自由はもちろん、重婚・蓄妾、親の決めた婚家に多くは世話係の労働力として少女が売られる童養媳制度、売買婚を禁止し、男女の自由意思に基づく結婚と離婚が保障された。おりからの「増産節約」方針により「祖国により多くの富を作りだそう!」と、質素な結婚式が「先進的」として奨励され、証人には多く毛沢東の肖像が使われ、実際に貧しい層ではこれで結婚が可能になった。

数年後の『中国婦女』雑誌社による調査でうかびあがった新しい「社会主義の新型家庭婦人」像は、「家庭において良き主婦、子どもの良き母親、夫の良き助手となるべきのみならず、社会活動の積極的な参加者であるべき」というもので(『新型的家庭婦女』一九五六年)、新しい「革命の伴侶」というよりはむしろ労働強化型スーパー・ウーマンが求められたことになる。

多くの女性が実際に家の外での労働に参加することになったのは大躍進期で、政策による各種の労働動員であり、初めて姑に気兼ねすることもなく女性同士、集団で働くことに喜びを感じたという女たちもいれば、逆に望まない労働への動員に不満な女たちもいた。いずれにせよ、大躍進が失敗すると、今度は調整政策を背景に「女は家庭に帰れ」と要求されたのであり、自立的な労働とはいえなかった。人民公社運動では、生活と生産の高度な集団化のために、食事や保育も社会化が試みられ、公共食堂や保育所が設置され、新しい経験をする。

生殖政策については、一九五〇年代、ひとたびは人海戦術のため人口を抑制しない「人手論」が優勢で、馬寅初の人口抑制のための「人口論」は批判された。しかし一九六二年には計画生育が再開され、六五年には三割、七一年には七割の夫婦が産児制限をするようになったという。そして七八年からは一人っ子政策がとられ、優生保育が強調された。だが人口年齢比の問題の深刻化から、二〇一六年には解除されるにいたった(「二人っ子」政策へ)。

文革期には「鉄の娘」という性差を抑圧した雄々しい女性イメージが新しいとして追求されたが、文革が終焉するとやがて消えていき、急速な市場経済化、グローバル化後はむしろ女性の商品化、生産からの離脱現象すらおこり、あらたな問題となってきている。

文革の終焉と「改革開放」政策

米国の一九七二年のニクソン大統領訪中、それに継ぐ同年の日中国交正常化等によって中国の孤立という環境も変化し始めていた。権力ナンバー2の周恩来、そして毛沢東が七六年にあいついで死去し、江青ら「四人組」の打倒で文革体制が清算された。

一九七八年末には、「改革開放」路線への転換を遂げて返り咲いた鄧小平体制がスタートした。近代化には大量の人材が必要となり、教育改革が急務とされ、学校をとりまく環境も一〇年ぶりに正常化する。

思想・学術界での変化としては、共産党内部でも、文革の責任を全面的に江青ら「四人組」になすりつけることなく、毛沢東と党と民衆の責任をも問うた上で、人間性の回復を唱える動きもでる。八〇年代には王若水が思想・政治・経済面での「社会主義の疎外」論や「人はマルクス主義の出発点である」という「人道主義」を提起したのである。

マルクス主義的教条主義が反省される一方、文革で全面否定された孔子、儒家をはじめとする古典思想が再評価される。中国哲学界では、文革の反省として学術の政治利用への批判がなされ、さらには、社会主義中国の学界に大きな影響を与えていたスターリン下のジダーノフの唯物・唯心「両軍の対戦」史観も単純化として批判され、中国哲学の独自性の承認が主張されだした。そうした流れの中、八四年に孔子は完全に名誉回復された。それ以降、八五年から八七年にかけて、文学での「尋根」(ルーツつまりナショナル・アイデンティティ探し)ブームや「文化熱《ブーム》」が起きる。梁漱溟、馮友蘭らは総合文化の創造のために優れた文化伝統を掘り起こそうとする民間文化団体、中国文化書院を北京で結成した。

ただ、儒教へは高い評価ばかりが現れたわけではない。八一年の中国共産党による「歴史決議」でも「長期にわたる封建専制主義の思想、政治面における害毒」が指摘されており、この「封建専制主義」批判が、清末から注目されていた中国の独裁、中国封建社会の長期的持続性の分析とともに、学術界でもあらためてとりあげられるようになった。八〇年代以降、導入がはかられたサイバネティック論・システム論・情報理論の「三論」を駆使した金観濤による中国史における封建社会の「超安定システム」論は伝統文化システムの核心を政治とイデオロギーの結合、一体化構造とみなし、科学主義に立ち批判して評判となった。新文化運動期の胡適らに近い。この金観濤が主編となり、ニュー・アカデミーの雑誌『走向未来』を創刊している。内省的な美学・哲学・歴史書で注目され、工業社会化と民主化のための法治の確立をまず説くモダニスト、李沢厚は八〇年代前半、知識青年の間でスター的な存在ですらあった。歴史的に沈澱されてきた「中国の文化―心理構造」はその短所・長所を分析して「創造的な転換」をはかるしかない、と指摘する。

まさにこうした時代の伝統学にたちかえった民族アイデンティティ創出の要求に応える民族論が、反右派闘争と文革での失脚から名誉回復した費孝通によって出された。その「中華民族的多元一体格局(構造)」(一九八八年)説とは、数千年の歴史過程で形成され、近百年来の中国と西洋列強との対抗のなかで出現した「自覚した民族実体」として構想された民族概念である。多元の起源をなす多くの孤立分散した民族が接触、混淆、連結、融合し、同時に分裂・消長し、完全に融合しながらも個性をもった多元的統一体となった、とする。

この民族大融合論は多元的と謳うが、「血統」的大融合論を前提とした予定調和的な多元一体論であり、強調されているように凝集のはたらきをするのは漢族であり、その点からいってもまさに同化主義的な梁啓超モデルの民族論の一つの到達点ともみなしうる。費孝通みずから称したような「豊かで多彩な長大歴史絵巻」を提示しえたという高揚感を、この論からは読みとれるのである。そうした八〇年代的な「文化熱」が過ぎ去り、天安門事件の試練を受けたのち、費孝通はもともと手がけた農村社会、郷村論の延長で郷鎮企業論などに関心を移した。

もう一つ、この時代を考えるのにはずせないのが、テレビ受像器が世帯普及率一三%の八一年から、八八年には一億一六〇〇万台、五〇%に達する増加をみせ、テレビが「主要な情報源であり、主要な娯楽の形態となった」(『人民日報』)と宣言されたころに放映されたテレビ番組「河殤——たおれし黄河を弔う」である。これは蘇暁康と王魯湘が製作した総合ドキュメンタリーで、NHKの黄河水源を探索する大型シリーズ番組『大黄河』の一種のパロディでもあった。「テレビと思想界の精鋭がテレビというマス・メディアを通じて理論的情報を伝えるという一つの試み」(蘇暁康、一九八八九年)という、思想性の強い実験番組である。

黄河流域に早熟な文明として成立し、長年、持続された中華文明が、西洋近代文明の衝撃によって激痛を伴う衰退に至った、という筋書きである。抗日戦や中国革命を語らない「新しい歴史観」を提示し、顧問格の金観濤・劉青峰夫妻ら近代化推進論者にして気鋭の青壮年研究者や作家に行なったインタビューを次々と挿入しつつ、短い言葉と映像カットの積み重ねというテレビ文体の工夫によって、伝統が近代化の障害となっている点を視覚的に焼き付け、閉鎖的精神構造を突き崩そうとする。

科学主義的な装いのこの番組で強調されるのは何よりも高度な古代内陸文明としての黄河文明の衰退の運命であり、その停滞性、西欧的な近代の頓挫の主因を「海洋文明の欠如」に求める。実際には東アジアでの海洋朝貢交易、海洋文明はあったのに、あえて一面的な把握を示す点からいえば、東洋を歴史以前と規定したヘーゲルの歴史哲学の反復であろう。だがこの場合は五四の「全面的西洋化論」を継承しつつ、「反政府的」に利用したのである。好評でアンコール放映もされたが、中華文明の全面否定、歴史的虚無主義だといった批判が、天安門事件にまでつながった。「文化熱」の最後の打ち上げ花火となったといってもよい。

なお、ちょうどこのころ台湾では蔣経国総統が三八年にわたった戒厳令を解除し（一九八七年）、新党結成も解禁され、言論・結社・言語の自由が保障された。一九四七年の二・二八民衆蜂起事件以来の恐怖政治も終わり、一九九〇年代の「静かな革命」といわれる民主化を達成した。

天安門事件とその後の高度市場経済発展

中華人民共和国の「不惑」の年、五四運動七〇周年記念の一九八九年に独裁に反対する科学者の方励之が鄧小平に政治犯の釈放を公開書簡で要請した。これに当時、八七歳の謝冰心をはじめ、李沢厚や金観濤・蘇暁康らの研究者や作家等、ほぼ三世代にわたる三三名が署名して支援の公開書簡を送った。それが知識人の民主化運動への「参与」のきっかけとなった。

当時、改革開放政策の進展と遅れによる歪みは、多方面で社会問題をもたらしていた。拝金主義の横行から人身売買、犯罪シンジケートの復活、知識人への経済的不遇や官僚の不正行為などである。政治改革としての民主化と経済改革、言論・出版・報道の自由などを要求した一部の知識人たちに、まず学生が賛同し、ついで多数の知識人、それに相当数の市民・労働者もが呼応した。民主化のスローガンは抽象的で、ピークには百万人に達した参加者の要求も組織化されていなかった。それだけにかえって、覚醒した市民層の登場を印象づけたのである。

やがて運動は「独裁主義、封建主義打倒」「憲法の基本的人権擁護」などを叫ぶ民主化一般の運動へと拡大していった。「反党反社会主義」とみる鄧小平ら長老派と「愛国的な民主運動」とみる趙紫陽ら改革派の党内の対立が表面化、五月二〇日、建国史上初めて首都北京に戒厳令が布かれ、六月四日未明ついに戒厳令部隊が出動し、天安門広場に通じる街路で、一部は武装化して抵抗する学生・市民に対し発砲、鎮圧した。その様子が衛星放送により「実況」報道されて世界に衝撃を与え、米国など西側諸国は人権弾圧とみなして中国に対する経済制裁を課すことを決めた。国際的な圧力は同年の東欧革命の進行、ベルリンの「壁崩壊」で強まった。

鄧小平の南巡講話と市場経済の高速発展

天安門事件後は経済の冷え込みも二、三年あったが、一九九二年の鄧小平による南巡講話以降の大胆な市場経済強化策によって、「経済制裁」からは思いもよらない商業主義の台頭があり、消費文化時代が到来した。大学人の待遇にも改善があった。

しばらくは学術交流にすらある種の虚無感が漂ったなか、北京の若い研究者たちはあえて学問の場での「非政治性」を唱え、八〇年代の欧化風ニュー・アカデミズムとは距離をおき、中国の近代学術史研究を志向し、自主出版的な形式で学術誌を出版、「新国学」ブームをも招来した。現政権は批判しないという高度に政治的な判断が働いていたといえる。

一方、上海の若手研究者においては、商業化にあっての知識人の辺縁化の問題をうけとめ、非権力的、非エリート主義にして俗に媚びない「民間」という立場から「人文精神」論議がなされ、主体性論や批判的啓蒙が論じられた。

こうした動きからはさらに九〇年代中後期より「自由主義派」と「新左派」の論争が生まれる。自由主義派は毛沢東以来の社会主義の名のもとでの専制、封建残余の清算が不可欠だとする。民主と自由、憲政と市民社会をモデルにする点で、八〇年代の延長上にあるといえる。かたや、「新左派」は市場覇権と独占エリートを批判、中国のマルクス主義自体が近代的イデオロギーの一種であり、毛沢東思想は反資本主義的モダニティの働きをしたとみなす。中国の資本主義化はグローバル資本主義にくみこまれるとして反対し、社会的平等をより重視する。よって米国のヘゲモニーに反対し、民族国家としての地位も役割も強調する。一方、自由主義派は民族主義の非理性が専政に利用されることを警戒する。こうした両者の議論は戦後すぐの議論、さらには社会性質論戦などとも重なり、近代をめぐる議論の変奏とみなしうる。

もう一つの動きとして注目されるのは、一九九六年以来、農民の生計、農村の持続可能性、農業の安定という「三農問題」を提唱している温鉄軍である。青年ボランティアを指導養成し、「新郷村建設」を唱えて梁漱溟・晏陽初を継ぐ第二次「郷村建設運動」を提唱した。また、社会主義でも資本主義でもないオルタナティヴをめざし、晏陽初郷村建設学院を組織している。「中国に内発的な社会的公平および正義の論理」を追求しつつ、二〇〇八年の四川大地震でもボランティア組織で政府にはできない支援活動をしたとされる。

またこのグループは、深刻化する大気や食品の汚染に対して、環境問題としてダイナミックなとりくみを提起する点でも注目されている。中国の将来はこうした方向性の追求にかかっているともいえよう。

あとがき

激動期における中国の思想文化の通史を書くのはことのほか難儀だった。紙幅の制約が大きく、テキストの問題からも、都会の漢人知識人に集中してしまい、悔やまれる。

それでもこうした思想史を書くことの縁を感じるのは、一九八一年から八三年にかけて北京大学に留学したことによる。文革後の大学再開による日中政府交換留学生の第三期、博士課程大学院生で指導教授がつく高級進修生では第一期であった。学生はたいてい下放の経験を積んで思慮深く、向学の熱意にあふれ、親切だった。今でも大切な友人たちである。所属した中国哲学系には、本書にも登場する馮友蘭氏が学内に住まれ、張中府氏の弟の張岱年教授の演習にでた。ジダーノフ史観による研究を批判されていた指導教授の楼宇烈氏を通じて、賀麟氏や熊十力の学生を知った。また上海では湯志鈞氏に章炳麟の孫の章念馳氏を紹介された。譚嗣同の国際学会で知己を得たもと国民党革命委員会副主席で蔣経国と行動をともにした賈亦斌氏の夫人は、なんと譚嗣同の兄の孫に当る譚吟瑞氏。賈氏から梁漱溟氏をはじめ政治協商会議の名だたる方々にご紹介いただいた。賈氏の秘書で北京大学卒の赫軍女史にはことにお世話になり、共産党軍の北京無血入城や朝鮮戦争での体験など貴重な話もうかがえた。当時の私にもう少し知識があればもっと知り得たのにと残念に思う。

さて本書は、実は筆者が濱下武志編『世界歴史大系中国史』（5 清末〜現在、山川出版社、二〇〇二年）で担当した清末から現代までの「文化」部をもとに一書とするべく構想された。その旨、山川出版社にも快諾していただいた。けれどもこれは一九九一年の訪米前に脱稿していて、その後、多くでた史料や研究書をあらためて渉猟し、構成も大幅に変えるほかなく、中華人民共和国以降については分量的にもまた目下の筆者の力量からも、別の機会とするほかない。

掲載の写真資料収集などでは石川禎浩教授をはじめ京都大学人文科学研究所の諸氏に、全校正で中京大学の吉川次郎氏、一部で学習院大学の小野泰敦氏に手伝っていただいた。また学術振興会から「近現代中国の漫画雑誌等の図像からみる政治・文化転形とジェンダーの相関性の分析」（課題番号 26360044）への科学研究助成を得た。ここに記して、心からの謝意を表したい。

そして最後に、数年前に本書を企画してくださったがIの脱稿時に定年退職を迎えられてしまった平田賢一氏、さらにそれを引き継いでくださり、ようやくの完成にあたり、思いがけず三月末で退職された十時由紀子さんに、慚愧の念をもって深く感謝するほかない。

二〇一六年三月三一日

一橋大学特任教授退職の日、間に合わなかった最終講義にかえて

坂元ひろ子

参考文献

本文で言及しなかったものを含め，執筆には多くの文献の教示を受けた．紙幅の制約で網羅できないが，主なものを示す．以下は便宜上の分類で必ずしもこれに限定されない．原典史資料(多くは文集・全集所収)は原則省略する．

翻訳史料

野村浩一・近藤邦康・並木頼寿・坂元ひろ子・砂山幸雄・村田雄二郎編『新編原典中国近代思想史』(1-7巻)，岩波書店，2010-2011

西順蔵・島田虔次編『清末民国初政治評論集』中国古典文学大系58，平凡社，1971

梁啓超(小野和子訳注)『清代学術概論：中国のルネッサンス』(東洋文庫)平凡社，1974

鄭超麟(長堀祐造・三好伸清・緒形康訳)『初期中国共産党群像：トロツキスト鄭超麟回憶録』1・2，平凡社，2003

李沢厚(坂元ひろ子・佐藤豊・砂山幸雄訳)『中国の文化心理構造：現代中国を解く鍵』平凡社，1989

費孝通(西澤治彦ほか訳)『中華民族の多元一体構造』風響社，2008

全体に関わる文献(以下五十音順)

アンダーソン，ベネディクト(白石隆・白石さや訳)『定本 想像の共同体：ナショナリズムの起源と流行』書籍工房早山，2007

汪暉(村田雄二郎・砂山幸雄・小野寺史郎訳)『思想空間としての現代中国』岩波書店，2006

汪暉(石井剛訳)『近代中国思想の生成』岩波書店，2011

葛兆光(辻康吾監修・永田小絵訳)『中国再考：その領域・民族・文化』岩波書店，2014

許紀霖・陳達凱主編『中国現代化史』上海三聯書店，2006

呉雁南・馮祖貽・蘇中立・郭漢民主編『中国近代社会思潮1840-1949』全4巻，湖南教育出版社，1998

小浜正子編『ジェンダーの中国史』勉誠出版，2015

参考文献

左玉河『中国近代学術体制之創建』四川人民出版社，2008
坂元ひろ子『中国民族主義の神話：人種・身体・ジェンダー』岩波書店，2004
坂元ひろ子『連鎖する中国近代の“知”』研文出版，2009
末次玲子『二〇世紀中国女性史』青木書店，2009
スピヴァク，G. C.(鵜飼哲監修・本橋哲也ほか訳)『スピヴァク，日本で語る』みすず書房，2009
高柳信夫編著『中国における「近代知」の生成』東方書店，2007
張昭軍・孫燕京『中国近代文化史』中華書局，2012
鄭大華『民国思想史論』社会科学文献出版社，2006
鄭大華『民国思想史論(続集)』社会科学文献出版社，2010
西順蔵『西順蔵著作集』全3巻，内山書店，1996
西村成雄編『現代中国の構造変動3 ナショナリズム：歴史からの接近』東京大学出版会．2000
濱下武志編『世界歴史大系中国史5 清末〜現在』山川出版社，2002
早川紀代・李熒娘・江上幸子・加藤千香子編『東アジアの国民国家形成とジェンダー：女性像をめぐって』青木書店，2007
ホブズボーム，エリック(河合秀和訳)『20世紀の歴史：極端な時代』上下，三省堂，1996
ホブズボウム，E.，レンジャー，T.編(前川啓治，梶原景昭他訳)『創られた伝統』紀伊國屋書店，1992
溝口雄三・池田知久・小島毅『中国思想史』東京大学出版会，2007
溝口雄三・丸山松幸・池田知久編『中国思想文化事典』東京大学出版会，2001
村松伸『上海・都市と建築：1842-1949年』PARCO出版局，1991
森時彦編『中国近代化の動態構造』京都大学人文科学研究所，2004

I 清朝末期と初期グローバル化

飯島渉・久保亨・村田雄二郎編『シリーズ 20世紀中国史1 中華世界と近代』東京大学出版会，2009
夏暁虹『晩清文人婦女観(増訂本)』北京大学出版会，2016
川島真『シリーズ中国近現代史2 近代国家への模索：1894-1925』岩波書店，2010

孔祥吉・村田雄二郎『清末中国と日本：宮廷・変法・革命』研文出版, 2011
坂元ひろ子「辛亥革命とジェンダー：革命に耐える／進化を見せる装置(試論)」, 日本孫文研究会編『グローバルヒストリーの中の辛亥革命』汲古書院, 2013
佐藤慎一『近代中国の知識人と文明』東京大学出版会, 1996
ジェームズ・パラディス, ジョージ・C. ウィリアムズ(小林傳司, 小川眞里子, 吉岡英二訳)『進化と倫理：トマス・ハクスリーの進化思想』産業図書, 1995
高嶋航「「東亜病夫」とスポーツ：コロニアル・マスキュリニティの視点から」石川禎浩・狭間直樹編『近代東アジアにおける翻訳概念の展開』京都大学人文科学研究所, 2013
卓南生『中国近代報業発展史：1815-1874』増訂版, 中国社会科学出版社, 2002
陳力衛『和製漢語の形成とその展開』汲古書院, 2001
狭間直樹編『西洋近代文明と中華世界』京都大学学術出版会, 2001
狭間直樹編『共同研究 梁啓超：西洋近代思想受容と明治日本』みすず書房, 1999
平田昌司「目の文学革命・耳の文学革命：1920年代中国における聴覚メディアと「国語」の実験」『中国文学報』58号, 1999
方漢奇『中国近代報刊史』山西人民出版社, 1991
吉澤誠一郎『シリーズ中国近現代史1 清朝と近代世界：19世紀』岩波書店, 2010
吉澤誠一郎『愛国主義の創成：ナショナリズムから近代中国をみる』岩波書店, 2003

II 中華民国と新文化の潮流

晏妮『戦時日中映画交渉史』岩波書店, 2010
飯島渉・久保亨・村田雄二郎編『シリーズ 20世紀中国史2 近代性の構造』東京大学出版会, 2009
石川禎浩『シリーズ中国近現代史3 革命とナショナリズム：1925-1945』岩波書店, 2010
石川禎浩『中国共産党成立史』岩波書店, 2001

参考文献

岩間一弘『上海大衆の誕生と変貌：近代新中間層の消費・動員・イベント』東京大学出版会，2012
小野和子『五四時期家族論の背景』(京都大学人文科学研究所共同研究報告『五四運動の研究』第五函 15)，同朋舎，1992
沖縄女性史を考える会編『沖縄と「満洲」:「満洲一般開拓団」の記録』明石書店，2013
木山英雄『周作人「対日協力」の顚末：補注『北京苦住庵記』ならびに後日編』岩波書店，2004
久保亨『シリーズ中国近現代史 4 社会主義への挑戦：1945-1971』岩波書店，2011
近藤邦康『毛沢東：実践と思想』岩波書店，2003
坂元ひろ子「漫画表象に見る上海モダンガール」伊藤るり，坂元ひろ子，タニ・バーロウ編『モダンガールと植民地的近代：東アジアにおける帝国・資本・ジェンダー』岩波書店，2010
嵯峨隆『近代中国アナキズムの研究』研文出版，1994
謝泳『儲安平与『観察』』中国社会出版社，2005
中村元哉『戦後中国の憲政実施と言論の自由 1945-49』東京大学出版会，2004
長堀祐造『世界史リブレット人 90 陳独秀：反骨の志士，近代中国の先導者』山川出版社，2015
長堀祐造『魯迅とトロツキー：中国における「文学と革命」』平凡社，2011
野村浩一『近代中国の政治文化：民権・立憲・皇権』岩波書店，2007
野村浩一『近代中国の思想世界：『新青年』の群像』岩波書店，1990
原正人『近代中国の知識人とメディア，権力：研究系の行動と思想，1912-1929』研文出版，2012
深町英夫『身体を躾ける政治：中国国民党の新生活運動』岩波書店，2013
福士由紀『近代上海と公衆衛生：防疫の都市社会史』御茶の水書房，2010
森川裕貫『政論家の矜持：中華民国時期における章士釗と張東蓀の政治思想』勁草書房，2015
楊興梅『身体之争：近代中国反纏足的歴程』社会科学文献出版社，

2012

III　中華人民共和国への展望

温鉄軍(丸川哲史訳・孫歌解説)『中国にとって，農業・農村問題とは何か？：〈三農問題〉と中国の経済・社会構造』作品社，2010
金観濤・劉青峰(若林正丈・村田雄二郎訳)『中国社会の超安定システム：「大一統」のメカニズム』研文出版，1987
小浜正子「生殖コントロールとジェンダー」，飯島渉・久保亨・村田雄二郎編『シリーズ20世紀中国史3 グローバル化と中国』東京大学出版会，2009
坂元ひろ子「中国現代文化論とポストコロニアリズム言説」複数文化研究会編『〈複数文化〉のために：ポストコロニアリズムとクレオール性の現在』人文書院，1998
章詒和『最後的貴族』Oxford University Press (China)，2004
銭理群(阿部幹雄・鈴木将久・羽根次郎・丸川哲史訳)『毛沢東と中国：ある知識人による中華人民共和国史』上・下，青土社，2012
蘇暁康「全民族の反省を呼び掛ける：テレビ総合ドキュメンタリー『河殤』の構想について」蘇暁康・王魯湘編(辻康吾，橋本南都子訳)『河殤：中華文明の悲壮な衰退と困難な再建』弘文堂，1989
高原明生・前田宏子『シリーズ中国近現代史5 開発主義の時代へ：1972-2014』岩波書店，2014
趙景達・原田敬一・村田雄二郎・安田常雄編『講座　東アジアの知識人5 さまざまな戦後：日本敗戦～1950年代』有志舎，2014
梁景和主編『婚姻・家庭・性別研究』二輯，社会科学文献出版社，2012
楊奎松『忍不住的“関懐”：1949年前後的書生与政治』広西師範大学出版社，2013

図版出典

雑誌

『申報』『江蘇』『東方雑誌』『浅説画報』『新青年』『教育雑誌』『良友』『上海漫画』『抗戦漫画』は元の形での復刻公刊雑誌を用い，復刻未刊行・復刻印刷不鮮明のものは以下の所蔵を筆者が撮影，その他は出典文献に拠る．

『万象』『中国漫画』『半角漫画』『時代漫画』：スタンフォード大学東アジア図書館(EAL)

『立報』(上海)1935. 9. 24：中国国家図書館(北京)

『救亡漫画』『抗戦漫画』：上海図書館

『漫画』 漫画月刊社(月刊)：中国国家図書館(北京)

『漫画』 人民美術出版社(半月刊)：北京大学図書館

その他の図版出典文献

＊印の図：熊治祁主編『中国近現代名人図鑑』湖南人民出版社，2002

iv 頁：『点石斎画報・大可堂版』1，張奇明主編復刻，上海画报出版社，2001

1 頁右：故宮博物院編『清史図典：清朝通史図録』第十二冊，紫禁城出版社，2002

16 頁：『清史図典』第九冊，紫禁城出版社，2002

20 頁：『幕末期医学書復刻 第II期ホブソンの医学書 全体新論』冬至書房，1986

38 頁左，67 頁：前掲『清史図典』第十一冊，2002

44 頁：黄愛東西『老広州：屐声帆影』江蘇美術出版社，1999

63 頁：大阪人権博物館編『博覧会：文明化から植民地化へ』大阪人権博物館，2000

88 頁：馮天瑜・張篤勤編著『辛亥革命図志』中華書局，2011

137 頁：中央研究院近代史研究所《婦女雜誌》資料庫(デジタルアーカイブ)

138 頁，178 頁，245 頁：章 詒 和『最 後 的 貴 族』Oxford University Press (China), 2004

141 頁：戴晴『在如来仏掌中：張東蓀和他的時代』中文大学出版社，2009
150 頁：中国革命博物館編纂『中国共産党 70 年図集』上，上海人民出版社，1991
165 頁，174 頁：〈老照片〉編集部編『風物流変見滄桑』山東画報出版社，2001（費錦昌「写在天安門城墻上的“注音字母表”」，史耀増「一個小劇団的始末」）
169 頁：葉聖陶編・豊子愷挿絵『開明国語課本』（復刻），上海科学技術文献出版社，2005
184 頁：Jeans, Roger B., Jr., *Democracy and Socialism in Republican China: The Politics of Zhang Junmai (Carsun Chang), 1906-1941*, Rowman & Littlefield Publishers, 1997
188 頁：《生活月刊》編『時代漫画：被時光塵封的 1930 年代中国創造力』広西師範大学出版社，2015
198 頁：晏陽初著・宋恩栄編著（鎌田文彦訳）『晏陽初：その平民教育と郷村建設』農山漁村文化協会，2000
199 頁：秦風老照片館編・徐家寧撰文『北洋歳月』広西師範大学出版社，2011
200 頁：上海市旅游局主編『経典上海建築之旅』（日文版：上海の建物たちの記憶）上海文化出版社，2011
203 頁：呉昊『中国婦女服飾与身体革命（1911-1935）』東方出版中心，2008
213 頁：「慶祝徹廃治外法権促進日満一徳一心」満洲国ポスターデータベース，京都大学貴志俊彦研究室（デジタルアーカイブ）
216 頁右：四方田犬彦『李香蘭と東アジア』東京大学出版会，2001
217 頁：廖冰兄『悲憤画神：廖冰兄的漫画芸術』現代出版社，2005
228 頁：中国革命博物館編『紀念毛沢東』文物出版社，1986
246 頁：費孝通『費孝通文集』5，群言出版社，1999

坂元ひろ子

1950年生まれ
現在――一橋大学名誉教授
専攻―近現代中国思想文化史
著書―『中国民族主義の神話――人種・身体・ジェンダー』(岩波書店),『連鎖する中国近代の“知”』(研文出版).
共編著―『新編 原典中国近代思想史』(全7巻),『モダンガールと植民地的近代――東アジアにおける帝国・資本・ジェンダー』,『アジア新世紀』(全8巻)(以上,岩波書店).
共訳書―李沢厚『中国の文化心理構造』(平凡社),譚嗣同『仁学』(岩波文庫)ほか多数.

中国近代の思想文化史　　岩波新書(新赤版)1607

2016年5月20日　第1刷発行

著　者　坂元《さかもと》ひろ子

発行者　岡本　厚

発行所　株式会社　岩波書店
〒101-8002 東京都千代田区一ツ橋2-5-5
案内 03-5210-4000　販売部 03-5210-4111
http://www.iwanami.co.jp/

新書編集部 03-5210-4054
http://www.iwanamishinsho.com/

印刷・三秀舎　カバー・半七印刷　製本・中永製本

ISBN 978-4-00-431607-7　　Printed in Japan

岩波新書新赤版一〇〇〇点に際して

ひとつの時代が終わったと言われて久しい。だが、その先にいかなる時代を展望するのか、私たちはその輪郭すら描きえていない。二〇世紀から持ち越した課題の多くは、未だ解決の緒を見つけることのできないままであり、二一世紀が新たに招きよせた問題も少なくない。グローバル資本主義の浸透、憎悪の連鎖、暴力の応酬——世界は混沌として深い不安の只中にある。

現代社会においては変化が常態となり、速さと新しさに絶対的な価値が与えられた。消費社会の深化と情報技術の革命は、種々の境界を無くし、人々の生活やコミュニケーションの様式を根底から変容させてきた。ライフスタイルは多様化し、一面では個人の生き方をそれぞれが選びとる時代が始まっている。同時に、新たな格差が生まれ、様々な次元での亀裂や分断が深まっている。社会や歴史に対する意識が揺らぎ、普遍的な理念に対する根本的な懐疑や、現実を変えることへの無力感がひそかに根を張りつつある。そして生きることに誰もが困難を覚える時代が到来している。

しかし、日常生活のそれぞれの場で、自由と民主主義を獲得し実践することを通じて、私たち自身がそうした閉塞を乗り超え、希望の時代の幕開けを告げてゆくことは不可能ではあるまい。そのために、いま求められていること——それは、個と個の間で開かれた対話を積み重ねながら、人間らしく生きることの条件について一人ひとりが粘り強く思考することではないか。その営みの糧となるものが、教養に外ならないと私たちは考える。歴史とは何か、よく生きるとはいかなることか、世界そして人間はどこへ向かうべきなのか——こうした根源的な問いとの格闘が、文化と知の厚みを作り出し、個人と社会を支える基盤としての教養となった。まさにそのような教養への道案内こそ、岩波新書が創刊以来、追求してきたことである。

岩波新書は、日中戦争下の一九三八年一一月に赤版として創刊された。創刊の辞は、道義の精神に則らない日本の行動を憂慮し、批判的精神と良心的行動の欠如を戒めつつ、現代人の現代的教養を刊行の目的とする、と謳っている。以後、青版、黄版、新赤版と装いを改めながら、合計二五〇〇点余りを世に問うてきた。そして、いままた新赤版が一〇〇〇点を迎えたのを機に、人間の理性と良心への信頼を再確認し、それに裏打ちされた文化を培っていく決意を込めて、新しい装丁のもとに再出発したいと思う。一冊一冊から吹き出す新風が一人でも多くの読者の許に届くこと、そして希望ある時代への想像力を豊かにかき立てることを切に願う。

（二〇〇六年四月）